國家古籍整理出版專項經費資助項目

傅山全書

清·傅山 著
尹協理 主編

第二册

山西出版傳媒集團
山西人民出版社

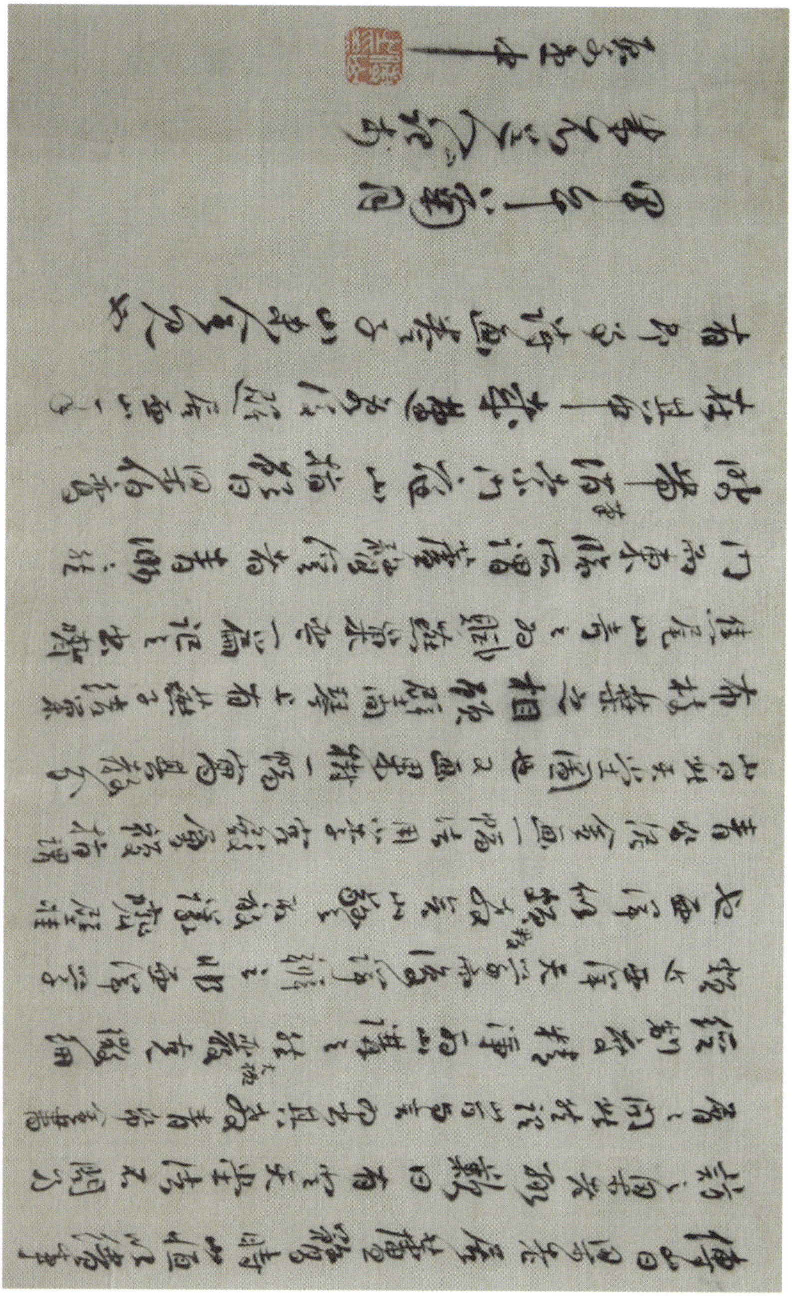

傅山在獄中書太原三先生傳

（太原渠仁甫先生家藏）

傅山小楷莊子書後手稿（山西博物院藏）

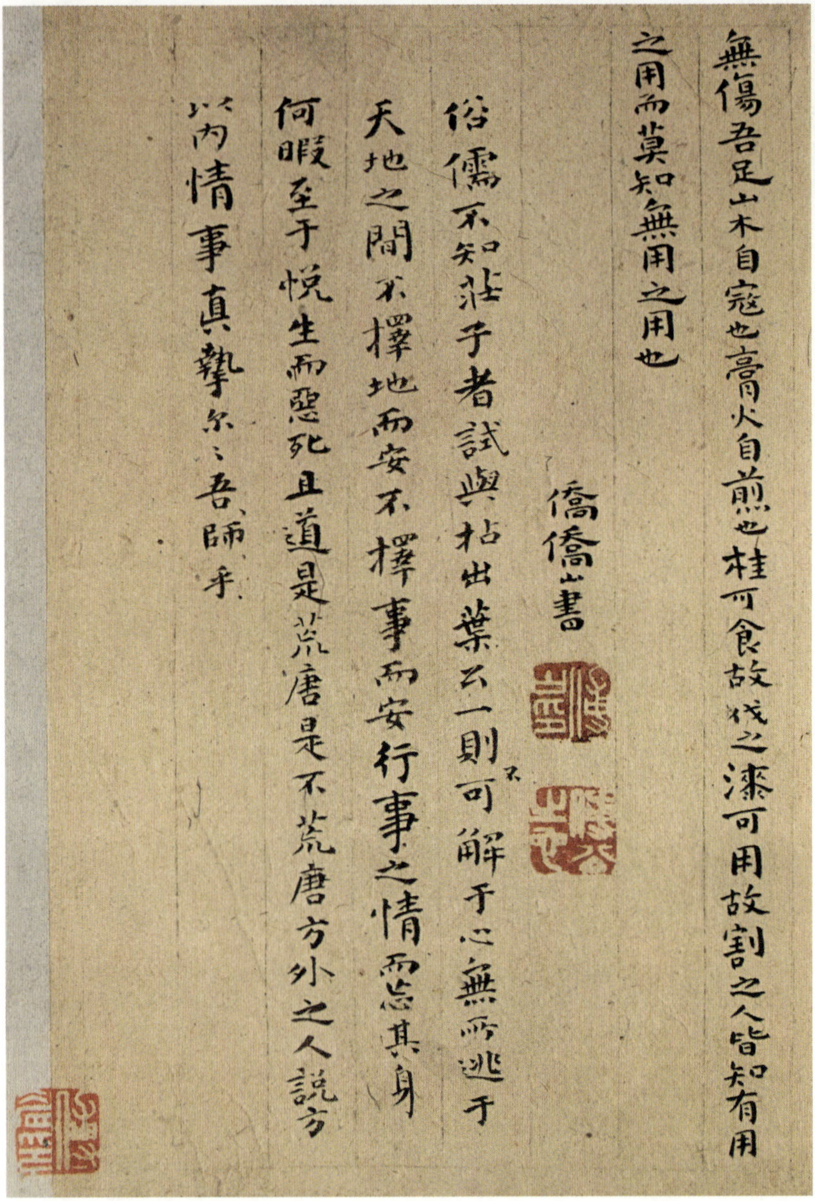
無傷吾足山木自寇也膏火自煎也桂可食故伐之漆可用故割之人皆知有用之用而莫知無用之用也

僑僑山書

俗儒不知莊子者試與拈出葉公一則不可解于心無所逃于天地之間不擇地而安不擇事而安行事之情而忘其身何暇至于悅生而惡死且道是荒唐是不荒唐方外之人說方以內情事真摯爾爾吾師吾師乎

傅山書丹楓閣記並跋

（太原渠榮籙先生家藏）

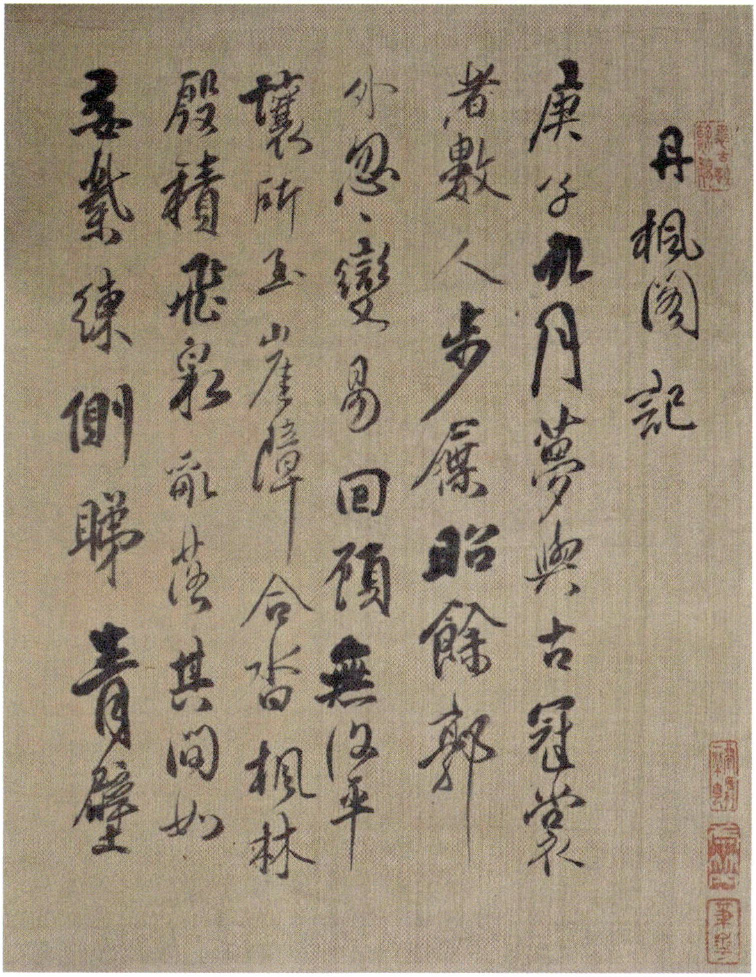

兩夢時乃與桷仲話又桷仲人
夢中兩人俱以醒而忘し
我為記憶し二桷仲更坐先石
留此輕我笑說夢者桷榾
聽夢出乃說夢聽夢大
有逢聽基華而桷仲乞
影响而于心甚悲引桷仲
思眉、如何多夢時乞

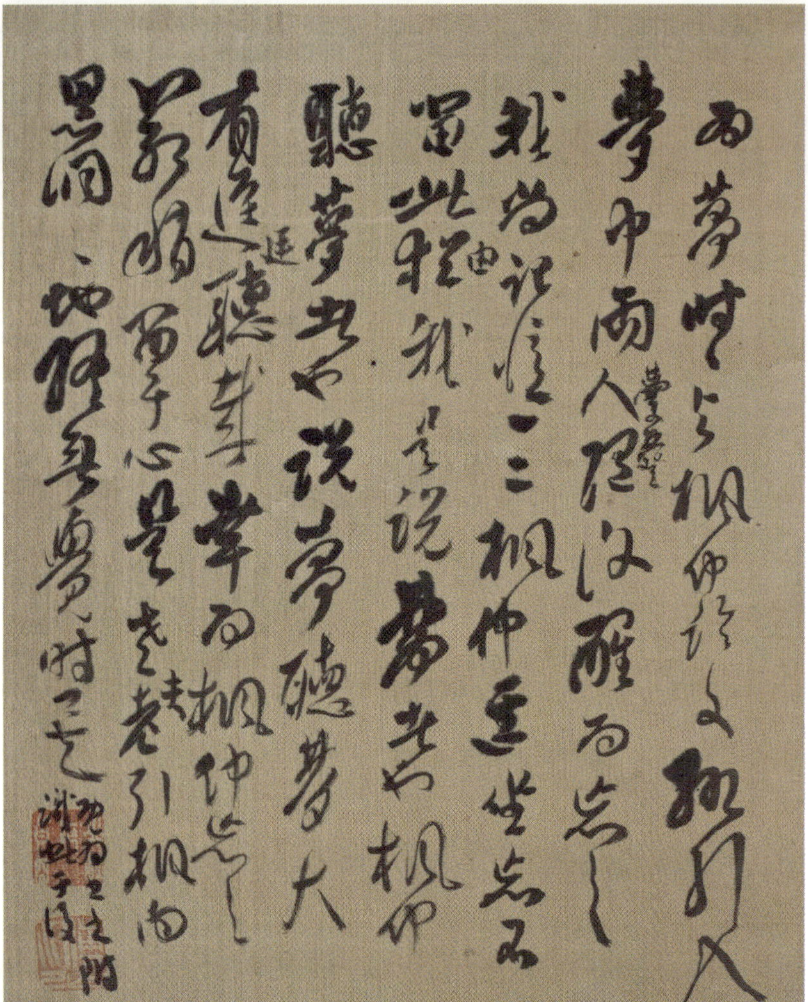

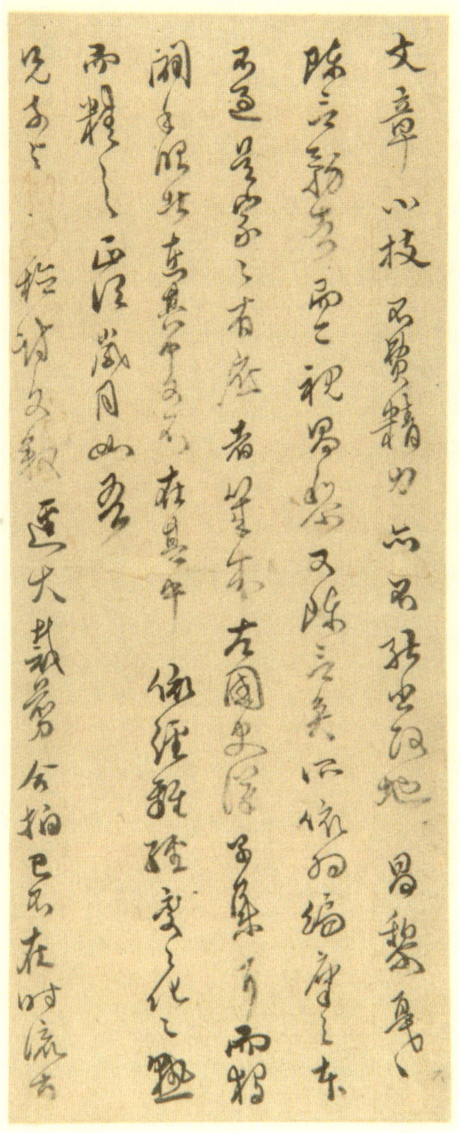

傅山致戴楓仲手札（上海圖書館藏）

古今之下手要臨誰是不要認也看 取舍是材不同我
北苑榜且樣 李日所極重文字或者[illegible] 眞蹟上只以之
南時節圍狀如聲韻碎環之緒也 七律至
兄是前集長 學詩之緒 同時之無悔也 其後
楓仲兄 以云自有自殊意者多 東絕
謙弟再頓 弟山青頓首 不同不知何時同也
宗[illegible]

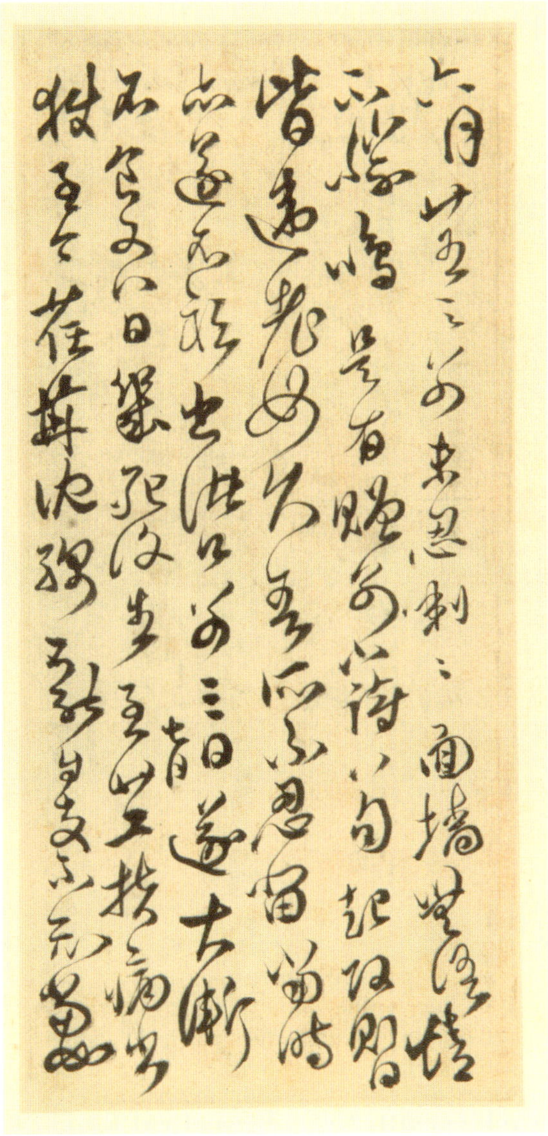

傅山致魏一鰲手札（上海圖書館藏）

日裡頗皇怪孤丈夫脆健自對無
有安措之思三白有頭朝老如见
何對朴料四兄宵周孑母入萬
便道上三山沅思忠
鞋山貽具爹主小隋右
艸豊居无乙

南山甫

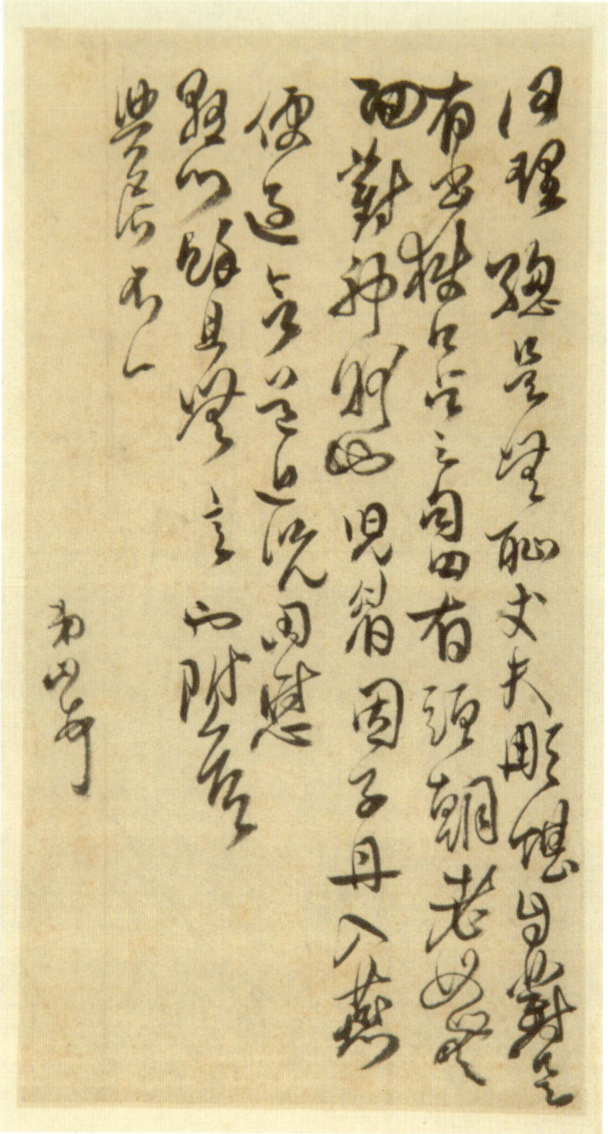

傅山理字考手稿（甘肅鄧寶珊先生家藏）

宋儒好纏（理）字理字本有義好字而出自儒者之

口只覺其聲容俱可笑也中庸注性即理也

亦可云天其發大有漏然其竅則自易繫窮

夫先理氣在理先氣蒸(成)者如有理山川人物草木鳥

獸(虫)魚皆(然)以故云理在氣先但好聽耳實無著落

書為帝王治世之本而不言理字惟周發繫變

第二册　目録

卷二十一　書後……………………………………………………………五三

卷二十八　書札（二）……一八七

卷三十二　雜文（一）……二六一

卷三十三　雜文（二）……二七五

卷十九　傳

明戶部主事汾陽胡公傳

傅山曰：余自甲申後寓西河，始因薛生宗周而友胡生款兄弟三人。當亂世，以少年布衣砥行，立名閭巷間。每聞其論鄉國人士，輒歎息有明幾三百年，汾陽曾不出一名臣，余未嘗不矜奇其言之不齪齪也。及見翁聊城行實，乃知公以身教，故子弟之言行不苟同流俗如此。身修者官未曾亂，然乎哉！後余過東昌，見耿道子論官於其鄉之賢者，亦最西河胡公云。

公諱遇春，字統三，又號冬生，汾州之汾陽人。少孤，以治舉子業，無他營，故獨貧。大母茹苦供筆研，爲諸生。天啟辛酉舉於鄉。崇禎戊辰成進士，選知聊城。聊之役最苦者，歲報大戶充徵解，且水陸孔道，輶軒、舳艫絡繹，坐是破編民產十八九。公始建議設吏，代以贖鍰，偫器用。諸有賠累，則出於官，而供張亦咸辦。壬申，河大浸，公曰：「民之命也，官之事也。」不敢曰水之殉也。法之，身之，必退而後已。水既退，艱播琴，公曰：「民之命也，官之事也。」不敢曰賦之知也。身之，籲之，申之三之，必獲請而後已。於是乎聊之民不死於沈菑，復不竄於荒斂。〔二〕公親民之仁，隱諸職分，而不可博赫赫名者也。

既以才攝臨清州。孔有德叛兵屯州境。公既嚴固圉，賊無所得瑕。公不敢曰庖之代也，幸其去

〔二〕「斂」，各本作「歛」，據文意改。

也，櫜之計也。顧州有兵，公以儒生鼓勇請先導之，擊不備，賊逸去，選懦者或疑公用壯也。而聊相國朱延禧傑奴犯陰罪，匿相家，公不敢曰奴奥諸相也，遂與撓之，必捕得之，〔一〕抵律。相國頷之，不能銜也。指揮德州滿某，狎一倡婦。〔二〕倡多金，滿窺得，盜攫去。倡恚恚死，倡弟訟之。滿以賂賂當道，屬誣倡弟，坐死。公不敢曰倡賤人也，必爲之直之。凡此皆矢志爲名臣，行事略見諸爲知縣官如此。至於戒子，有書曰：「汝父半生半死人，斷不爲貪墨吏，與若輩馬牛。切勿學豪華兒嫮鄉閭，〔三〕敗吾志。」益知款兄弟言行，習公身教素也。

癸酉，以進士賢能吏與分校東省闈。時孔棘，凡進士官知縣者，即旦暮行取，類以知縣爲過客，游戲縱恣怠謾，草菅民命，色厲内荏，〔四〕苟圖速化之習，〔五〕公皆不忍爲。莅政凡六年，積勞憂瘁，遂僂僂善病。及考績報最，方擢一戶部主事，即移病歸。既家居抱病，稍稍與搢紳姻親相往來，其間華靡淡泊、機變憨拙、衆寡强弱，施受之際亦多所不合。鬱鬱五六年，竟卒。後公成進士十年，而乃有曹給諫良直，亦奉君子教，矢爲名臣，亦不永，早卒。何哉？豈汾陽眞不利於欲爲名臣者哉？曹卽公子款所樂與爲婚媾者，以其女妻其子。〔六〕

公三子，皆守公家法，不妄交游。〔七〕長款，畏友薛生宗周，兄事薛。甲申以後，同棄諸生業，

〔一〕「必」，丁本作「以」，據他本改。
〔二〕「一」，各本作「以」，據拾遺本改。
〔三〕「閭」，丁本作「間」，據他本改。
〔四〕此四字丁本無，據拾遺本補。
〔五〕「之習」二字，丁本無，據拾遺本補。
〔六〕「女妻」，丁本作「妻女」，據他本改。
〔七〕「妄」，丁本作「忘」，據他本改。

謀邁維棘，如身不卽列於古之狷介賢人則病者。次庭，富才藻，詩凡百千首，當得意則盛唐大家，今人無其匹也。鄉之前輩，初以後生，頗輕抑之。余驚之，忘年。次同，研經窮理，隱於醫。余老病，時時從問方藥。皆汾陽異人，後必傳，余皆能知之，相與善。及余未死，先附公傳末而稍稍論次之，非私也。

余寓汾時，見公所與同筆硯老諸生某云：〔一〕公嗜啖雞子。諸生時，每與同學生言：「吾得志後，當飽啖此，酬夙願。」既歸，閒過同學生，輒爲之下雞子佐酒，公欣然啖之，不聞因官後別有所嗜。飲食，細故也，久要不忘，其於貧賤交可知也。

明觀察楊公蕢田先生傳

觀察楊公于國者，字元達，別號蕢田。其先燕人。始祖澄，勇於公戰，國初因岐陽王文忠內附，授龍驤上騎都尉。靖難兵起，澄力拒之，謫戍晉之太原，其後遂爲太原人。數傳至濟，尚甯河康僖王孫，拜儀賓。濟生德，德生時顯，顯生公。幼穎拔，噪聲里閈。早孤，以萬歷丙午薦於鄉。而楊氏自德茂才以來，好清白，居徒四壁立，至不能舉饘粥。當是時，海內方重科目，他孝廉矜貴用事，奔交有司。公獨謐然，益自斂約，有干者，必謝卻之，故家日益貧。又屢躓公車，數遭內外喪，私念母夫人老，遂決謁選。

戊午，授之東昌館陶令，迎母於官。館陶舊稱沃壤，商旅所經，有戶曹榷其地。既而戶曹迻天雄，而館陶之廛稅如故，卒爲瘠邑。公至力請報罷，館人頌之。三年，攝臨清州。適有議復漕河之

〔一〕「某」，丁本無，據拾遺本補。

道者，委公達觀。而故道半爲郡民築室其間，〔一〕蕩析離居，必至震動。公力爭其不可，遂寢。清人又頌之。五年，調金鄉。時妖民徐鴻儒亂魯，陷鄆，攻鉅野，烽火夜連金鄉。公至甫三日，又魯方承平久，人不知有兵，相率以絃誦爲樂，而金鄉又僻處西陲，凡關遼士馬、楨榦、〔二〕芻茭之役皆不及，聞作亂，皆駭伏潰竄，人人不自保。公力疾任事，完雉堞，設守望，謹牧圉，具糗糒，增器械，匆匆草創，而皆力辦，揮涕登陴，誓與危城俱存亡。賊迄不敢窺金鄉，越竟而去。公且時遣健兒潛軍軍其後，攻其不意。賊夕繇是不得逞，以次平。金鄉又大頌之，語載周中丞永春壬戌記事中。既而估妖產八百餘金，可令有也，公卒請屬建垣，金鄉自是始有重墉。敍平妖功，公第一，然僅得轉東郡丞。

公在東二年，凡三視高唐、聊城、棠邑篆。最後鴻儒餘孽寇汶上，僉推公往，俘其渠魁，脅從罔治，而汶固安堵如無恙。〔三〕汶之士民又大頌公國中，乞卽眞。卒請於朝，得以郡丞視汶事，蓋異數云。時神宗子瑞、惠、桂三王將之國，〔四〕皆道汶，供張極繁，公率臨期取辦，端簡腰章，逆王境上，上有以結藩室之歡，而下不致有聲色之擾，汶人便之。

先皇帝戊辰改元，遷順天治中，攝行尹事。逢特恩，得爵其父母。明年，罹母朱太宜人之憂，徒跣奔歸，自居廬至免喪，躃踊畢至，鄉里推孝焉。起原官，轉刑部員外，遷正郎。是時上方銳意圖治，綜核名實。公數持大獄，多平反，上雖切責之，迄不易。出爲山左按察僉事，兵備山海關。

〔一〕「間」，丁本作「問」，據他本改。
〔二〕「榦」，丁本作「幹」，據劉本改。
〔三〕「固」，丁本作「因」，據拾遺、劉本改。
〔四〕「桂」，丁本作「貴」，據明史卷一二〇諸王傳改。

關爲京師東戶，所部三十有六，凡戰守餽輓，簿書期會之事，皆仰給公，自朝至於日暮，不遑暇食。甲戌，宣雲警，關兵往援。公親起厲事，鼓行而西，士氣爲倍。丙子，漁陽又警，邏騎逼出關門，節鎮皆入衛。公以孤軍居守，一如在金鄉時，而辛苦過之，關賴以全。凡三年，遠人畏其威，關人懷其德，咸目公爲長城矣。廷議將俾公遂建牙於此，卒捍東土。會内員高起潛來視師，加總監，臨所屬以制師禮。公弗能下，引年，乞以疾去。高恚甚，抗疏上聞，欲中傷公。是時遼右諸大臣方相率慰留，而高怒轉劇。直指楊知事已去，恐禍且不測，迻書鹺使者，以老疾入告。鹺疏有「勞深禦侮，例得投閒」之語，奪級待調。高猶憤然，再疏勒令公起。然上固悉遼事，知公賢無罪，而時方委心監帥，督戰甚急，〔二〕又重違其意，於是釋公不問，俾謝任以歸。

未幾，敍雲中、漁陽事，公與有勞，仍以原級詔用，而公竟堅臥不起。飲酒賦詩，落落自得，不干公府，猶其爲孝廉時也。辛巳卒於家，貧不時葬。有詩若干卷，藏於家。六子皆安素業，能稱其清白吏家兒。長方生，讀書能文，有父風。

僑黄山曰：萬歷丙午，太原鄉舉凡十一人，惟兩人成進士，而並無赫赫聞，餘皆因資格頗爲州縣官，皆不甚顯。永平知府張公鳳奇死己巳難，恤身後。而公則敭歷縣府，以至於監司，有節鉞望，最知名，大約清苦强幹人也。彼屠士世甯者，從公齊魯間，見公一介不苟，稍以子孫計諭公，公笑謝之而已。官館陶時，陳宜人卒，終身不再室。公立身大概如此。古人所謂鄉先生者，非耶？可以風矣。

余未登先生之堂。長君方生爾楨與余游，屬傳先生。以太原一時文獻缺然，遂僭操觚，聊

〔二〕「戰」，丁本作「責」，據他本改。

存大概，俾後之鉅公薄有采焉耳。憶三十年前，或有以畫册屬余題者，余頗爲離合體譏之。中有「魯國男子」一句，陳十又玄不測其爲孔北海語，而謂「魯國男子」是顔淵，大笑曰：「是謂回子耶？」蓋屬題者文生爲回回人也，而喜位置，右玄遂不爲隱，告之，其實於離合體未解也。因轉相告語，而先生頗聞之。爾楨與余言：「先生云，人以文事相屬，是雅相重，何輕薄爾爲？」余聞之，猛省謝過。自是，凡筆墨嘲誚之習，頓除於中。是余受先生藥石之益，實際有獲，然而未嘗與人言，藏之心者三十餘年矣。凡晉人謂余虚憍無人，皆不知余者也。因爾楨以此見屬，〔一〕遂舉以告。卽回回文生者，甲申以後，忽折節守道，知是非大義，廉隅退遜，老而彌勵。余每見之，敬之，未嘗不念其不念舊惡也。余自惟既能受先生不曾面命之教，而又能幡然改昔日所易之回，因謂嘉言善行，安所非吾輩之師友者哉！但粗心浮氣之人，無耳無眼，錮蔽其良，卽使之從至聖先師游處，無奈伊何也。山老矣，竊自幸此中不至冥頑不靈，眞有可以受鞭策地。奄其老矣，負笈擔簦之事，撫心自悼而已。

明李御史傳〔二〕

戊子，朱衣道人寓西河，有李御史之子隆勤懇見。問其籍，則原延之米脂人。朱衣爲之咋舌曰：「米脂而姓李，其亦何以解免于今之天下哉？」隆故吃，益跼蹐，曰：「隆，隆是其所以乃求先生之言，爲先御史一洒之。」

〔一〕自「凡晉人」至「因」，丁本衹一「緣」字，據拾遺本補改。

〔二〕此篇據傅青主先生撰書李御史傳眞蹟影印本整理。霜紅龕集拾遺、劉、丁、王本收録。由王愛國重校。

御史蓋名振聲，壬午添差巡湖北者。甲申，闖入晉時，實僞榜揭御史名，同江夏相賀逢聖受僞官。時賀已死，賊故爲此以動人。既一再聞清澗惠世揚、汾陽劉昇祚之言，迺知御史實死，未嘗受僞官也。惠，僞相，歸而語鄉人曰：「闖數謂賊黨：李御史之死值萬金。」劉，僞兵政府，歸，傳其言曰：「御史既被執，有僞官劉蘇者，說御史降，御史不屈。闖親御史爲同宗，御史辨其族里。擁御史入南陽，又且入關。御史有手筆詒逃營某，約以賊營情形聞。賊微得，遂令賊將谷永者手刃御史。」且曰：「是皆劉蘇者之言也。」

又三年，而商丘陳生明盛之言來，而御史之死大著。其言頗與劉異同，然御史確死。陳生以諸生陷賊營，以醫狎賊，是知御史死之日、之地。其言曰：「癸未正月，承天陷，闖得御史，卽大兄御史，御史不應。闖書貽御史伺役、錦繡、金銀、服器，御史置不報。已復數會御史讌，御史亦爲醉，醉輒厲詞及賊。賊未及殺，移舟送御史襄陽，令右營劉體純者謹伺之。賊亦頗知不可奪，是後不復見御史。七月，會孫督師出關東討賊。甚憚督師。〔一〕師傳御史有書通督師，賊且殺御史，移御史裕州臺署。一日，賊要御史出城，御史卽上馬。出城南門，賊曰：『請下馬。』御史曰：『我顧知之。』下馬，東北西北向各九拜，謝天子及其祖宗，遂遇害。是在裕南門之西。數武間，有義者排馬牆掩之。是爲癸未九月廿八日未之時也。」隆聞之，間關往叩陳，陳慨引隆至其所，果得御史骨歸。隆往時，上郡李生成德實與偕，親見之。李介而能文，不妄語者。

御史先知郾城縣，云政亦有聲。後行取，特授湖北差。侃侃言，如欲有爲。夫人臣之事君，莫大于死。死矣，餘事不著，著其死事。

〔一〕「甚」字上，傅山全書初版本衍一「賊」字，據影印本删。

朱衣道人曰：先是聞五省督臣楊公維岳被賊執，求殺。賊亦知重之，不卽殺，嘗羈縻之，卒不食死。迺又得一李御史死，誠亦難矣哉！使陳生死賊中，而其言不傳，則亦取諸其惠、劉之言，卽不確始末，要非飾不死爲死。當惠、劉受僞官時，其心其口，當不欲天下復有一不賊之人也矣。而卒不能誣不賊者而賊之，天也。莫見乎隱，莫顯乎微。君子苟自盡焉，小人亦安所施厥污衊者邪！于劉、惠之傳御史之死，益信天地鬼神終不容小人之得妄誣君子也。

嗚呼！劉無足論，于惠重有難明。惠顧當世小人所指爲講學門戶人也，蓋黨人自居賢者之流。夫羣小之于道學，實無時無事不欲媒孽其短，倖而有隙焉，乘而攻之以快。崔魏時，道學門戶之徒受慘毒死者殆盡。因受慘毒多死者，而門戶之望益峻，小人欲一厠足焉不能。惠亦備受慘毒，獨不死。悠忽至甲申，失身爲闖僞相，何其能忍于彼而不能忍諸此？迺又知道李御史之死，亦何無耻甚哉！夫固使小人好媒孽之得而謫之曰：「彼門戶顧如是。」是且以一世揚概諸道學矣。然惠辱道學，非道學皆惠。以予所聞，甲申之變，李公邦華死，倪公元璐死，馬公世奇死，孟公兆祥父子死，金公鉉死。晉自曹公于汴云亡，無眞講學者矣。間有焉，或世揚者流耶？故無死者，獨有登其堂者一人，爲舉人桑拱陽。拱陽逃之山，病餓死。甲申以後，劉公宗周死，黃公道周死，左公懋弟烈烈死，袁公繼咸縲不官死，金公聲死，艾舉人南英倡義勞瘁死。諸生則吳應箕死，劉城死。又陳公子龍死，楊舉人廷樞死。皆世所稱爲門戶者，亦何死者衆也？不死而仕賊仕□者，〔二〕又獨無聞焉，何也？獨一世揚焉。如此，則道學果不足信哉？

吾亦嘗考諸門戶學士大夫，行事率多執拗，無長才，不皆厭吾意。要之門戶人未必皆賢，然賢

〔二〕「□」，手稿被人挖去，據文意疑爲「清」字，或「虜」字。

者衆；非門戶者未必皆不賢，而顧名思義者或寡焉。嗚呼！難言之，難言之，蓋棺而後論定。一華歆不足浼邴原、管寧，一世揚果足以浼諸道學先生者哉？學果可以不講者哉？朱衣既游方之外者，迺因御史之死多言哉！〔二〕

太原傅山撰書，癸巳初熱。

講學正當講此等事，若不于此處相耨，區區喃甚章句，甚性命，直發人一笑耳。

亡友胡于公見此傳，卽曰：「江夏不曾受僞官，死難最著者。」蓋未卽繹傳中文義。傳非實謂賀敗節也，以僞榜特揭賀名，故污辱之，幻惑天下士夫，云賀且如此矣。至今又翻笑賊亦過計矣。〔三〕

都公傳略

未、申冬春間，秦晉先後亂，河東西問絶，一時守禦死事臣事蹟皆無所聞。而開封都公實以才略官兵備榆林。太原門下士陳謐，皇皇詢訪公存亡，憂形於色，蓋知遇之義也。訪之於山曰：「子亦聞吾都先生存亡何如者耶？」山初無聞也，曰：「試言子之所見知都先生者，而爲子決之。」謐曰：「謐知先生居鄉有驁名。」山曰：「何以言之？」謐曰：「諸鄉大夫之所習爲者，先生有所不

〔二〕以下附記，霜紅龕集無，據影印本補。

〔三〕此段自「亡友胡于公」至此，影印本在汾二子傳「鄙夫見此等事跡」前，考文意，江夏相賀逢聖「受僞官」事在明李御史傳，而非汾二子傳，疑影印時錯簡所致，故移至此。

爲。人咸以爲拗，〔一〕故汲長孺之名歸焉。」山曰：「死矣。」謐又曰：「謐知先生之服官，惟知有朝廷。」山曰：「何以言之？」謐曰：「先生居晉時，有某生者貧，爲先生舊人。先生愛之，嘗許作養之。生一事懇先生，先生正色曰：『諸生何得遽與此！』生曰：『小事。』先生曰：『事無小，朝廷之法在焉，吾安敢以朝廷之法私吾舊士焉。』某生逡巡復進曰：『事惟小，故敢白。以其罪之誣，即微某言，亦出。如此，則罪當入耶？』先生曰：『事無小，即罪亦誠誣，即入非朝廷之法，出亦有朝廷之法。諸生何得輕與此！吾安得以朝廷之出入者而爲故舊士出之？其再勿言。』〔二〕謐是以知先生服官知有朝廷也。」山曰：「何以言之？」謐曰：「戇，死；知有朝廷，死。」謐曰：「何以言之？」山曰：「一切全身保妻子之臣，直不知有朝廷，故無事饕富貴，有事卻肩縮頭以逃。先生惟知有朝廷，故人之所爲，先生不爲；人所不爲，先生決爲之，則戇之名之所由歸乎！獨不聞先生之官，既轄矣，而廉平，而參政，而憲副，而參議乎？莫非以知有朝廷而戇也。戇斯忠，忠遇難斯死矣。其死也何疑？」謐愕然曰：「然乎哉？然乎哉？」既而謐聞諸秦人曰：「賊之陷西安也，全秦郡衞皆風靡，獨榆林不下。榆林固多世將家，將家類多養敢戰士。先生倡議慫慂之，共與厲器械，嚴飭捍禦，登陴誓死，士卒莫不鼓氣向義，奉先生約束，憑城殺賊幾萬級。賊益憤急攻城。〔三〕城破，士卒不降亦不逃，血戰三日夜，殺尸充逵巷，血爲渠，先生死之。」

先生名任，字弘若，癸丑進士。

〔一〕「咸」，丁本作「或」，據劉、王本改。
〔二〕「再勿」，丁本作「勿再」，據張、劉本改。
〔三〕「城」，丁本作「戰」，據張、劉本改。

石道人曰：都公守戰以死，其詳秦人士當能道之。異日有良史，必能采而傳之。道人何足以贊公？陳生謚受公知，以公官晉久，欲晉人知公之不泯泯焉死，屬記之，存野乘，故略爲序述如此。然猶及聞先生官晉臬時，有兩偉事云：丙子歲，申頒藩國規儀。先是，晉藩權閹某煽橫，輒假名目，欲箝制監司、郡縣官。時監司官多屈意與往來，公獨否。閹方恚之，會規儀：朔望，監司官當入朝王。藩閹約公往朝，公不往，藩閹皆難之。公據會典：「朔望朝王，惟都、布二司，祖宗之制，所以不及按察司者，正以其明刑肅紀，府有諸不法事，司具得而糾察之，故不令與二司同朝，防微杜漸之義也，何朝爲！」或云閹且以違朝廷制搆公，勸公朝。公曰：「朝廷之所有，我不敢無；朝廷之所無，我不敢有。」揭會典示之，卒不朝。閹亦憚公，無所搆。未幾，巡按御史某搆學使袁公，監司官不敢一顧袁公，公獨時過袁公館與周旋之，卒以斯怒御史，坐計典鐫公職云。嗚呼，戇哉！又袁公赴部鞫，貧無贏資，公發槖裝三百金遺之，未嘗告人也。

巡撫蔡公傳

公名懋德，字維立，〔二〕崑山人，即萬歷己未榜陳德也。既復姓蔡，以壬午某月巡撫山西。方先帝憂勞天下，凡撫臣陛辭，皆召對，問方略。召公，對曰：「臣至晉，當先令晉百姓有飯喫。」先帝頷之。至晉，不貪不擾，虛心好士，士沾沾負功名者亦歸之。署「求通民情，願聞己過」八字於牌，出則揭之以行，蓋新建自期也。

公名道學先生。先是官浙推官，以至歷多省監司，莫不講經濟學，庶幾一用之，有建樹。晉三

〔二〕「維立」，各本均作「維正」，據明史卷二六三蔡懋德傳改。

立書院，祀晉先賢，實爲舊講堂，江陵時廢。南樂魏公允貞撫晉，表章修葺之，造士，士多得第。尋習爲故事，曰書院，提學官校士其中，於所謂「三立」者，不知其何如也。後幾四十餘年，而興化吳公甡撫晉，適宜春袁先生繼咸提晉學，復共大表章之，造士，士亦以帖括向往袁先生，多得第，於所謂「三立」者，不知其何如也。公至晉，即擬集晉士講學。會秋，鄰兵入東郡，公奉旨移鎮固關一帶，防西蹓。癸未四月，兵退，始還太原。飭集晉士講堂，館餼如袁山先生法。聘魏知州權中、韓舉人霖、桑舉人拱陽、申貢士某、賈生某、陳生某等講戰，講守，講火攻，講誠明道統，講財用，講防河，各有其說，而山東人李木虎講木虎。李木虎者，云公舊從游，老矣，喜談兵。大略云：以木版爲虎城，凡若干節，合之如衝車，中容百許人，機行之，可以攻城陷陣，而人不能攻之陷之。有司聞之，竊笑之，遂號其人爲「李木虎」。以是一時監司有司多迂公講學舉。公汲汲，約月三集。初集講聖諭六句，薦紳先生至鄉耆里老咸在焉。再集講經濟，凡國家大政雜務切時利害者，莫不諮辨之，期實效，而鄉耆不與。三集則課諸生制舉義。蓋因有司既迂公，諸生帖括外又多無所知，故末及之，以寓士心。

時闖賊已入秦，秦警孔急。士沾沾要功名者，益多陽浮歸之，如於所謂「立功」者旦暮焉而已也。秋九月，闖賊報窺河，公逡防河平陽。十二月，賊渡河，公還太原，飭守太原城。至甲申二月，賊攻太原。公既以巡按御史汪宗友劾，奉旨革職聽勘。新撫郭景昌至固關，聞闖破汾州，退不肯進。而閣部李建泰遁入清化。公督晉城守，亦頗殺賊有功。賊日衆，無援，標營小將張權開南門納賊，公經死三立書院。公中軍應時盛請侍公死而死之，别見或云存。先是，公檄甯武周總兵遇吉入太原，爲戰守計，而太原人士羣譟之，以爲周以邊兵入城，不可測。周至忻矣，公檄止之，乃還。

傅山曰：余晉人，故特傳公撫晉事。今世所行書云：「公聞賊從保德州過河，遂自平陽北還。」非也。賊實無從保德渡河事。賊既渡河入蒲，晉王恐，實以書速公歸。公亦以太原藩封會城，且第歸守之，圖後效，其情也。然既死矣，復何責公之死？蓋古陳不占、杜之善之流也。即死三立書院中，公可謂不負講堂哉！余嘗公論：公撫晉，雖死，實無功。〔二〕公有功，在爲江西提學時，首識揭某、萬某、曾某，皆公得意士。之數公者，節義文章，爭光日月，公實先爲朝廷物色得之矣。本朝人才命脈係提學官，綦重如此。

明定遠將軍張公傳

甲申二月丁卯，太原失守，阜城樓協守定遠將軍張宏業自經死。傅子時寓嘉山，聞，頷之曰：賢哉，將軍！以爲鄉多稱士大夫，登朝廷科名、受爵祿者尚多，能死之，有奇節哉。既閒過西山舊庵，詢失城事，乃守城士大夫無死者，即有死，死搒掠幽繫耳。乃始益敬難將軍，哭之曰：賢哉將軍，是知辱之不可避矣。聞城破，人奔潰，將軍徐下樓，〔三〕入樓南一窩鋪。將軍有壻某從將軍，與將軍共理一繩，似欲與將軍經以死者。理移時，手戰，結繩梁間不著。將軍顧笑曰：「爾誤我事。」推壻出，閉門。壻窺窗中，見將軍徐解鞓帶腰刀下，結繩梁間，踐壘石，引頸投繩，以手爪心前一再，死。將軍次子凝种語余：八日，攻城急，將軍更過舍早飯，飯且健。將軍內趙掩泣不能食，私謂婢子曰：「何不害怕，能多食也？」飯已，不一言爲家人，徑出。一婢子見啟嘗所御匱，取一青繩子袖之去云。趙是日亦自經死。

〔二〕「實」，丁本作「然」，據張、劉本改。
〔三〕「徐」，丁本作「麾」，據他本改。

野史氏曰：將軍忻人，名宏業，字徵吾，死之年七十一。光祿卿文溪翁泮子也。翁古質廉靜，爲鄉清白大臣。

明戶部員外止庵戴先生傳

戴止庵先生者，太原之祁人，布政使光啟仲子，名運昌，字震存，以貴公子有名稱諸生間。廿餘年不得第。泰昌改元，始拔入太學。天啟丁卯，蓋四十九歲矣，始以《易》舉於鄉。又十年，五十九歲而乃成崇禎丁丑進士。不襲寵爲豪華，不熱中仕進，天性專精堅韌人也。六十一歲謁選，知尉氏。尉氏，開封劇邑，前任則同年友曹生良直。曹少年負氣，喜功名。而先生繼之以矜貴，不博一時風裁，如少遜於曹。會許狂生酒玄，爲所親誣以焚劫，通許縣爲之私，抵以大盜。先生不平之，翻其案。許固銜之，竟無可奈何。知祥符，左懋泰者，險譎多陰計，同官皆憚之。諸生劉士奇父，心顛自經死。左旣坐生大逆，行取吏部去。而先生逕白劉冤，釋之。或以吏部爲辭，不顧。夫然後知先生與曹皆山西人，無老少皆不畏强禦，而風裁乃大略相當如此。

時中州盜賊蠭起，無賴劉光祖、李全者煽亂，聚數千人。偵得之，率勇敢士擒斬之扶溝五虎廟，貸其醜。以才力調良鄉。畿輔最號難治，中官貴戚雜遝，干謁其常也。先生不露聲色，概謝絕之，不爲通。有犯則繩之以法。某貴妃中表奪民王某女，中官齊某家奴侵民田，皆抵罪如律。房山邏者誣良鄉富民馬古溪等通盜，實繁株連。先生力爭畀大辟命，凡廿有七人。其陰德又如此。

以邊俸例陞戶部員外郎，上書請罷練餉，報聞。會周廷儒再入政府，陰爲馮銓道地。銓輸粟助邊，謀復銓冠帶，下部議。尚書傅公淑訓謀諸郎曰：「此政府意，不復，且有禍。」諸郎唯唯。先生徐曰：「卽復之，異日亦有禍。」尚書悟，卒不與復。時良直已在諫垣，敢彈擊。聞先生阻逆案冠帶事，遂擊節，大相友善，而益敦聲氣焉。偶闗請餉事，小不合，雅不能以同鄉同年直名具疏，慫恿同官某疏劾陳演，以及先生。先生下獄，而曹適中疫卒。某以誣戍。

先生事白，得温旨出獄。國變矣，卽歸里，入鹿臺山，不再入邑城，不與時官往來。凡禦侮弭釁者，子廷栻一任之。栻力學而明於古今是非，有心計，爲人在儒俠之間。鹿臺山者，去祁邑六七十里，荒瘠而多虎。先生創築小砦居之，〔二〕墾山而田，歲頗有穫，山民因之，稍稍成聚。

先生大布衣，氈巾，騎小鸁上下山逕，不仰人扶。春秋上邱隴，卽大雨雪，不敢令兒孫一代。所禦案椅，皆幼學時物。案隅稜磨就圓，而椅且穿，栻請易之，不許，曰：「吾安此。」晚與一孫寢。兩侍妾晨起，款門進湯水畢，去不再面。先生或早上砦牆周望，望見有虎侵牛犢，卽遥呼砦下人：某山凹虎侵牛犢，向某處行。砦下人羣逐之，奪犢歸也。至八十九歲，精明無大疾而終。

傅山曰：戴先生晚成，官不大，又不久，跡三數行事，可不謂能厥官。然余傳先生，特取甲申以來居鹿臺二十三四年，風概有類漢管幼安也。先生同年友蒲坂楊公蕙芳亦不出，先先生數年卒。嗚呼！丁丑榜山西凡十九人，甲申以來，孝義張公元輔舉義死城頭外，出處之際，爲山西養廉恥者，二人而已。先生初成名，卽自號止庵，於今乃信。

〔二〕「砦」，丁本作「呰」，據劉、王本改。下同。

太原三先生傳〔一〕

太原搢紳先生，如山所親見者〔二〕，則獻明王先生〔三〕，虛舟錢先生〔四〕，皆非近代所易有。王先生昆仲八人，先生長，諸弟稱之爲老大。貟樸嬾簡，好道，求燒煉之法，老而不厭。游宦廿餘年，貧不任辦美衣精食，然亦性不屑此。時有宦途人所餽書儀者，諸弟遇之，輒弃去，不令至老大手，遙語老大：「是某人餽者，我適急用，老大寫報書與之，我荷去了也。」〔五〕老大笑而頷之曰：「荷去，荷去。」〔六〕如此其常。

山生平不登宦人之堂。敬先生風，以事拜先生。先生所居大房在橋頭，庭堂牕戶不能得紙，風嗚嗚然。索坐客椅子，〔七〕不得有成對者二張也。好圍棋，終日夜不倦，亦不用心，信手談耳。陳右玄言：〔八〕「日過先生棋，索卓子來，〔九〕卓子殘毀不穩，喚小廝不來，自起繞地尋支高木瓦，支之定，

〔一〕此篇據太原渠榮籙先生家藏手稿釋文，渠榮籙先生整理。傅山全書初版本與霜紅龕集劉、丁、王本收錄。
〔二〕「者」，傅山全書初版本與霜集各本脱，據手稿補。
〔三〕「王先生」下，各本尚有「嘉言」二字，手稿無。
〔四〕「錢先生」下，各本尚有「文蔚」二字，手稿無。
〔五〕「荷去」，手稿作「何去」。
〔六〕「荷去」，手稿作「何去」。
〔七〕「坐客」，各本作「客坐」，據手稿改。
〔八〕「右玄」，各本作「生謚」，據手稿改。
〔九〕「來」，各本無，據手稿補。

對弈。食時，中出小米飯二碗、黃鹹菜二碟，過對右玄云：〔一〕『客待食則食些，我卻不敢讓。』〔二〕右玄亦頗怪之：〔三〕何遽爾爾？及看先生食甚香美，不介意，以是信先生之貧之眞。」守西安，嫌郡之煩劇，苦求調簡。得寶慶，喜曰：「是中出丹砂。」尋未任，〔四〕察罷。

傅山曰：王先生，晉人也，今之人何足以知之！貌樸厚而高眉秀目，鬚冉冉，得風如古道士。錢先生與王先生丁酉同舉于鄉，以廣文復令百泉，二年餘歸。歸之日，卽焚冠帶，製棺木、斂衣，備而藏之，曰：「吾事了矣！從今以去，無一事可縈吾懷。」圍棋茶酒，吟風弄月，尋花訪竹。入夏則三月不見客，科頭讀書鈔書。〔五〕時時有詩，不屑屑摳心，〔六〕所得佳句，率粗健淡率，極似老杜口占諸奇句。七十以後，益老益健，益率益淡，絕不尒恤也。八十，精明而沒。所鈔書及詩集多散失矣，稍稍存。

傅山曰：先生癖潔。以縣令居家，而見任諸地方有司皆不知有先生，奇哉！山數數造，先生語山前輩人行事，山聆之，忘傀然也。先生語聲極高，竟日夜不漸低。不能飲而飲興豪舉，噭笑勝後生。憶戊寅正月，先生治具，邀山輩集崇善寺，坐過半夜矣，先生神益王。次日，有詩示山輩曰：「誰謂錢生老，猶然一酒狂。」晚年自號虛舟老人。

〔一〕「右玄」，各本作「謚」，據手稿改。
〔二〕「卻」，各本作「蓋」，據手稿改。
〔三〕「右玄」，各本作「謚」，據手稿改。
〔四〕「尋」，各本無，據手稿補。
〔五〕「科頭」，各本無，據手稿補。
〔六〕「摳」，各本作「嘔」，據手稿改。

太原老諸生梁檀者，先回同人。聰慧，人未曾有。工繢事，年卅許，前後殫精臨模古人山水、人物、花鳥、蟲魚，無所不造微。既不復屑細曲，〔一〕一味大寫取意，然亦應人責，得意畫極少。字不合格，而孤潔秀峻，徑自標一宗，要無俗氣。家赤貧，〔二〕舊居南關，小齋傍水，號蘆鷥齋，古書桐琴，獨寤寐歌也。〔三〕卅卌間，〔四〕回向精奉其教，其教主事天，〔五〕日夜懺悔，不敢散逸。山與同宿三五夜，以一牀子臥山，自臥地上一席。山聽之，終夜不睡，時時呵斥喚歎，如先生責讓幼學者，嘖嘖亹亹。〔六〕山聞之，起敬深省，〔七〕如聞晨鐘，乃知其教之嚴淨，非異端也。今七十矣，而奉其教不衰，可不謂用力于仁者哉！

傅山曰：梁老居蘆鷥時，〔八〕山恆以繢事訪之。梁老輒歎曰：「有登天堂法不問，乃屑屑問此。」然謂山可與言，爲出其教青紙金書經，制度精淨，爲山講之。然大概嚴克微細，〔九〕頗近西洋天學。而復詳辨之，非西洋學也。西洋似頗叛教矣。〔一〇〕山敬之，不敢議。齋壁掛青紙泥金畫一幅，法用小

〔一〕「既」，丁本作「卽」，據手稿與他本改。「復」，各本無，據手稿補。

〔二〕「家」，丁本作「象」，據手稿與他本改。「赤」，各本作「亦」，據手稿改。

〔三〕「寤寐歌」，張本作「寤寐」，他本作「寤歌」，據手稿改。

〔四〕「卌」，丁本作「四年」，據手稿與他本改。

〔五〕「其教主事天」，各本作「主事」，據手稿改。

〔六〕此四字，各本無，據手稿補。

〔七〕「敬深」，丁本作「深敬」，據手稿與他本改。

〔八〕「老」，丁本作「君」，據手稿與他本改。

〔九〕「大概」下，各本尚有「講之」二字，據手稿删。

〔一〇〕「教」，各本作「道」，據手稿改。

李，宮殿層複，指謂山曰：「此天堂圖也。」又畫果樹一幅，寓其教分布枝葉之相。顧壁間琴上，有鷰子結巢焦尾。山奇之，爲賦鷰巢琴一篇記之。出齋門而東，臨所謂蘆鶿溪者，青渺渺然，映帶蕭索門庭。〔一〕山指顧曰：「梁伯鸞在其中哉！」遭亂後，避居西山一年，有卽事詩畫卷子，〔二〕山未全見也。

甲午菊月，朱衣道人山記於憂患中。〔三〕

耸道人傳

耸道人者，胡生瑾老而苦聾，自號也。生好飲酒，能讀書，能讀周禮，能讀左氏春秋。鰥而就天水生讀書房讀書。於左氏春秋老而彌篤，日一讀，如沙門課誦。天水生亦能飲，亦能讀書，老而好學。爲尚書，精研孔安國以來尚書學，亦時以左氏傳徵之生。生能揭示之，某公某年，原原委委，如出之磨隧，不爽一字。天水生亟服其記性之不可及也。又復時時閉門共飲，迸諸俗人不得入。昔人謂左史記事右史記言，事爲春秋，言爲尚書。兩生者，會通左右史之書。卽生耸也，以眼代耳。天水生以手代口。飲而讀，讀而飲，爲之優柔，爲之饜飫，爲之江海膏澤之。生何必不耸也！耸卽聳省。〔四〕生而聾曰耸。然生非生而聾者。耸當作从龟之省。龟以角聽，雲蒸龍變，天水者，雲也。

〔一〕「蕭」，各本作「乎消」，據手稿改。

〔二〕「卷子」上，各本尚有一「手」字，據手稿刪。

〔三〕落款十四字，各本無，據手稿補。

〔四〕「聳」字上，丁本尚有「聳从」二字，據張本刪。

丹崖翁閒過天水生書房，問生：「若聋，於人之聲者語言固如無聞也，若自語言及讀書之聲音，聞否？」曰：「聞。」丹崖翁曰：「是可以徵聞性之未嘗滅也。聞人之聞，不如自聞其聞。聾者善視，吾嘗轉之曰：聾者善聽。蓋反聽自聞之義也。西書論慧，有聞所成慧，思所成慧，修所成慧。聞者依其文，如其說。思則亦依其文，不如其說。至於修，而亦依文，亦不依文；亦如說，亦不如說，要之以聞爲入，〔二〕聞不必輒耳，恃末衡，本之讙充。讙充者，心也。卽左氏一書，最初昌明者，劉歆也。歆仕新莽不疑，爲人臣而不知春秋之義，卽耳不聾，心聾矣。晉續咸受教征南，既從事於越石矣，不幸而沒於石勒，遂爲勒理法參軍。後至九十七歲而死，不知其耳之聾否，何如於所學左氏春秋，〔三〕徑如生而聾者，乃所謂聋也。至宋人之所謂趨時附勢也者，所謂將文章作壞了也者，其人卽不聾於事，而皆聾於文，亦可笑也，不足道也。胡生卽不聋，皆當瑱之者也。

汾二子傳〔一〕

薛子宗周字文伯，王子如金字子堅，皆汾之高才生。薛峻崕厈，肩棱棱如削，不苟言笑，高視迂步，而傭奴汾之人。王頽從不立崕厈，工書，學詩歌，短小負氣，行多不掩言，而亦傭奴汾之人。汾俗繕楩梴，自縉紳以至諸生皆習計子錢，惜費用。二子者，獨喜交遊，豁達，恥瑣碎米鹽計，日費殆數倍過諸財虜家，而家日益窶。而汾之人亦皆笑之。

〔二〕「入」，丁本作「人」，據他本改。

〔三〕「何如」，丁本作「如何」，據他本改。

〔一〕此篇據山西書局一九三七年手蹟影印本整理。由王愛國重校。拾遺本與影印本同。劉、丁、王本與此差異較大，故附後。

甲申國變，皆始廢舉子業，出城屏居小村落。薛有田三、四十畝，傭人勤耕穫。頗學天文，已置之，曰：「天道遠。」乃取古今兵家者言三復之，以己意撮爲編，曰兵法要略二卷，時時揣摩之。王益頹縱，數遞過友家飲，輒半月廿日不歸舍。卽歸舍，[一]亦輒半月廿日不出門，與内子焚香弈棋、飲酒。間涉獵古史，爲詩歌，而詩歌日益老。

己丑四月，大同兵以明旗號從西州入汾，汾舊御史張懋爵以原官監軍。張傭奴，浮慕二子名，敦致戎幕。會汾山鄉義勇少年千許人願投張部，張欲不收，少年又請自備馬匹器仗從之，張唯唯。張富於財，二子勸出槖中大賞士鼓勇，張不能，少年稍散去。薛復以策干江某，勸急搗太原虛，江不能用。遷延至五月，始北上。二子過雷家堡，曹舉人偉餞之。語間，勸且無北。薛大聲曰：「見明旗號尚觀望，非夫也！」曹語塞。薛徐顧王：「爾有老母，可不往。」王曰：「顧請之老母，老母許之，不敢絕裾也。」皆從張至晉祠。又不卽抵太原，留晉祠六七日。會清援從北來，攻破晉祠，馬兵南趣保汾，步兵沿道狼籍死，而二子不知所終。或曰見死矣，又曰未也，而汾之人皆益笑之。

丹崖子曰：余先與薛子遊，畏其卓犖，喜西河有斯人。及袁先生立講堂，二子咸在，至今蓋十五六年矣，而誼日親，相觀摩期許，[二]頗不似今之爲朋友者。乃二子果能先我赴義，死耶，未也，彼其無論矣。或賢誚之曰：儒行愛其死，以有待也；養其身，以有爲也。然乎哉？然乎哉？迺又曰：鷙蟲攫搏不程勇，引重鼎不程力，往者不悔，來者不豫。何哉？余乃今愧二子，余乃今愧

[一]「卽」，傅山全書初版本誤作「及」，據影印本改。
[二]「期」，傅山全書初版本誤作「斯」，據影印本改。

二子！〔一〕

鄙夫見此等事跡，輒畏觸忌諱言之。從古無不亡之國，國亡後有二三臣子信其心志，無論成敗，即敵國亦敬而旌之矣。若疾之如仇，太祖何以夷、齊譏誚危素也？余闕之廟是誰建之？何鄙夫見之不廣也？繼起之賢斷不爾。

附：汾二子傳（劉、丁、王本）

薛子宗周字文伯，王子如金字子堅，皆汾之高才生。薛峻崖岸，肩稜稜如削，不苟言笑，高視迂步，而傭奴汾之人。王疏漫不立崖岸，工書，學詩歌，短小負氣，行多不掩言，而亦傭奴汾之人。汾俗繕楝槸，自搢紳以至諸生皆習計子錢，惜費用。二子者，獨喜交游，豁達，恥瑣碎米鹽計，日費殆數倍過諸財虜家，而日益貧。汾之人皆笑之。

甲申國變，皆廢舉子業，出城屏居小村落。薛有田三四十畝，傭人勤耕穫。頗學天文。既置之，曰：「天道遠。」乃取古今兵家者言，以己意撮爲編，曰兵法要略一卷，時時揣摩之。王益頹縱，數遞過友家飲，輒半月廿日不歸舍。及歸舍，亦輒半月廿日不出，與内子焚香弈棋。閒搜史策中快事讀之下酒，詩歌日益老。

己丑四月，大同兵以明旗號從西州入汾，薛以策干帥江某，勸急搗太原虚，江不能用。舊御史張懋爵適家居，兵擁之爲監軍。張傭奴，浮慕二子名，敦致戎幕。汾山鄉義勇少年千許人願投張部，張欲不收，少年又請自備馬匹器杖從之，張唯唯。張富於財，二子勸出槖中大賞士鼓勇，張不肯，

〔一〕此下，影印本有「亡友胡于公見此傳」一段，考其事與汾二子傳不合，而與明李御史傳相合，故移至明李御史傳。

少年稍散去。遷延至五月，兵將北上太原。二子過雷家堡，曹舉人偉餞之。語間勸且辭張爲上，薛厲聲言：「極知事不無利鈍，但見我明旗號尚觀望，非夫也！」曹語塞。薛徐顧王曰：「爾有老母，可不往。」王曰：「顧請之老母，老母許之，不敢絕裾也。」皆從張至晉祠。太原程生者，見二子，問兵事。二子曰：「我兵有必勝之道，恨此輩無制勝術耳。」乃提兵者不即抵太原，而清援從北來，屯赤橋、華塔間。兵保晉祠堡，清據西山。步卒亂，欲潰堡門出。人見二子者，〔一〕拔刀砍卒，斥登埤守堡。清攻堡五日不下。會輓運不即到，馬乏草，遂結陣南遷汾州，步卒沿道狼藉死，二子不知所終。或傳王中兩箭，晉祠南城樓火發，見薛上投烈焰中，或又曰未也，而汾之人皆益笑之。

丹崖子曰：余先與薛子游，畏其卓犖，喜西河有斯人。及袁先生三立講堂，二子咸在，至今蓋十五六年矣，而誼日親，相觀摩期許，頗不似今之爲朋友者。乃二子果能先我赴義，死耶，未也，彼其無論矣。或誚之曰：儒行愛其死，以有待也；養其身，以有爲也。然乎哉？然乎哉？乃又曰：鷙蟲攫搏不程勇，引重鼎不程力；往者不悔，來者不豫。何哉？余乃今愧二子！

鄙夫見此等事跡，輒畏觸忌諱言之。從古無不亡之國，國亡後有二三臣子信其心志，無論成敗，即敵國亦敬而旌之矣。若疾之如仇，太祖何以夷、齊譏誚危素也？余闕之廟是誰建之？何鄙夫見之不廣也！繼起之賢斷不爾。

胡慈節母小傳

胡慈節母者，太谷胡生衍虞之母也。其母慈與節柰何？當闖賊之敗於燕，道太原而西，太谷之

〔一〕「人」，丁本作「入」，據劉、王本改。

人城守，賊攻而屠之。母畏辱，遽欲雉經。侍兒十月者曰：「垣外有苦廢井，不如投之。即死，無苦。撞時不死。」母即顙兒趨投井。〔二〕會旱，井泥，得不沒。賊過，睨苦，亂下石，中兒肩。母恐石再下中兒，身護兒，心祝曰：「既不沒，天或不絶胡氏，願兒無啼。」兒以驚怖未蘇，果不啼。賊乃去。十月夜半裹殘餅、馬豆擲井中，未知母若兒之存否也。母知爲十月，仰謂曰：「與辱，甯餓。幸無再爲賊覺。」賊既退，姑李年老，以墜樓脫脛獲免，問諸十月。十月曰：「在井。」出之井，母不傷顛隕，兒亦無恙。而胡生之父顧不知所在也。族之長利其田廬，諷之再適。母不應，而讓之田廬。未厭，復貸於母。母有藏冠。冠，金也。質冠子錢家，與之貸曰：「金不兒值也。」委曲周護二十餘年，畢成胡生衍虞爲今貢士。衍虞者，即其所顙投井兒也。胡生之父，或曰被害，或曰賊執而西也。其母至今若夫子之在而或歸，未亡人如非未亡人也。是其慈也者，是其節也者。母車姓，邑舊家子。

嗇廬子曰：婦人死忿易，死辱難，性陰欲得，簪珥小失常汍瀾。舊井無禽，身潔而孤全。田廬不愛，髻金不刓，其智夫！胡母良足傳。

帽花厨子傳（大垣，名臺徵。）

饞和尚告酒肉道人曰：「李大垣近又號爲帽花厨子矣。」道人頷之，爲作帽花厨子傳。傳曰：帽花厨子者，李生大垣也。生，石艾世家子，聊爲諸生，不沾沾諸生業，頗學詩。詩捻捉酸俊，如燒香飲茶鑾子。而性正饞，好自製肥濃，恣大嚼，復時飲酒。即有詩要饞和尚删改之，亦輒爲煮

〔二〕丁本「兒」下有「而」字，據他本删。

肉醨酒。曾一再游燕，歸云：「長安絕無滋味，令我食不下咽。」知有燕食者，笑詆之。厨子言曰：「我欲爲伊尹代庖。」又曰：「我刀法可使陳平北面。」乃自製刀，刀縮，延衡如方鉞。刀成，集友釁之，有釁刀詩。紫銅罩籬一、杓一、圍裙一，都承盛之。友朋有醵集，要之，亦往。時常戴絨小團帽，綴玉花，攜都承。至即指揮釜鬵，結裙鼓刀如眞。内子知之，時讓之。友人曰：「何不爲東方先生？」厨子曰：「可。」事畢，善刀而藏之，帶酒裹肉，歸遺細君。

酒肉道人曰：南史稱蕭琛解竃。其所解南味，非北地壯夫長葱大肉可知。帽花生所治燒羊，不用醬而芍藥。道人曾啖而美之，如非羊也。呂覽本味：「滅腥、去臊、除羶，必以所勝。」於今益有味乎其言。

石岸伯傳〔一〕

石生岸伯者，世孟產。如產於孟，孟有無之，孟無有之。人也己也，毁也譽也，得也失也，指也湊也，如不違日之以月。蓋喜談任俠，亦人俠之喜談，不屑爲經生者也。倏六十而亦六十化。其化惡乎明？明劉生虎文，篤行士也，與友焉。既介言之屬生，復躬申吾陰陽之精、漆園之徒之言，連犿無傷，而或傷於所洫。其化也，乃有所傷，傷於樂者而憂之，憂也樂之，樂也憂之。視昔，又孟無有之，孟有無之。其化也，鄰階之降矣。昔階之降，君子咎之；今之階降，君子吉之，無家國治而之亂、亂而之治之光。因今昔之昔，移是論昔，有昔昔邪，有昔昔貞。邪昔雖日不足，貞昔亦惟日不足。於唯日不足者而爲惟日不足之，乃所謂昔也。昔也者，腐也，久也。漆園之徒，於其化

〔一〕此篇録自拾遺本，他本無。

者，且笑曰：安知六十之所謂是，非五十九年之非也？而生既化於六十也，亦今是焉耳。今是焉耳，屬劉生語諸兩郎君曰：若翁腐矣。經生者不能不腐，不屑爲經生不能腐。經生之腐，朽也，不中用也。非經生之腐，朽也，自庸之爲命根者也。其迂而昔也，未央也。兩郎承其腐，歡亦未央也。是足以介觴，讀書進卬。待若翁之七十焉而化，八十焉而又化，以至九十、百歲焉而大化，百歲之是，又爲九十九年之非，乃翁之腐朽又神奇矣。

酒僧方義傳〔二〕

村西寺住持方義，本村人，酒僧也，以念誦維那爲稱首。甲申賊難，二月初，城中潘公子某某兄弟三人倉皇逃出城，至寺中。村素有其莊，實未嘗一來。從其僕賈某來，苟且暫圖趨辟。各有帶得金珠首飾，不可以十百兩計，而外復有貂裘、貂齊肩、貂冠，亦不二三十件計也。僧卽爲留之寺中，于寺後隙地搭一棚子，日間坐臥其中，送飯茶三日，晚則來前僧房睡之。如此一月許，而城中賊搜羅宦子弟日緊，潘公子遂不能復安于此，將又之原籍寧化所，且倉皇別僧去，而不暇復帶其偕來者矣。但鄭重謝僧一月高誼，卽以偕來寄之僧所，實亦不計僧之能保有此否也。蓋其時勢以苟全性命爲急，雖云寄之，亦大破之，爲非復己有，惟恐其身之不得離此，得去爲幸。

去而至七八月，賊氛寖衰，乃復自寧化歸。過寺中，聊偵訊之，亦不敢提所寄者何如。僧徐徐言前物都在，求卽付管家手。僧擔心膽，四五月不敢一步出寺門，愁此物爲累也。公子某聞之，大怪之曰：「其物尚在耶？奇哉！」僧卽掘諸地，出之瓶中，一一完璧。公子既審訂之，謂僧曰：

〔二〕　此篇録自傳廋本，他本未收。

「此意外所有也，請師揀其愛者，不論件數，取之卽用爲謝。」僧曰：「亂世僧，何難昧而有之？拳拳待還，幸無他失。白此心迹，一件不敢希覬。」遂全付于其從人持去。公子禮拜贊歎許謝，又許于寺作功德云云。又過歲餘，走人送三扇三手巾來，云申前意耳。

又數年，公子有爲知縣者歸。于時從弟心矩是其妹壻，稔知前情，慫恿僧，〔二〕待其來莊時，一茶邀集于寺，而從弟先左右爲之地，徐言僧略舉前願，將以西廊之脩葺募之，不過五六十金足辦。公子卽作色謂從弟曰：「是汝爲此做作我。我今窮不可言，安能應此！」從弟掂播聳動不已，乃謂僧曰：「可向寧化取五千棧葉，盤費脚價我皆不管。」僧但唯唯，謝之而已，遂亦不復再理功德之言。僧安能備此得不償賠之工價哉？先是，公子輩北去月許日，一僕張某冒冒來問僧取所寄物，云是主人使來取去作盤纏。僧云：「若是主人取來，何不與一帖子爲炤？斷斷拏不去。」其僕怒，欲與僧鬬，而僧亦怒，作色支撑不少畏。僕無可奈何，亦去。□□得此還主人也。

當其時，吾親耳聞目擊，寄囊槖，無論親眷友朋，往往昧之，率成仇恨。雖不無負不白之寃者，然百一耳。如此僧者，於志義何有，乃能清白貞固爾爾！讀書講作人者，能有爾幾人？能有爾幾人！

以不文之言記之，令後世知有此人，不可沒也。

或有笑誚公子負義者，吾曰：公子負義，世人多有之；僧之知義，實世人所罕。禮有以少爲貴者，記其少忘其多可也。山記。

〔二〕「慫」，傅山全書初版本據傅慶本作「從」，據文意改。

魏封君傳〔一〕

魏封君，新安人。息鼇諸生時，鄉閭頌君德，卽封祝稱之，概好善樂施人哉！名梁棟，字明楨，侯之門仁義存，悖德悖禮，或有斯名。

一鼇曰：「君實孝，事大父病，六閱月不合睫。藥餌瀞滌，不儳伯也。心得數搆，閱嚙，耳顛如性，眲也。讓不見中色。伯獨歿禪掩，弟斯子矣。祈大父起，凡九朝岱宗，蓮花獅象，三大士藏，嚴五雲之青。君誠怖祝佛，爲某也現願復一橋，俄震亘天，虹虹然。客有見之，讚未曾有，孝感如此哉？敬親敬人，動親動人。質成有人，于面中正。治具調人，人意也消。馬政勞民，民計苟道。有王生者，實孤而莫逭，君恤其孤，朋應斯臧。鼇壬年舉，例得免役，君益王恤曰：如爾不中。」

傅子曰：「封君哉！是其所以。」

乃復聞之鼇曰：「鄉先生孫徵君，講學不忘交游。君與約爲耆逸社。社多耆德，月數集，集許郡。季侍觴，君與李君號載陽者，獨饒酒量，能引滿向衡，大浮白交觥，閧堂酩酊，扶歸以爲常。」蓋盛世風矣。

〔一〕此篇由陳監先先生錄自戴天倫補輯半可集附錄。

苟好子傳〔一〕

苟好子者，號突絕，〔二〕失姓氏。自言好善，鄉人皆好之，遂自號云。其居齋，自題曰「可欲齋」。後進稱爲「性本先生」。有司講鄉約鄉約所，問里人善惡，鄉約以先生淑蹟，略編爲文，舉之有司。其文成于里中老人，無文士飾，詞最肖先生。文曰：「竊聞善人斯可，孔聖不得道盛德至。大學有云，若今日求此人于蓬蓽，眞長老之芝蔴也。伏見本鄉性本先生者，安分守己，存心忍耐。幾句公道話，說出禹拜之言；一點天理心，多爲舜取之事。惜乎，此人身非女子。若爲女人，哭夫必是孟姜，搏虎定成馮婦矣。鄉有此人，不告官長，某等老而不死，獲罪於天也。」有司覽其文，笑而藏之，曰：「先生芳行，非爾輩可操觚者。再講鄉約，我不來，爾輩朔望詣先生家受教可也。」遂白之於監司撫按，曰：「風俗靡敝，得若人表率之，王化可行。」皆擬字表其廬，曰「得一」，曰「乃所謂」，曰「達兼窮獨」，曰「優於天下」，曰「擇而固執者」，曰「見如不及之家」。先生惡有名，章徹，急辭之，乃已。然先生名固已千秋於鄉約所之善人扁矣。〔三〕諸弟子醉先生德，贈先生一聯，曰：「言近而指遠；守約而施博。」貼可欲齋下。

閻史氏曰：予嘗遊先生里中，北撫軍署，石獅子森然丈餘，南望壯觀樓，東抵布正司，西及太原府矣。居民數百餘家，皆不道先生名氏，咸曰「師傅善人」云。然先生里中，多流姬，時低度悲

〔一〕此篇據山西博物院藏傅蓮蘇抄本整理，由張秀蘭釋文，曹玉琪重校。標題爲編者所加。
〔二〕「號突絕」，傅山全書初版本脫，據手稿補。
〔三〕「先生」，手稿脫一「生」字，據文意補。

歌聲，輒令人淚欲下。予於先生，益深王豹、綿駒之感矣。

知我者，其惟荀好子傳乎？罪我者，其惟荀好子傳乎！

如何先生傳〔一〕

如何先生者，不可何之者也。不可何之，如問之。問之曰：「先生儒耶？」曰：「我不講學。」「先生玄耶？」曰：「我不能無情而長生。」「先生禪乎？」曰：「我不搗鬼。」「先生名家耶？」曰：「吾其爲賓乎！」「先生墨耶？」曰：「我不能愛無差等。」「先生楊耶？」曰：「我實不爲己。」「先生知兵耶？」曰：「我不好殺人。」「先生能詩耶？」曰：「我恥爲詞人。」「先生亦爲文章耶？」曰：「我不知而今所謂大家。」「先生臧否耶？」曰：「我奉阮步兵久。」「先生高尚耶？」曰：「我卑卑。」「先生有大是耶？」曰：「我大謬。」「先生誠竟謬耶？」曰：「我有所謂大是。」「先生是誰？」曰：「是諸是者。」「先生顧未忘耶？」曰：「忘何容易！如何如何，忘我實多。」「先生先生，究竟如何？」曰：「我不可何之者也，不知何之者也，亦與如之而已。」温伯雪之言「明於禮義而陋於知人心」，先生自知亦如之而已矣。

〔一〕此篇録自王晉榮刊霜紅龕文卷三。他本未收。

二十三僧紀略〔一〕

予曩至古城惠明寺，見達岸和尚，風流儒雅，迥不猶人。與之接談數日，議論亦奇，而於諸藏微旨，靡不精通。自是與予交益篤。數年不見，予詢其踪，人謂其適終南山矣。予歎之曰：「生而不凡，今果不在塵氛中也。」

大美和尚，生於世家，隱于法門。其專心而精攻者，卻爲一切儒書，至于釋氏梵音，從未嘗一問焉。與予交最久，知其存心，斷不在禪，亦若遂無可容，不過借清淨門中，聊以潛踪焉耳。

虎邱山惠聰和尚，得異人之術，年逾百歲，而貌若童子。予因便而訪之，至其住室，寂若無人，入則僧適在焉。周旋舉動，儼然儒範。及與探討學術，則浩博不窮，至講論遵生之道，亦多得道家旨趣，而精妙入神矣。

下蘭村住持達中，少多病，因寄身寺中，爲養病計。嗣病痊，或令還俗，曰：「吾已喜清淨而厭紅塵矣，還俗何爲？」于是受戒于五臺山。後遂精于幻術，年老不衰，終於釋云。

范覺如從武當山偕一僧訪予村西寺中，予喜而迎之，詢其號曰石癡。及奉以酒飯，笑曰：「先生何知予爲茹葷僧？」予曰：「道貌尊嚴，予不敢以俗和尚待也。」既而相晤數日，頓豁塵胸，辭而北去，不復見。至今予想覺如，即憶此僧矣。

蝶菴和尚，得養生秘訣，葺一小龕，日夜坐臥其中，罕有得與語者。已而形影無常，一時之頃，

〔一〕此篇錄自鄧之誠骨董瑣記卷一傅青主二十三僧紀略，三聯書店一九五五年版。鄧之誠先生於此文篇首記曰：「己未初冬，予遊太原，購得傅青主手書所著二十三僧紀略，字畫遒勁，學顏太師。其文曰」云云。傅山全書初版本未收。

彼此異地而分見之，久之，人皆駭異，議論紛如。後數日不見，蹤跡遂杳，啓視其龕，僅留一履云。予慕其風而訪之，坐談之下，議論横生。夫乃知造物生人，誠不得以資格論也。

尺木禪師，明宗室也，歷訪名山大川，雅不與庸俗人言，其所抱負，有大而無外之概。予慕其風而訪之，坐談之下，議論横生。夫乃知造物生人，誠不得以資格論也。

蘊眞和尚，五臺山之高僧也。儒書無所不通，而釋經皆以餘力及之。既而傳戒諸弟子，亦多脱俗，天澤即其一也。予見之時年已九十餘，精神强固，飄飄乎有仙風焉。

二十年前，有一僧日往來城中，口不絶吟，能解者卒鮮。予一日遇于小巷間，聽其吟云：「高山流水，歎世間知音能幾。烟霞歸去也，終南萬里。」予知所吟乃宋拔雲子詞。叩其姓名，不答而去，後亦不復見于城中。

石影和尚，明時進士，博學多才，嗣隱梵宫，往來於鴻儒大雅之門。予昨歲接談介山，竟夕連朝，無時不得其歡。至論及藏中旨，靡不了然於心口間。如此月餘，予别歸里。至今夢寢間，猶恍然見其人也。

方義，本村人，酒僧也，少不讀書，因貧故出家于村之西寺，日與老成相談論，嗣而舉止超俗，脱盡塵土氣。其作事多慷慨，有類古豪傑之所爲者。予記其事，良非一二端也。

雲霞寺普福，中年悟道，遍閲藏經，爲旁注，解釋詳明，超乎諸注之上。嗣則葺一室，終日静坐默悟，歷數十年爲一日。久之而顔面反少，精神益盛。後著遵生一編。

往寓汾時，見明豁和尚，舉動不俗，可喜，釋教中眞有拔萃人也。曾以詩贈之。數年來無暇至汾，昨見漢兄適自汾來，予詢及之，據云：「其人已悟藏矣。」

予往與雪峯宿清淨寺，有衆鄙爲劣僧眞心者，忽云：「閲藏如無藏，色相便知空。」予聞而異之，以禮待之。及談及諸藏妙諦，實有聞所未聞之處，始知衆僧之鄙爲劣者，正其優者之所不能夢見也。

曩遊五臺山，僧有號上達者，嚴冬赤脚，往來無時，其語言亦所罕聞，見之者莫不視爲顛狂，予知其必有不傳之秘。一日近而叩之，有所論及，皆有至理所存，毫無怪誕處。問其年，則曰「三周花甲」矣。

元度，明之名儒也。至清，隱於釋。能詩善書，有求書者，初未聞一拒焉。予見其書，有高閒上人風。昨歲偶遇淨明院中，快談一夕，其言論風旨，迥非俗所能窺測者，蓋其所蘊蓄者深也。

近有僧號普達，人傳其術甚幻，其道彌高。久之而予亦生疑，因訪之仙巖洞中，一親其面，而禮貌最周。請其教益，笑而相應，所談皆中庸道理。晤對一夕，毫無幻語。迨予辭而退，始知人言之妄，而普達乃眞和尚也。

天澤和尚，陜之蒲城人也，傳戒于城南之淨業庵。竟日閱藏，悉究微妙，一時受其教者，莫不心悅誠服，奉若神明。予每過而訪之，輒徘徊留之不忍去，此中殆有天緣也。

有僧自西藏來，法名意空。一日予遇於城中，長髮赤脚，語言瑰奇。予邀集大佛寺僧舍，待以茶，徐叩行藏，喜而應答。至晚待以飯，辭曰：「實不敢瞞，僧絕食者十九年矣。」予甚異之，因窮研數天，飯不沾唇，乃知人世間果有異人也。

曩予遊浙時，江邊遇一僧，朱顏白髮，身負蒲團，頭戴破笠，長吟而行。予進詢所往，則曰至海島。請其字號，曰：「果眞。」談論片時，其言語舉動，絕不類塵世中人。且其老而矍鑠，少無徒步負荷之難，是得丹臺眞訣者也。

夢覺和尚，吾鄉之名儒也。少年遊心文藝，博極羣書，士人咸欽服焉。年逾四十不第，因焚其書而爲僧。嗣則專心悟道，不與俗庸人往來，遇有道之士，性命以之。後著遵生一篇，遂杳其跡，至今猶見其書云。

予曩游華山，至巖前幽僻處，見一茅庵，予近窺之，有僧出而揖予入焉。其間雅靜宜人，榻置一書架，册編錯落。予詢伊字號，答曰：「眞果。」，少頃，予索閱其編，皆身家性命之旨，編終注「華山眞果著」。予知其人不凡，窮究數日而歸，至今猶想見其概云。

雪峰和尚，儒教中人也。生於明末，抱不世之才，竟未得一試。後隱于釋，間以吟詩寫字爲適意，無聊時輒痛飲，醉則箕踞樹下，仰視浮雲，遂自許爲上古人物。有寺弟子至前，則白眼視之矣。右書二十餘僧，或習於往來，或一時交臂，其事迹未能詳著，聊約略記之，爲異日作傳之資。

己丑秋七月丹崖居士傅山。〔一〕

〔一〕「己丑」，骨董瑣記原文爲「乙丑」，當爲草書釋文之誤。

卷二十 敍

王二彌先生遺藁序

明太史王二彌先生遺藁，其孫恆以世誼請諸昭餘戴仲子遴而敍之，而梓之，藏於其家。戴仲復欲徵諸旁觀之方外。以方外之人論石渠天祿著作，無論不當，即偶一當焉，亦非分。然一再睨之，皇皇焉憂天憫人，如有所受，影附而響應。以吾漆園家學觀之，殆所謂役人之役、適人之適者耶！而先生之第，〔一〕實出倪文正公門；機部楊先生又同門，最善；觀感艱貞，又得力於見石齋先生廷諍之時。此其氣味之所從來也。如此，又何必徵諸方外微人之言而後傳？惜也，先甲三年而物故，不得見三君子之死而從之。恆曰：「恆所以汲汲於斯集者，正欲後之人知先太史從正人君子之後，不敢徒以詞林著述嫮邦家也。」嗚呼！賢子孫汲汲於其先人之名也如此。

恆有母，賢而早寡，得家人之貞。戴仲並爲之傳。

序郭九子曠林一枝

傅山曰：余讀九子詩，蓋傷儒生風節不傳而傳詩，詩爲士之窮云。露盤又告余：「九子詩，先有藐山先生評本，伯坦擬梓之南都，爲殷太峯給諫得而祕之矣。」予又傷九子生不得志，死而言乃爲

〔一〕「第」，丁本作「弟」，據拾遺、劉本改。

貴人所重哉！知九子名，因重九子詩，九子風節可不以詩傳也。坎壈以儒生死，其期諸中者未見。無已，傳詩。

九子詩，從晚唐學者也，然氣調險峻，往往在孟郊、于濆閒。稍進而學六朝，以所性不能爲多俳麗，故小曲似之。後見當代鍾、譚詩，〔一〕氣味與近，乃又爲鍾譚格矣。然其志不惟不屑唐，六朝亦非所好。論詩必蒸蒸魏、漢焉期，而詩卒不漢、魏，不六朝，亦不醕唐，蓋工詩非其志也。故言若此，行不與焉，非不能也。

或曰：九子，狂者也，志多進取。予謂九子不但狂，蓋狷者也，實有所不爲。九子所知，不無富貴人。富貴人或欲資九子，九子輒艴焉以爲辱。持九子才，〔二〕頽縱不修廉隅，以言陵鑠諸公卿，如茂秦、次楩焉者，以成其名何有！九子卒擇地蹈，擇言言，不屑苟爲周章閳人以戾名教，是有所不爲也，蓋狷者也。唯志狂，故言高而疏；狷，故潔而孤，而其言之體亦廉而不貪。嗚呼！士不得志于時，惟言可貪，而卒亦不貪。使不以儒生死風節，其惟以詩傳者耶？傷哉！風節往往不能以儒生傳也。無已，傳詩。

九子詩實不盡此，露盤所搜輯得此耳。予畧爲刪存之，然其失者多矣，故署曰曠林一枝。曠林者，九子讀書處也。

〔一〕「後」，丁本作「復」，據他本改。
〔二〕「持」，丁本作「特」，據他本改。

敍楓林一枝

楓仲髫年，受知於袁袁山先生，〔一〕許以氣節文章名世。丙子，吳中丞鹿友與袁師同志，拔晉才士三立書院課藝。楓仲聲噪社中，少所許可，獨虛心向余問字。余因其蚤慧，規勸之。甲申後，仲斂華就實，古道相朂，竟成歲寒之友矣。仲明季操選政，見賞於千子、君常、天如諸公。所著半可集，本經、子、史、唐宋文而變化出焉，如風雨集而江波流也。惟詩未禦木，若有不敢自信者。

甲寅仲春，〔二〕訪楓仲，探奇登丹楓閣，〔三〕見余庚寅題壁詩，有「榆次孫盛，昭餘温嶠」之句，愴懷往事，宿殊亭不寐。次日蚤起，徘徊雙松下，忽天晦，大雪落樹，皆成鋒刃，怪特驚心。退而檢架上書遣悶，得楓林草殘編，讀一過。其中有佳處，亦有疵處，俱帶冰雪氣味。大概深於寄託，情至之語，自能感人。畧加澄汰，存晉詩一種。楓仲遜謝，猶不敢自信也。

自袁師倡道太原，晉士咸勉勵文章氣節，因時取濟。忽忽三十年，風景不殊，師友云亡，憶昔從游之盛，邈不可得。余與楓仲，窮愁著書，浮沈人間，電光泡影，後歲知幾何？而僅以詩文自見。〔四〕吾兩人有愧於袁門。

太原僑黄傅山，大雪偶書。

〔一〕「袁袁山」，楓林一枝本作「袁山」。
〔二〕「春」，丁本作「秋」，據楓林一枝和拾遺本改。
〔三〕「丹楓閣」，楓林一枝本作「丹閣」。
〔四〕「僅」，楓林一枝本作「僅僅」。

序西北之文

西北之文者，畢解元振姬之文也。解元資才十百倍過常人，誦經史子集大部，至雜家者流，成誦足數百萬言，取精多而用物宏。其文沈鬱，不膚脃利口耳，讀者率佶倔之，以爲非文。解元卒，門人市王牛兆捷子澍，謂太原傅山者，或能通之，無慮數十百餘篇，屬句讀於山。山因得而序論之，標之曰「西北之文」云。西北之者，以東南之人謂之西北之文也。東南之文概主歐、曾，西北之文不歐、曾。夫不歐、曾者，非過歐、曾之言，蓋不及歐、曾之言也。說在乎漆園之論仁孝也。不周之風不及清明之風，天地之氣勢使然，故亦自西北之不辨其非西北之文也。

解元既爲當世貴人，而但解元之者，山之知解元，知其爲壬午之解元已也。始山讀解元制舉十餘義，擊節大合；既讀發解場義，則大不合。解元既發解後，一年而國變，有明鄉試之典遂終。夫然後知氣運之事，解元不得而持之也。自是解元㪂歷四方。又三十年而一邂逅於太原，見解元跛騾襆被，如老農夫，不輒沾沾於文也。山偶論及新唐書之捻，也合；又及趙宋史之龐，也合。然皆一言半句也。又五六年而一再邂逅於燕郭招提。半日，論及江東一鉅公之文，又大合。在坐者皆左右顧，怪其如出一口。何也？先是，見解元與周太守文，合；見解元序戴仲墨選，大合；又見解元序范進士理學備考，又大合；及是稍稍申重之，皆合。於是見其全文，莫非前諸文之學之法。古文此法，概存諸春秋内外傳，解元復謟之，而推方之陣，串插之密，傅會始終，隱伏發露，〔二〕於天文、地理、象數、風角、五行，如梓愼、裨竈、伶鳩、史蘇墨、卜楚丘以來，至於兩漢李尋、郎顗之倫，

〔二〕「隱」，丁本作「陰」，據劉、王本改。

皆是寧形器不象罔，寧諶杵不弔詭，寧轇轕不縹緲，卒之以寧信度不信足，是未始出於非文也，非頡滑於堅白者流也。

解元之學，不知其於富平三篋何如。若當世有崔日用，則解元爲武平一；有祝欽明，解元則蔣欽緒；有歸崇敬，解元則黎幹：較然可知。以解元之學，論解元之文，頗似山醳靈光之亂之十字：磑磑卽卽，師象山則，崱也。巃之戴，娥之移，岦也。虧蔽景光，黝然愁人，嵫也，山之嵫猶水之嵫也。赴險攙捷，綜緯紛拏，嫿乎離婁，巃也。材令而匠能，資輔就共，城長安，宮未央，如以小山駁大山，無奔罷不及中隳之廢，乃所謂岑也，無所於孤高之義也。陰深岭嶙，無聲於聲，木極而金，肸蠁鏗鉱，沈沈仍仍，乃所謂崟，堅也，音也。栽蚤岅岈，底底業業，不騫不崩，崮也，崮猶菑也。欒拱輪菌，峯㭠然疑，九疑繽其並迎，嶷也。鈎闞繩尺，蟺蜿綢繆，首尾倫脊，出沒屏翳〔二〕，豨豨卽序，其巃也，嵸也。不周之山、之風、之果，戾順行者也。人佶倔之，解元頡滑之，非劉鳳擬樊紹述失清明之故，遂取笑於東南也。此西北不及歐、曾之大較也。

至於諸政之近嚴者，實非山方之外所得而議者也。詎之近虐者，徧亦一端，爲方外之質者也。多方哉，解元也。解元爲東南之西北，而卒不得罪於東南者，文中數數於「理」之一字也。山去解元西北六七百里，則又解元之西北，尚多乎其「理」者也。故東南、西北解元，以其文，西北解元也；西北又東南解元，終不以其文，東南解元也。

解元疾革，或勸解元要山往藥解元，解元如芥蔕山重藥解元者。山終惜解元！山終惜解元！

西北之西北老人傅山題。

〔二〕「沒」，丁本作「汲」，據張、劉本改。

丹楓閣鈔杜詩小敘

杜詩雋止此耶？不也，丹楓閣鈔止此耳。丹楓閣之雋杜詩止此耶？不也，其始讀而鈔者止此耳。然則此丹楓閣之讀杜詩，初地耳。初地實與十地不遠，而存此者，存其用功於杜詩也。故牛頭見四祖一案，參說甚多，而吾獨取其不别下注脚者一案。曰：「牛頭未見四祖時，何故百鳥銜花？」曰：「未見四祖。」曰：「既見四祖時，百鳥何故不銜花？」曰：「既見四祖。」此鈔正百鳥銜花時事，若遂謫以不必百鳥銜花，則亦終無見四祖時，其初難知百鳥驚飛去矣。

歷代文選敘

昭餘之戴，再世著本朝甲科。挺楓仲而古之癥，視皮公子目之良，所謂土炭酸鹹之病矣。復丁草昧，如不皇皇焉屑吳澄、虞集所屑。衺素所目，在古文詞五十種，凡七百餘篇。既丹黄之，而又時時流連之，抑何篤好於斯也？有所好，斯有所不好。昔人好典籍而雄自命，輒擬之以百城。吾嘗哈其俗而非倫，乃今信之。丈夫有所未足，而時若地且無所用，羣古今人文而擁之，顧有大林邱山之禮樂征伐在焉。鷄癰豕零時爲帝，長槍毛錐亦各爲帝，城奚止百？生殺予奪，叱咤風雲，秦始、隨堅，並六邦而混一南北，霸、王之氣澎渤，六七寸弱翰之下，致足樂也。若向所及澄、集兩人，則顧棄其城而降於人之城者也。楓仲之城，自今當益富。辟土略地，高堞深隍，且戰且守之道，城中自有之。吾城外之民，良無辭以益戴氏之金湯矣。

鈔高士傳題辭〔一〕

冰龕聶古高士玄軌，〔二〕既亂蕩矣。草吻屠維赤奮若閒，辟藥嶺之麓，瓻舊游，簏皇甫編，篤晜子仁迻書。既與論諸高蹟，人人殊才，知學術無所用測，要以黃老爲宗，被衣之流尚矣。次則高才不際，乾乾降志，辱身焉虞，不得已而居山風之上，亦云儒之蹇哉。然可以觀羞惡是非，不汲汲富貴、戚戚貧賤者所能濳夫之鳴。富貴，君子之宜，非所以爲君子；貧賤，小人之宜，非所以爲小人。尚其友，論其世，羲、農邈然，自堯、舜迄於今茲，其閒富富貴貴，富貧貧富，貴賤賤貴，瓌奇有志之士觀之較然，斷不以彼易此，〔三〕是代有芳澤云。

編中收錄，亦頗庬雜不一倫。以世讀之，人取一端。九十五人中，卒莫得而端倪之，是惟黃石。黃石非人，高不足以當之。高也者，人域也，而未始非人。江上丈人、弦高、中屠蟠皆英雄之情，磊砢不常，而一用於楚抱痛之子，一譎犒濟君國，一建義氣緤玉得不死，又何其似不淡漠緩急也！毋亦英雄乃能高邪？不英不雄，耕鑿食息，或能俛竈觚，口陳言，山林高不勝傳矣。然三人者，弦實商，似未忘貧。嗚呼！惟弦可不忘貧。非弦而商，商市井耳。求齒耕鑿不許，許諸高。

斯傳也，終之以焦先。先蹤蹤詭異，類道家成仙者流，其實漢人，不幸而遭際曹魏之世，其詭

〔一〕此篇據北京翰海藝術品拍賣公司二〇〇〇年一月八日千禧拍賣會中國古代書畫拍賣圖錄釋文，由葛敬生先生整理。傅山全書初版本據霜紅龕集各本收錄。尹按：此圖錄所收，當爲傅眉或傅仁抄本。

〔二〕「冰」，傅山全書初版本與霜紅龕集除拾遺外的各本均誤作「欠」，據圖錄與拾遺本改。

〔三〕「斷」，傅山全書初版本與霜紅龕集各本均脫，據圖錄補。

異乃足敬。然與先同時，有寒貧者，皇甫獨遺之，何也？蓋寒貧不能爲弦高者矣。力不能弦，有弦心焉。寒貧豈心滋戚戚者？並令書其後補遺。

犂娃從石生序〔一〕

小册子置硯北八九年，忘其所屬爲誰。日岸伯敦小册子寫否，〔二〕始憶其爲岸伯物。岸伯有奇遇，嘗駐野人之家，輒爲書犂娃事云。

犂娃方倚晉水之門，而其母不察其爲蓮蓮也。邂逅仇猶石生，信宿而定盟，卒從石生以歸。於時，諸老腐奴嘖嘖於石生之泥狎邪，而娃之何好餓死也。獨丹崖翁心肯之，唯恐其後爲弱娟之從袁生矣。而娃果能吞糠茹虀，宜於其室而孝於其姑。行於生共三年喪，勞瘁幾大病。石生圖爲延醫診之，娃曰：「手執他人不得矣。無已，要傅道士來診，道士是信我者。」老夫因爲一往診之。娃亦不爲下簾，端坐牀上，亦不甚矜持，而頰輔寒肅如敷紺霜。老夫心倪之，微吾以至誠診之。其手，鮮不爲虢州參軍之妻之手耶！

憶初許生時，微聞其語曰：「不愛健兒，不愛衙豪，單愛窮板子秀才。」奇哉！窮板子有何可愛，而獨能人棄我取乃爾？噫昔有之。劉婆惜曰：「爲你酸溜溜意兒難割捨。」嚴蘂曰：「但得山

〔一〕此篇前，丁本尚有重刻釋迦成道記敍與贈雪峰序二文，前人多懷疑非傅山作品而誤收。編者在晉祠博物館發現傅眉抄本，前篇署「明黻作」，後篇署「胡庭撰」。今删去。爲研究者查考，移置本書附錄中。又：此篇題下，劉、丁、王本注：「石生名岣。」

〔二〕「日」，丁本作「石」，據他本改。

花插滿頭，莫問奴歸處。」此皆愛窮板子之前茅也。或曰：「嚴於小唐之見惡於晦翁也，實同甫挑之云。」同甫有意嚴，而嚴實泥唐，遂以不識字嫁禍於晦翁，而嚴再受榜掠，卒不肯污唐一字，愛窮板子之志，堅貞百折如此。吾又疑：以窮板論之，唐，太守矣，而陳尚落落未偶，豈不百倍窮板於唐？蓋嚴實籍於官，而又先受唐知，卽甚愛窮板，亦嫌於琵琶別船，故不能卽得陳欽。是以在縶時，固不肯污唐，亦何嘗惡口曰「陳亮窮奴陷我」也？其愛窮板之志，固隱忍於中，無從白於陳。此亦同甫時命之謬，不當受此美麗堅貞之福耳，於嚴也何尤？

吾又想及鏖糟酸貨，三年得一遭科名，而自驕爲富貴人者，不僅斗量糠粃，而能受此物外窮板知遇者，三年中得幾何人？石生獨艱於彼而遇於此，天之報施窮板者，顧不奇且厚哉！石生之富，卽富有四海，擁蛾眉皓齒千千萬萬，不得同年而語矣。

五六十年中，以吾所親見此輩最知名者，岫雲以從非其人，抑鬱而死；翠元從西河財虜，無異屠沽兒；弱娟從袁生，不得終其盟，令狹邪齒冷。甲申以來，金鐘折桂，以無名而皆能從其所歸，徇國難，宋莊以不得從李郎，恨其假母，寃抑投環樹間；五臺䁅䁅，亦欲矢志張生，張旣劣貨，不爲之周旋，而又爲爐奴破敗，不遂厥志，然嘗有言於其生母曰：「母生兒，如狗腹中生金獅子。」此言亦不薄自待。吾實憐之，每欲取常所親見，略爲風塵異人雜記，俾此輩不以不幸終湮沒無聞。今老矣，復不堪事此，然非能忘犂娃之有志竟成，始終不變。推見至隱，爲淮海之毛惜惜不難也。輒草此，詒之石生，令讀之，長窮板子志氣。

「窮板子」三字，前此亦不聞，而始聞之娃。〔二〕細繹之，窮不銅臭，板亦有廉隅，非頑滑無

〔二〕「而」，丁本作「之」，據他本改。

觚稜者可比，亦奇號也。仍欲大書「窮板軒」三字，顏石生回溝之居，何如？

傅眉曰：讀丹崖翁書遺岸伯小册子已，則遶幾狂叫，謂是一幅窮板子佳話。獨吾友岸伯將窮板子終其身，不及竟富貴，爲具眼英雄者一吐氣，以是爲犂姬惜。既而曰：信如斯言，是非眞知愛窮板子秀才者。方犂姬與石生遇，信宿定盟，祇知世上有窮板子在，何曾著一富貴想？在其心中眼中，從來具眼英雄，莫如卓王孫女及執拂侍兒。以後來司馬長卿與李衞公，接踵青雲如一轍。假饒當日兩人不克以顯，終度兩女子意，必不肯趣心許趣夜忘歸者。惟有窮板子窮到底，愛窮板子直愛到底，此一段識力，磊磊落落，眞如當世卓犖丈夫。無論富貴貧賤，始終不爲那動，是爲犂姬。

漢書所載，太原王逸人霸見令狐子伯貴，有愧容。其妻不知何氏女也，釋之曰：「子伯之貴，孰與君之高，奈何忘夙志而慙？」兒女子若是者，出處雖殊，而骨性庶逼近之。册中雜綴若弱娟，若岫雲輩，供風塵感慨則爾，豈足區區掛君家犂姬齒頰哉！近於山水援琴之暇，所遇雙鬟，見犂姬歸來，輒逢人津津道犂姬不少休。其津津道者，他不具，則道姬舉止大家，風期灑脫，酷似岸伯，生平不以彼易此。知言哉！是足補丹崖翁所未發，是又一愛窮板子秀才者意外知己。

嗟乎！窮板子骨性自在人閒，而愛此者，乃得諸婦人女子。婦人女子知愛窮板子秀才者，偏又出風塵中。誰非男子無鬚眉者，而愛之知之一段識與力，或反出風塵女子下，何也？請附是言於丹崖翁小册子後，請以問窮板子，請以質諸愛窮板子秀才者。

敍靈感梓經〔一〕

孝廉居士靈感梓經，既精乎其謦欬矣，以僑黄之人亦略與聞諸西方之言也，而屬申之以孟浪。僑黄之人顧嘗有笑於絳文生之復韓生之言也。絳韓生慫恿學西方事天之學而疎其詞曰：「無論十惡不善，朝皈依而夕登天堂也。」文生遂得隙而乘之曰：「若爾，則我且縱酒說色，以至于殺人放火，極人間不仁不義之事，恣欲濁之，樂而爲之，而且老病死矣，知不得朝夕延矣，然後合眼盟心曰：『我今皈依天主矣！』登時死而上天堂，豈不生死大便意哉？」故有受苦者，有救受苦者，有受救苦者。救苦者累劫修行，而後願力神。神也者，積之以誠也。受苦者亦必夙昔兢業，而後呻吟眞。眞也者，亦積之以誠也。受救苦者不眞，斯救苦者不神。不然，衆生罹如波門難者，何時何地無之，而絕不聞大士一一引手，則所謂大士者，亦聾瞎人也已。

孝廉家淳茂，讀書食德凡三世，成孝廉。而孝廉之爲孝廉，實以春秋名。僑黄之人之舅若弟，三四婣於孝廉家。僑黄今顧得數數從孝廉訂内外傳之微言，證經權之得失。嘗以是非雜叩諸孝廉之耳，孝廉顧不聾也；以黑白混陳于孝廉之目，孝廉顧不瞎也。竊嘗畏之曰：「春秋之士也。」乃閲逢涒灘以來，僑黄之人復嘗問以是非耳孝廉，孝廉猶未聾也；以黑白目孝廉，孝廉猶未瞎也。乃愈益畏服之曰：「眞春秋之士也矣。」嗚呼！即此不聾不瞎，而孝廉苦矣。孝廉之苦，孝廉之受救苦者也。

〔一〕此篇據傅青主法帖、潛蘇集帖整理，谷錦秋重校。霜紅龕集拾遺、劉、丁、王本收錄。天津市文物公司、天津國際拍賣公司二〇〇六年十二月十四日天津文物秋季展銷會競賣専場中國書畫圖録收有青主此文手蹟照片。葛敬生先生據圖録再次校勘。

僑黄之人亦嘗學醫，以醫喻之：知所苦而苦之者，尚活人也，醫得而救之者也；不知所苦而樂之者，則既死之人也，醫安得而救之！大士卽神醫，能見微于毫毛骨髓，安能爲人易已腐之心、續已斷之腸哉！况小慈者，大慈之賊。大士之不爲小慈，明矣。大士卽能起死人而自神其術，亦決不肯妄一播弄伎倆，以市幻于不忠不孝、不仁不義之人，以絶生人受救苦之種者也。夫然後知孝廉不聾不瞎之苦，尤大士之耳而目之者也。大士之願人人爲大士也，久矣，然傭奴之人不能也。孝廉既明春秋，喜談節概，以其識力勇猛精進，則孝廉卽受苦者，卽受救苦者，卽救受苦者。以聞持佛之佛，不若自聞其聞，大士之期衆生者固如此。孝廉何不爲大士？不然，僅低眉弄木槵，俗人之所稱爲善人，則亦怖死無生氣人，大士未必屑耳目者也。

僑黄之人尚多疑義于春秋，每喜援古今而論著之。待孝廉梓經佛事竟，一一致之孝廉耳目，以攷僑黄之人之耳聾也不，眼瞎也不，則僑黄之人之佛事也。孝廉能刑于家。孝廉有女季適僑黄之人之鼻，一舉斥之子。子弱冠玉折，而女仰藥殉。全晉之人顧感激而喜道之，曰：「太原李孝廉之女也。」僑黄之人乃今知之，曰：「女，大士佛子也。」　僑黄之人傅山題。

此太原李中馥鳳石緣妻病，禱大士，愈，梓經，而先生敍之如此。鳳石有幹濟才，明季乙亥、丙子，兩經虜變，偕袁袁山贊畫軍事，晉恃以無恐。鼎革後，杜門不出。宋企郊拘辱山右縉紳，獨鳳石不屈，彼亦不敢無禮。姜逆之亂，鄰邑俱陷，知縣郜煥元奉戰守方略，太原城獨全。著有四書膚播、詩經注疏、從好集、於陵子集、歷考、石鼓考、耳載、晉社約、本草目録、銀杏園文集、元釋兩藏撮要注解等書。與青主、中宿貫徹三教眞銓，時謂晉中三隱。霖記。

藏山記事序

巖壑須人，風烟借韻。性淡者翻多麗句，體遠者了更深情。故露下芙蓉，月中楊柳，幽藻于今猶在；乃亭皋木葉，隴首秋雲，儁才正爾長存。風騷所宗，壁壘斯易。豈雲霞之屢變，補夙昔之金青；仍耳目之不移，錮未來之聞見。遂使林泉氣索，花鳥愁嚬。得賦遂初，誰如石老？圭組無復攖心，煙霞不時憩跡。幾分長者之鉢，齒雪流匙；不貪智伯之鐘，鬢霜度磬。冥搜祕豔，支笻粉節頻提；幽討閒和，曳屐香泥輕帶。神長獨往，性不偕來。提偏師于慈氏之峰，五言斗絕；築長城于温河之涘，一字難搖。舞櫂誰酬，秋水承橈于吟客；鑿輪寡和，峻坂反駕于風人。但有旗靡，良由標迴。今且懸崖結構，徘徊烈士之祠；潤道枝撐，經始藏孤之洞。一葉之聲，猶能接意；微蟲之響，儘足迎心。何況千山萬山，頤光高妙；加以十步五步，寄興深微。豐格崚嶒，良奇文之奥府；綺思駘宕，發空谷之靈音。舍公其誰，茗柯有實；喪吾之我，糠粃在前矣。

奉賀涵虛上人報恩圖經小序

古德開口問人，便道父母未生以前作麽生會；貧道如今問人，只單問父母既生以後作恁地解。只此一些，沒人承當，無可奈何，再露消息。未生既生，總是渠事，都不置論。只要問以前以後，放父母在那邊。眞正出家兒，始能了此。不意涵虛比邱，眼明手快，於佛法裏並不交涉，只報母恩。〔二〕如此男子，甚爲希有。我學佛人，豈作誑語？合掌贊歎，而作頌曰：「父母親切世尊疏，世尊謂二親最神。以法供養我生者，是則名爲報佛恩。」

明百家詩選序〔三〕

甲申以往事，須載籍辨，且無論。甲申以來事，不須載籍而後辨。僑黃之人，謬憶子臣肺肝，不必大相遼也。申酉之間，乃俶聞一搢紳先生者之言，敦僑黃當鹵字避也。吾謂其時不知當有如何如何之論，而乃且及是耶？是姑教我愼禍之道耶？既與共論許衡事者，乃極贊其勸元行漢法，而首肯之。我力辨其非，而者顧倦不欲聞，且幽遏之於我也。既復聞者益課勵其門生子弟，修舊進士業，且曰：「此事須共鼓舞以爲進取，無用聽一安人敗興。」安蓋安我也。我俶大怪之曰：「者遽如是者之者當何如？而者顧者者之久籍君子甚者而已。如是，而者而下之舉人，其惟恐不得爲時舉人者，非安也。又者而下之諸生，其惟恐不得爲時諸生者，愈非安也。乃益知斯世之號爲讀書者之爲弄蛇乞兒，除厥蛇良無復弄也。習爲一奴者，東家主亡而復入奴於西家，惟恐其迸之奴之善計也。而向者之論道許衡。猶屬斯世偉人之言也。」我是時有呻吟之言，稍稍聞諸者。者者羣而安我之言之爲怪。我尚未自疑也。而積而至七八年，安我者不少息，是且有惑世誣民之孽，引領望如何得殺我一安人而快。彼羣不安者之心，而乃俶自疑，我且誠安耶？何者不安之公然衆耶？

尋謀善改此安過，而性與安習痛自創而無所悛，乃俶痛我獨爲安人之苦。而昭餘覓安一男子曰

〔二〕「母」，丁本作「親」，據他本改。

〔三〕此篇由陳監先先生錄自戴天倫補輯半可集附錄。

戴仲，言我之妄言，而言又妄於我。我初未敢應，私曰：是又有妄痛者耶？且不敢再投以妄藥而加之劇，慮我招妄罪，復扳株無辜之人，使不容於斯世也。而一再往復聽其聲音，略微中色，頗覺其妄之根之固也。因以妄言酧醋之曰：是不獨妄我，我於是不獨妄矣。乃爲出小詩令咏之，以引其妄緒，而妄果日益出。其所辨論曲酷又過我妄加十數倍，我於彼不妄者諸所寘不辨。而仲獨戛戛如欲刮骨驗瘕之惟恐有漏。吾略謟其學妄之從嚴起論者也，而我忽復爲漫頽沓拖無所不可之人矣。夫聖人作春秋，法嚴而心恕。嘗謂其心其法，亦惟聖人爲能操縱用之。非聖人而學春秋，則歐陽公之五代諸紀，恕非恕，嚴非嚴，而動援春秋之例以自著。春秋烏可壺蘆學也？故我輩論人論事，寧且嚴而無恕，嚴於人亦有以自嚴。一切恕於人，行且自恕，自恕之門啟，而無所不至矣。故必嚴之，嚴之久而後能平。其人、其事、其時、其勢、其志、其經、其權、其難、其易、其眞、其僞，過而或失之薄，或失之厚，而恕之之法出。蓋秋之至於冬，而春始復也，時當秋而以一春之法予人，是逆亂無恥，彼此悤悤濡染之智也，是向者者之志也。以吾所聞之戴仲諸論辨，皆用深秋者之流。聞之者有不謂之急恆寒若會，且舍妄我之妄而妄仲。然初不聞有妄仲者，似類軒仲之爲紈袴習寵，而未嘗招一負俗之名，且謂仲於古今載籍未博涉也。而執者者之能低昂，而孰知仲之嚴於載籍也？

舊頃以其所見，旌我妄翁，而復及妄人之子眉，以留侯、辟疆、劉向、歆父子比擬，頓挫形之。吾謂歆之得罪父向，無辭也。辟疆幼智，去縱横世用才救劇之尚未遠，卒以其所覺濟一時文武大臣，亦不必其眞實袒呂而背劉，其志亦未嘗敢得罪留侯也。揚雄美之見其半，而文饒責之亦見其半。由於其事出之奇童，一時英敏之才不得以嘗予，予亦不得以嘗奪奪然而奪之，不予不失爲學儒家者言之正論。而仲竟不能少貸同之歆之律，則仲之於名實之際，不釋不經如此，而可謂之紈袴習寵舊也？而可謂其於載籍未博涉也？吾又嘗謂古今之人之事，有當格者，有當通者，未得其所與通之亦且與格之，格之久而通，而其中經經權權，經權權經，利利害害，利害害利，顧未足一端蔽之。而我欲吐之而姑茹之，而虞吐之又且大有孟浪，駭學儒者之正論之誹誹者。仲方不妄我，又方妄我，而我之初見妄於彼者顧在也。而仲復失其不妄者，而無所歸，則我既失於羣彼者，而又不得之於一仲，則我之妄又孤。卽如仲之所論辟疆、歆之事，顧今之人所謂妄論也，而今之人，孰再有知辟疆、歆之事者？知論辟疆、歆之事，則必引仲辟疆、歆之類不止。久而始聞仲有妄名，則是仲有招妄之學、之識、之才、之情，適足爲吾儕黄和光同塵之病也。

仲嘗遴迻皇明百家詩，贊之誦之，乃今出以示我。我素於詩亦妄，良無所益。仲詩無窮，變無窮。仲目無窮，心無窮。今既得百家，而謂百家中尚有若干首未敢曰知。然吾又謂自有聲詩以迄今茲，有作而知，有作而未必知，亦有習而知，有習而未必知。不知而言知，妄之；知而言不知，亦妄之。知之知之，至於不可知，並爲知之妄之。惟知之知之，至於不可知，不妄不知不知也，亦不妄知之知之也。天下古今之事，誠難乎知，知之矣而不可知，且可不知也。此吾妄論詩也，而亦可以論人。詩爲其可知，不失爲正聲，人爲其可知，不失爲正人。人何容易至爲不可知也？詩亦何容易至爲不可知也？知人知詩之知，亦何容易至爲不可知也？然斯言也，亦妄言也。仲聞之方不妄我，又方妄我，仲地妄我，妄我久而又方不妄我，方不妄我，而仲妄矣。方妄我而仲又不妄矣。又方不妄我，而仲大妄矣。大妄也者，非不妄非妄，妄聖人之所惡也，而我不辭，亦曰：羣者之妄我也，吾姑援仲以著妄，亦有隣也。仲與吾同爲斯世所不容之妄人哉！

戴氏家譜序〔一〕

水流萬派，遡之有源。木長千枝，窮之有本。追遠之念人人皆知，而求其於殘缺之世系，能不惜數載之搜索，使源流畢貫，本末咸該，瞭如指掌者，實難其人。余甫至昭餘，見麓臺屏帳於東南，昌源環繞於西北，山川之鐘毓，早憶必有如楓仲其人者。及登其堂，見其人，接其威儀，聆其言論，有不可一世之概，因與之同飲食，共朝夕，不忍偶離。且閱其著作之富，等若山海，人品學問臻峻絕洵，非三代之下士也。春日清晨，偶坐丹楓閣，楓仲與諸昆弟輩出家譜一函，索余爲序，且曰：「是册也，經營滙集已非一日，辛丑歲早已刊式成編，急欲告成，因别支世系殘缺實多，且居處或有外鄉，或移鄰邑，殊難稽察。爰不辭勞瘁，遍爲搜羅，考究於木主之紀載，採擇諸父老之傳聞，使世世相承。至祖妣之絕無可稽者，闕而待補。如是者數載，始録成編，編爲大部，俾子孫恪守。此函三二世内各以子孫之名塡於各股之下，俟録盡是編，各股之人復同集公所，各出是編，再爲遍塡，重修廣集，以垂不朽。」余聞是言而忻然曰：「謹按舊譜序例，明公禮法備具，世繼其美，精而且詳，無俟瑣言。」楓仲才大誼高，文博而學富，爲海内所推重者數十載。今老矣，而氣不衰，恪遵先志，雅纂修是編，能盡孝道也，是能敦宗族也，是能興前而裕後也。支派之缺略者，務必積久而加詳。世及之不紊者，更爲分明而得體。由本及末，斑斑如在一堂；窮流溯源，世世毫無凌躐。必如是始克成其家之所以爲家，必如是始不愧譜之所以爲譜也夫！

僑黄之人傅山撰。

〔一〕此篇據山西省祁縣個人藏手稿釋文，由暢奇緯整理。傅山全書初版本未收。

卷二十一　書後

題湯安人張氏死烈辭後〔一〕

文字直如此做，眞樸不枝，〔二〕可喜也。數年來見開士文筆頗多，此漸進自然矣，是學問大進處。清清割割，造此一道，不蔓不枝。先儒云：「只有可減，無可添。」與禪學解黏一般，詩亦當如此作。可取鹿門先生五言細讀，造就當世一詩僧不難也。此意雪林極解，有作時時請益。不眞不淡處卽毁卻，專向自己心地上作老實話。韻也可，出韻也可。黏連向背，都是方内人取第工夫，高格高調全不用也。

書張維遇志狀後

平定張生煜，不忍厥父維遇之不聞於鄉也，列其行，請居實誌墓，復欲老夫言。老夫學老莊者也，于世間諸仁義事，實薄道之。卽强言之，亦不能工，不過于居實之誌，喔喔耳，又惡用之！老夫以別眼看維遇，其敢死爲勝。狀誌皆云：以少不謹致疾，名際而字遇。際遇若此，敢死于牀簀與敢死于沙場等也。且道今世縱酒悅色以期于死者，吾黨有幾人哉？

〔一〕張本題作「三復雪開士」。

〔二〕「眞」，丁本作「直」，據他本改。

吾最喜暾州中河漏。每過州，知交輒爲設河漏，遂皆競精河漏之法。而吾嘗曰：「平定無河漏矣。」維遇亦吾一河漏檀越也。居東門小亭，藏古梅一株，高丈三四尺，傳爲百餘年物。初爲某百戶家所藏，轉而至維遇家。歲寒時，著花高槙，〔一〕不受俗物攀齅。又冬青一芟，亦不類常所見，搏搏濃茂，一老幹耳。復于根旁小分一枝，瘦縮並舉枝頭，葉皆以少爲貴，如劉松年畫松法。吾每於此暾河漏，輒多進一半碗，如梅、冬青之勸我也。無何，梅與冬青無故忽枯死，而維遇亦隨物故。異哉！

煜能讀書鈔書，皆始終筆畫精細不怠，是州中一後輩好學人也。即此，維遇有子。聞維遇者，尚煩友朋之言哉！

書承務君墓誌後〔二〕

此字爲周公瑕客晉時請書之，刻亦精。先承務本俊男子，肖山此誌，多掉書袋，反失其生平。由前輩學古文詞者，只了得作誌文事亦如帖括營生，原不能洞識人之大概，故百十誌文，逕如一篇，改頭換尾，只塡其姓字子孫耳。可笑之甚。山向藏承務君詒參藩官睢陳一家書，字法森逸多奇氣，中有「爾做官只要體帖『公生明、廉生威』六字足矣」，〔三〕書末又大書一行曰：「切忌乘怒責人。」先四祖時隨祖任，中又曰：「四小子在彼不讀書，便送來我一頓打死」等語。山擬樵作家傳書法，

〔一〕「槙」，丁本作「植」，據張、劉本改。
〔二〕此篇據山西博物院藏手稿整理，由孫陰亭釋文，曹玉琪重校。霜紅龕集張、劉、丁、王本收錄。
〔三〕「只要」，手稿作「直要」。

遭亂失之矣。附記于此，令子弟知。若此誌，良不足爲承務重也。〔一〕丁酉夏，山。

此石原在米市家祠堂東廊嵌之，亂後竟不知所歸。

太原士夫家墓誌構名筆書者，唯唐東嵓先生家與此耳。唐誌是文衡山書，聞石尚在北門一人家藏之。此遂訪問不得，正坐長房兄從聖疎忽罪。罪何可逭，何可逭！

小楷乏波不難，而勒落右末尤難，刻益難之。此法書者、勒者皆等閒置去。

書郝異彥卷

郝異彥者，諝胥也。少年如越，音無問人。未死先一年六七月間，忽持一卷屬余寫其生平，無回護去。次年夏，偶中疫死。異哉！君子疾沒世而名不稱，卽異彥亦有焉。

異彥，陽曲岡上人，世史學使者家，積諳學政。至異彥，特聰敏，異於其祖、父，故名「異彥」。從師習時文業，十六七時，業且通，幾誤中酸腐惡。成諸生，定有識，不失轉更，卒以其諝胥嗣先業。而自字「太素」，義有取于澹泊，如不欲因先世熟業來諸生熱鶩。

甲申以後，學政大新，諸老史讓能，捧案登異彥掌故。異彥既聰敏，當秉牘諝，遂不肯終無所用。然時移勢異，人不異，異彥獨異之。提學其提學，異彥底提學；弟子員其弟子員，異彥底弟子員；卽異彥胥其胥，異彥亦底胥，能以其諝挾鶩尾從陰康氏，爲婆羅門倒行。常人駭之，達者許之。因利乘便，高才捷足，不當如是邪！賀雞囁嚅辟咡，不言而蹊，灼灼華諸門牆，太素於是乎大豔。異彥復能大度，不刻契責人，拔十得五，酣歌行樂，食客亦日數十人。

〔一〕由此以下，霜紅龕集各本未收。

初亂後，諸無俚依之如小薛邑，厥類嫉之，日擬發厥陰。會有既空槖籍曼名，羣鬨于踁，厥類慫恿，擁使者投牒，日數十紙。既聲章著，人方睥睨異彥之劇之，異彥獨暇之，乃以其謂飛而之燕。既負燕，諸鬨及使者無如之何。復以其謂胥尚書。部有某尚書，亦以如幻三昧，塗負疲津梁，可其謂，寵異之。適尚書被搆，不得其媒孽原委，苦難縷析辯。而異彥又能其謂鉥誘之，攫得其對者章，政尚書。〔二〕尚書一夜辦之，遂得要領，不大敗。尚書益娓之。若此謂者，喻之小則櫻桃核也，以大則如文季治璧，然皆急而黠。〔三〕鏖糟聞之，非滎陽溴則靈昌鉥。堂任之，卒得力。

無何，以謂得淮安外河主簿。時淮安守亦山西石樓人，諺所謂情懷者也。酉、戌間爲諸生，亦熱逐異彥。異彥亦依之，多有所侮借。而守又適與判罣，罣異彥詞中，被繫，當治。察禁，出一單袖中予異彥，教之訐判，判由是敗，而異彥亦解任。不歸里，由水路之燕，復以其謂與諸部胥往來。有越陶，亦以其謂圖胥。異彥又損行槖陰輔之，約分潤。食指繁，無俚，學畫美人鐙，薄佐薪水，而又以其謂爲不文，蘭名散人。多識燕山景秀，卽郎吏有慕燕玉，率能致之，盡狎邪歡。謂至此，殆妙不可言矣。蓋異彥本晉人，久游燕，多狎越人，故徑欲越人。加久客，不無緩急，鞅掌太息。式蛺蝶之遨游東園，不屑竈下之脱，千日而始爲鴝掇，待其微，翩翩須翅，遷氣化蠭，逢有足甜螫而採之，百穿洞房，造蜜爲頤，謂於是苛矣。

又七八年，倦遊歸岡上里。不諳寂寞，猶欲用所未足，遊戲鎮帳。卽未嘗荷戈持戟，聊復冀半溴行閒，或解後稱快，寄「猶向寒雲試射聲」之意。無俚，益工繪事，由美人至花草、翎毛，復略

〔二〕「政」，丁本作「致」，據他本改。
〔三〕「黠」，丁本作「點」，據他本改。

倣山水平遠。謂而老山人矣，然仍有興與少年歌曲逢場，興時狂一壍參軍，復習不媿而忘人。雖崑山老倉鶻商咄夷之，似且可以得意自解頤，得大壽不死。然竟死。予傷其有不肯湮沒之志，輒追書此，遺其子雲鵬。雲鵬亦能畫，畫更精妙於巽彥，而爲人惇靜，不能以繪事高自置，類有德者。以巽彥家法論之，得此子，得此子。

予既書此，復追惜太素晚日貧乏。若尚不大貧，當此時大出槖，爲一豐力不能縣官，不足道也。以彼其風流俊黠，飾以文雅，焚香喫茶，買一進士及第何有！天下之才，應運而生，如太素謫者幾人！即太素得及第，猶今日大照上上□也。惜計不早及此。

書馮吶生詩後〔一〕

晉雅晚近，盛於析城、高都。太原以北，大寥寥矣。賢橋梓以鴈門奇氣，旗鼓中原。山中之人，久從人處，讀琳瑯百十篇，相其中外，不可測度。私謂當有鏗鈜鈞部，用昭光岳。今乃得親炙公子風期，慨傾珠玉，使寒儉之夫眼眩心悸，得未曾有。衍迤大鹵，自應有斯人，有斯文。南華老仙論大巫小巫，固精乎其喻，而老夫常自謂爲衰巫，尚敢向壯巫手中傳葩哉！以年富力强之人，據五車三峽之勢，不知究竟當何底止，令我短氣短氣。

〔一〕王本注：「馮雲驤字吶生。」

遯卦睽卦書後〔一〕

傅山曰：妙哉！遯之時，唯有天可上耳。天不可上，而天下有山，山中確有上天之道。不得已而至於見小人，則不惡而嚴而已。尾、執、係、好、嘉、肥，斷之君子，自能取裁。「肥」，古作「蜚」，卽「飛」字。遯而能飛，則上天矣。

睽，違也，而不害同。君子讀之，「見惡避咎」、「遇巷無咎」、「厥宗噬膚」、「遇雨疑亡」，果爾，神物終當有合易天書也。天書人豈能讀？天下有山，山中讀易，會能見天。通知晝夜，無方無體，先而弗違，後而奉時。

鼎卦書後〔二〕

象辭叶韻。三、四象「失其義」、「信如何」不叶。「義」字當如詩之「儀」耶？詩之「儀」叶「何」者，皆讀如「俄」。

〔一〕此篇據山西博物院藏手稿釋文。傅山全書初版本未收。
〔二〕此篇據山西博物院藏手稿釋文。傅山全書初版本未收。

書易疑後〔一〕

此西河胡公子季子、于野兄弟所爲易學也。義槪自不愜本義而樹，季子自敍甚辨。藁無慮八九易，每易輒示老夫，謂老夫亦頗習易。老夫於此，實不敢曰知，矧周知！聞廣成子治屯、蒙二卦之言，後但取經中最明顯不費探索者，獨得地山謙一卦而爲之。及讀公子之易，通析訓詁，研理崇文，老夫始知何棲鳳之學，〔二〕非楊伯醜所測。從此西河有胡氏之易，卜山書院得未曾有。天挺兩公子，以經學重西河，西河行有六種震動矣。

因通論兩公子，蓋老夫之畏友也。〔三〕爲詩畏其詩，不屑中晚；爲文畏其文，不屑爲韓爲柳；〔四〕爲醫畏其醫，內、難諸方書斤斤上口。論古今得失成敗，指掌爈審，令老夫瞠乎其後。今爲經，先儒有不能解免者，矧聵聵之老夫乎！

然而尊紫陽之義者，行當仇兩公子，兩公子非信紫陽者。〔五〕喝佛罵祖，佛祖與之。學紫陽之學，當以兩公子爲適派。惜乎！老夫此言，且無所可諭。若兩公子少得時行道，有一步不法紫陽，老夫不信也。復惜乎兩公子，天既窮之，令窮經矣。格心論道，豈或有時乎？大要有時，亦不足爲兩公

〔一〕此篇錄自北京翰海藝術品拍賣公司二〇〇〇年一月八日千禧拍賣會中國書畫拍賣圖錄所收傅山書札。由葛敬生先生釋文。傅山全書初版本據霜集收錄。尹按：此圖錄所收，當爲傅眉或傅仁抄本。抄本題作「易疑敍」。

〔二〕「何棲鳳」，丁本誤作「何鳳棲」，據王本與圖錄改。

〔三〕「之」，傅山全書與霜集各本均無，據圖錄補。

〔四〕兩「爲」字，他本均作「不」，此據丁本與圖錄。

〔五〕「信」，傅山全書初版本據霜集各本作「倍」，此據圖錄。

子增重。若無之，兩公子以經儒傳世，爲清白郎官，振振流風，益知天之報施在此不在彼。

書文賦後

我今讚歎，於彼陸生。作文利害，隨子之變。各人甘苦，各各自知。未聞得證，而不斷臂。人喜亦喜，人悲亦悲。毫沒交涉，謂獲至寶。蝨魚募緣，沿門乞討。原非豐生，無此文福。滿眼芳潤，其奈不漱。重淵有魚，子無鈎何！曾雲有翰，奈汝無繳。披者未得，而況未披。古今須臾，四海一瞬。課虛責有，叩寂求音。敢不按部，趨來就班。至意司契，離方遯圓。片言居要，其警安在？怵他我先，雖愛必捐。牢落無偶，非汝境界。無上甚深，不向汝道。竭情多悔，率意寡尤。茲物在我，汝其竭之。勠力非余，作何見解。空懷自惋，爲可憐愍。陸生陸生，莫爲人道。無耳根人，說亦不聞。無眼識者，見如不見。大法不私，上根不竊。規矩具在，能者得之。慚愧珍重，須下苦力。

書此賦了，復漫書此偈，以讚士衡。此陸生廿時作，已冥搜入微矣。我今須白，何曾夢見？然不敢襲故以爲彌新，稍稍知恥，且爲來世下讀書種子耳。

書侯朝宗于忠肅公論後

侯生謂「英宗還而欲景帝讓位，此非于公所能也」，生之言是矣。謂「上皇之居南宮也，廷臣之不得已，天下之不得已，亦景帝之不得已也」，生之言是矣。謂「于公斷斷不逢君之欲以取富貴」，生之言是矣。謂「于公不過其衡，不開其隙，是其心迹猶在趙中令之上」，之言也，似是而非。謂「廢太子，立見濟，則于公力所能爭而公不爭」，公似無以解免。至謂「詔草一傳，公亦唯唯署名，揣公之意，以爲發端非我，〔二〕我非秉鈞者，或天下之不我責也」，侯生之論非也。復以爲「公自念功蓋世而名震主，大權不可以一日不令在我，設一旦拂帝之意，吾將置身何所？以區區楚國之葉公猶不屑爲此，而況于公！」侯生之論，愈苛而愈非也。乃至于謂「公之私意，以爲己之年僅卌餘，而帝復甚少，卽一旦南宮告終，則天下又無意外之變，易儲所必不免，此時可以力爭以爲他日之地，而公不及料景帝之七年而崩。」何其舞文遂至于此！果如侯生之言，公卽不能料七年之外，于景帝之病亦非一日，公豈不能料其不起，始而易儲，以防猝然之禍，以之爲居功之地、自固之術也？侯生之言非也。復謂「自其不爭易儲之心推之，則景帝升遐之後，不主南宮可知。」吾謂南宮既已辱國，豈可復辟？在當時之臣子自不敢爲此論，而古今社稷爲重之義則如此。不惟于公之心如此，卽當時臣子之心，亦皆如此。不幸而公死，而使國家有兄弟之變、叔姪之嫌，而公之見不及此。〔三〕卽其不請儲，必知儲之所在。（以下缺）

書神宗御書後

追論朝事者，率謂天下之弊釀于萬歷閒。此以膏粱公子待太平天子之言，其意實大不敬。〔三〕若爾，則見諸宸翰者，〔四〕亦當如徐偃王耳。伏覩當日御書「海潤」五言十字，一字整于一字，一畫勁

〔二〕「端」，丁本脫，據張本補。
〔三〕「此」，丁本作「缺」，據王本改。
〔三〕「其」字下，丁本有一「言」字，據他本刪。
〔四〕「見」，丁本脫，據他本補。

于一畫，威儀恂慄，無所不備。以前後四十餘年太平之福，曾不敢逸豫于筆墨之閒，其蝴蜎蠖濩之中，覽道德之精剛者，從可知矣。凡事上有好之，下有甚焉。當時以書法噪于縉紳者，莫過南董北米。董則清媚，米又肥靡。其爲顔柳足以先後書法者，無之。所以董謂趙孟頫爲五百年來一人。以若見解習氣，仰視神宗兹制，不違咫尺，有汗流浹背已耳。有君無臣，豈筆墨閒亦有然者耶？言之於邑，不勝凌誶。臣山觀，時茀戊午之又戊午三月也。〔二〕

題慈恩寺三藏法師傳後

此河東王府藏，散失不全。此土納轉迦藍綱摭拾之，雙塔院圓璧募腕賜緣，贖置塔院，擬補構全之。願力未圓，且有待，于時節羅列龕前，旋旋細讀。至此高字函，欲鈔記所歷諸國名號，遂用朱筆細標格上。山借讀之，亦復有補標者。往因用朱筆批點五部中一小部，薄得譴責，似不應于經教加筆者。及觀崛㟍山藏中，亦有爲不知誰何僧朱點記注者。此卷中遇法師正眼，超出黑學，感歎泣下，不禁讚頌而深服之。〔三〕此神州臣子心，卽諸佛心也。因憶納轉藍一執殿僧，不知戒律宗教事，而至今上殿拈香祝贊，只管依舊。山聞之，念南無佛。十六院中，一鐙不息。此名字有别記。

〔二〕自「言之」至末，儲方慶遯庵文集卷二收此文，作「臣山過梗陽，獲覩於儲令署中。言之於邑，不勝凌誶。時戊午後之又戊午三月也。」

〔三〕「服」，丁本空白，據王本補。

太上三元保命經書識〔一〕

無福之人，焉敢妄希賜福？回向痛省，但有罪可懺耳。苟心不昧，隨所觸感，冷水澆背。粗言淺義，莫非眞詮。〔二〕吾儕小人，正不須得此威稜警省。一切深文奧旨，自爲上根慧者設之。不得浮慕於彼，疑謗於此。

太上三元賜福赦罪解厄消災延生保命妙經書後〔三〕

經終。眞山謹書。

癸亥十二月初旬，夢人持一小紙包，外寫一朱紅「詔」字，傳要紅字經一本，黑字經一本。先是，黑字經已寫過數本矣，隨使人城中買銀硃來，即一紙包，似夢中所見。即朱書一本，裝裱送玄通觀供養。如此驚異，不可謂偶然之噩也。謹記。

「閉瘴」，又作「閉漲」。「神力」句本在「福力」句下。展看筆中，銀硃一塊。

凡誦經者須齋戒，嚴整衣冠，誠心定氣，叩齒演音，然後朗誦，不可交談接語。志心注意，如躬對神明，式臨在上，隨念祝禱，自然感應。

自淨心咒以下，當書經前。以久誦經人皆熟記上口，規矩習知，知道藏中本經，亦開卷即起經

〔一〕此篇前，丁本有書山海經後一篇，實爲山海經物類編略之節本，因已發現全文手稿，故將書山海經後删去。
〔二〕「詮」，丁本作「冷」，據王本改。
〔三〕此篇據山西博物院藏手稿釋文。傅山全書初版本未收。

文，無諸咒，禮文遂依而書之。補書于後，誦者先誦如儀。

一本三官經，三官寶誥後有火官寶誥，意謂非三官之列。夜誦，先一拜禮稱誦，正月廿七夜遂略不誦，廿八日有疑于中，補書同誦。

廿八日午後背痛，倦寐少頃。臨醒，矇朧見一紅眼神像在前，且疑且懼，不敢謂爲目眚。敬書。大斗小稱，世間惡業過于此者，不知凡幾百千倍。于此經中偏及此者，蓋從市井昧心之常人，人不知其爲罪惡，以爲資生正經。而心術之壞，概如此類。如古人徵貴徵賤，斷非用此鄙瑣壞心之術。推而引之，至于士夫，疾人利己，莫非此義。瞞心昧己，愛便宜爲子孫牛馬，盜聲名爲聖教奸宄，皆此心行也。亦奸盜之尤，以爲姱脩，誤矣。

淫禍最慘，天之報施，小則中冓，大則兵火。西洋不二色之教，最得天理之正，不可忽也。斷絕恩路，概謂不肯推恩之人，自己刻薄，而人有可以濟人利物者，亦以刻薄教之。此亦小人之常，惟馮歡之流不爾也。

横言曲語，無人不然。不成人美，專成人惡，快口描寫之毒，卽著述學者有所不免。

此經原有上中下三卷，此是括而成之，道藏目三官經者卽此。純陽宫杜□□從塵積中撿得三卷者送來。前有一序甚悉，有洪武十七年年號。

書金光明經分别三身品後

三身品非謂無金，非謂無水，非謂無體，非謂無空，非謂無心，非謂無覺。眞實妙義，破諸顢頇，謂西典一「空」字盡之，誤矣。

書金光明經後

庚申七月二十三日之夜，夢至一小梵。一白衣比丘，年有二十許，〔二〕所說語言不多，亦不能記。忽於肩背披一黃色紈布之類，上有大字數行，亦不曾細辨爲何等文字。比丘但眞眞說「金光明經」四字，聽之最響。又云「教當如此。」亦不曾問如此爲何。圓璧忽然在旁，來憑案云：「收拾一靜室，可寫此金光明經也。」山頷之。比丘又引山出，至小院窗下，指一小花盆令看。中從土出大紅如硃砂色，不枝不葉，逕若蓮瓣，絫層而起，瓣邊少有黃色一緣。山問何花，比丘曰：「吉祥花也。」遂寤。日專從崇善後門方丈借此十卷，〔三〕擬細讀之。昔曾涉獵一過，實未思維也。老矣，不知尚能歪好一寫否。

夢中看花後，又忽來一閹人，下馬云：「更可寫藥師經也。」

書金光明經懺悔品後

夢大河水，運動手足，求至彼岸。由於身心不退，覺則水岸皆無，不可謂之無心。心之徵於夢中者，實實如此。夢寐顛倒，而竟有不顛倒時，斷無認父母兄弟爲不知誰何翁媼朋儔之時。心之貞，於晝夜亦較然矣。山自遭變以來，浸浸四十年，所惡之人與衣服言語行事，未嘗少爲之嬃媕將就，

〔二〕「二」，拾遺、王本作「三」。

〔三〕「日」，丁本作「曰」，據他本改。

趔趄而從之。不欺之諗，亦頗自信。謂作夢時不能自主，直未夢時原無確不可拔之力耳。因讀是品，略記此中。

書成宏文後〔二〕

仔細想來，便此技到絕頂，要他何用！文事武備，暗暗底吃了他沒影子虧。要將此事算接孔孟之脈，眞惡心殺！眞惡心殺！

小楷孝經書後〔三〕

僑峪園，無中用筆，扭捏兌傅，爲念東兄。庚申十二月廿六日書完，時年七十有五。濁翁山。

癸未夏秋間，山在三立講堂，見蔡撫軍刻訓言，謂「教」字從「孝」。山竊議之謂：說文「孝」字。本從「毛」，下「子」，上不從「爻」也。以爲撫軍不講六書之學，恐見誚於略知偏傍之士。今楷書非古，豈不誤後人哉！然不知六書，而以意見附會者，昔人往往然。至于解「可」從「丁」從「口」，解「舍」從「人」從「舌」，陋而無義至矣。「孝」之爲「教」，筆畫既較然，義亦親切有至理。以之教人，有何不可？「爻」效天下之動，「爻」下「子」則效爲人子之義。凡古昔得親順親之子，載在典籍，其間遭際有常有變。父子之間，天性渾淪，眞正天地有翻覆之時，而

〔二〕此篇錄自王晉榮刊霜紅龕文補遺卷一。
〔三〕此篇據南京博物院藏手稿釋文，由竇元章整理。傅山全書初版本未收。

此性終無湮沒之頃。孝經諄諄以忠孝並言，始章卽曰「中于事君」，再曰「資於事父以事君，而敬同」。曰「以孝事君則忠」，又曰「君子之事君孝，故忠可移於君」。至十七章，則全不言「孝」字，而但曰「君子之事上也，進思盡忠」云云，亦以爲人子者，必至于爲人臣，能將順匡救而後已。此言其常者也。至于言「由親而君之，先孝而後忠」之次弟，固未嘗顛倒也。若事君，人者則當以「始于事親」一句尚爲多矣。

山每讀邴根矩之對曹子桓、任元受之對張德遠，輒頭搶地，淚下如雨。苟不得事親則已，得事親而不能推邴、任之義之盡，虛有心而不竭其力，親能待我幾何年也？山自甲申中國變後，雖奔走扶侍先貞耄廿有七年，其間有米無菜、有菜無米麪、有米菜無油鹽炭薪，未嘗能一月十五日不勞老人殷記。至甲午濱死獄中，父子不暇圖再面矣，而老人饑凍，受鄰比凌辱，無所不至，不謂尚餘此有靦之生。至除夜，息眉奔村僑，鐙下叫門，則老人不信其孫之尚能生來也。及入門，實無米數日矣。明日過年，尚敢云少有肉菜耶？每念及此，雖不曾絕太眞之裾，亦幾幾乎太眞之恨矣。幸而強顏出獄，又苟且奉侍者四年，畢竟不能豐衣足食、呼諾承奉，使兄弟叔侄歡喜團圓、朝暮笑語。追悔欠闕，當何處何時補報也？而今已矣！而今已矣！

曾子問曰：「君薨既殯，而臣有父母之喪，則如之何？」孔子曰：「歸居於家，有殷事則之君所，朝夕否。」又問：「君既啓，而臣有父母之喪，則如之何？」孔子曰：「歸，哭，而返送君。」又問曰：「君未殯，而臣有父母之喪，則如之何？」孔子曰：「歸，殯，返於君所，有殷事則歸，朝夕否。大夫室老行事，士則子孫行事。」山謂「歸居于家，有殷事之君所」尚可；若「君啓，聞變歸，哭，返送君」，及「君未殯，而聞變歸，殯，返于君所」，不敢謂爲禮之不可易者。夫人子聞父母之變，天崩地裂之時，而令舍親之苦塊，而勉以盡君臣之禮。所謂君子不奪人之親者，何居此最不近人情者也？不可行也。故古人有哀毁親喪，而至于滅性者矣，不知哀毁于君喪而滅性者有幾。此皆自然等差，不得同論者也。

管子曰：「使君親之察，同索屬者也。使君不安，屬際也。」故「索屬」加一「同」字，言其本有不同者也。「使君不安，屬其際也」，言乎其本爲際也，而強屬之也。過于家人之親君，斯有芥蔕者矣。若死者爲賢君，豈忍奪其臣子之心，且置父母之哀而哀我乎？故賢君斷不以此不仁之事，責于臣子也。愚于管子之言，别有解矣。因曾子問中此語可疑，及之辨其屬際，益覺邴、任之言爲天理之極而不可移也。

本朝奪情三相，南陽則有羅倫爭之，江陵則有沈徐予之，武陵則有黄石齊先生予之。其爲相之賢否，事業且置之，在三公則一忍之而已。故當時紛紛奏議，辨難不勝其口。彼既無人子之心矣，正論讜言，猶之乎責犬豕之面，不深墨也。山以爲當時奏章，正無用連篇累牘，譙哰何物綱常名教之言，但云皇上之不容私奔喪，終制者不過爲國家之急，有非私不濟者，正恐私當此哀毁隕滅之時，即勉強爲皇上留之，其心有不安者，倉皇失厝，負上奪情之眷。若温旨再三問其心安乎？安則爲之而已，又何恤乎人言？不知當何詞以對。

從來大聖人不幸，莫如禹矣。鯀殛而禹代，泛論之，則禹乃爲拯溺之功臣。自禹之心言之，不過爲幹蠱之孝子而已。

域間三大：君、親、師。然有不事王侯高尚其事之人，而無不事父母高尚其事之子。至于師，則申屠建斬崔發，不爲過也。

家人「有嚴君焉，父母之謂也」。故親生之膝下，以養父母日嚴，因親教愛，因嚴教敬。即以「教」以「孝」爲義，何不可？至於從「攴」，又諺所謂「棒頭出孝子」耶？嚴延年母尚矣，而潁川家有「杖碎金魚」之母，故母亦不專以慈爲教也。管子曰：「人君之德行威嚴，非獨能盡賢於人。」曰「人君也，故從而貴之」可也。若爲子者，則豈敢曰「人父也，我從而父之」乎？

凡聖經皆教人忠孝，而易經絕無忠孝字，唯萃卦「致孝享」也。一「孝」字，但說在祭祀上。老子曰：「國家昏亂有忠臣，室家不和有孝慈。」莊子曰：「至仁尚矣。」孝固不足以言之。此非過孝之言也，不及孝之言也。推之至于「使親忘我難」，故烈士不畏死。而有母在，則曰「不敢以身許人」，亦較然矣。

往山編性史，以張留侯爲孝子。留侯大父、父兩代相韓三五世，父平卒後廿年，而秦始滅韓。留侯又不曾仕韓，且少年于韓，似可漠然。卽韓或有念韓之人，亦不至以此事責望韓相之幼孫也。而留侯竟破產狙擊，亡命舉義，聚兵卒從漢滅秦。此何意？太史公一言蔽之曰：「以大父、父五世相韓」。故此「以」者，「以大父、父之心」也。然留侯又未曾受大父、父之屬而爲之，蓋子孫以祖禰之心爲心、之義爲義，當如此也。不如此，而祖禰地下之心不快也。故吾推其類，至義之盡，有治世之孝，有亂世之孝；有是其世界之孝，有非其世界之孝；有承顔養口體、養志之孝，有不承顔而追信其志之孝。經權常變，歷代典籍亦儘有其事，而實未嘗推見至隱，以明此事之大之微。孟子論孝，而曰：「莫大乎以天下養。」若此，則堯舜以後，無論僭亂，而稱天子者，顧皆以天下養者也。可概以孟子之言許之耶？

「人盡夫也，父一而已。」以夫婦論之，自是賊婦；以父子言之，則爲孝女。然不知雍糾之妻後更嫁耶？未耶？惜傳不載此事。若再能死以報糾，斯至義無間矣。

既寫孝經已，尚餘册數版，因拈論「孝」字起，聊復申素所講求者數則書後。山所編性史，皆推隱微如此，全不錄世所行諸孝子顯明易見皮膚事。亂後常攜之，陸續補綴，幾十餘大册矣。失之平定州，無從問之。留侯一則，每在憶中，不能忘也，復爾略記。

讀列子蕉鹿夢書後〔一〕

列子一書，多本於莊子。此與夢蝶大旨相類。然莊子言夢覺，多以生死爲喻，此則言人在世間，動靜云爲，無一是夢，無一非夢，執以爲眞者固非，卽漫以爲妄者亦非。顚倒反覆，竟無處討得消息來，猶金剛經所云「一切有爲法，如夢幻泡影，如露亦如電，應作如是觀」，又不徒單指生死之時而言矣。若世人日在勞攘中，能把這些關頭參勘得破，則無在非夢，無在非覺，卽軒轅、宣聖亦不過此種學問。凡日用之閒，離妄卽眞，卽妄卽眞，著不得相，併著不得空，比所以謂之能辨也。

小楷莊子逍遥遊人間世外物則陽養生主書後〔二〕

土堂大佛陶之南呵凍。

「逍遥」，古作「消搖」。黄幾復云：「消者如陽動而冰消，雖耗也不竭其本。搖者如舟行而水搖，雖動也不傷其内。遊於世若是，惟體道者能之。」僑僑山書。〔三〕

俗儒不知莊子者。試與拈出葉公一則：「不可解于心，無所逃于天地之間，不擇地而安，不擇

〔一〕此篇丁本原在題跋中，今移至此。

〔二〕此篇據山西博物院藏手稿整理，由曹玉琪重校。其中第二段爲逍遥遊書後，第三段爲人間世書後，第五、六段爲養生主書後。

〔三〕落款四字，傅山全書初版本脱，據手稿補。

事而安，行事之情而忘其身。」何暇至于悦生而惡死？且道是荒唐是不荒唐！〔二〕方外之人説方以内情事，眞摯爾爾！吾師乎！吾師乎！〔三〕

癸巳之冬，自汾州迻寓土堂，行李只有南華經，時時目在，遂寫此數篇。尚有養生主一篇，字更小於此，爲人取去。

八月大雨暫止，破房半日不漏。書罷，看一人把牛尾過河，牛借水勢，輊快軒昂，大可觀也。〔三〕一筆一畫，侔光大夫楷法，百不得一，然不敢怠慢，時復肖之。傅山。〔四〕

行書淮南子道應訓盧敖事書後〔五〕

乙巳寅月，病痺下，少間，偶作此數字。極知勞頓，非宜見。孫蓮蘇初學操筆，憑幾作字，堅頗具靈性，力疾寫此，令看其轉犿也。松僑老人山。

小楷金剛經書後〔六〕

甲午十二月敬書於晉祠。鈍士傅山。

〔二〕第二個「是」字，傅山全書初版本脱，據手稿補。

〔三〕傅山全書初版本脱重複之「吾師乎」三字，據手稿補。

〔三〕此段爲養生主書後，傅山全書初版本無，據手稿補，此段書後在另一册頁中。

〔四〕此段爲養生主書後，傅山全書初版本無，據手稿補，此段書後在另一册頁中。

〔五〕此篇録自潛蘇集帖。

〔六〕此篇據霜紅龕墨寶釋文整理。

經義不可思議，果報亦不可思議。見此經者，千萬發眞正敬信心，愼毋以等閑字帖而用顚倒散亂心目對之，造罪不淺。若能莊誦默持，一念淨信八金剛四菩薩，所在擁護，福不唐捐。凡我佛民，願言回向。山附囑。

小楷金剛經再次書後〔二〕

乙未佛成道日書起，再日能終，是爲弟十二卷。與景僕居士兄發心持誦。不夜山。

書三官眞經後〔三〕

甲午十月，憂患中薰沐敬書。書竟默繹，大哉！天旨卽得，心體高明。包函遍覆，器宇重厚。容民畜衆，智識廣遠。周流不息，荞荞洋洋。臨之在上，質之在前。洞洞屬屬，罔敢或忽。以至心體，一誠卽得。無物不有，無事不知。山昏鈍悠忽，玩愒日月，仰負生成，而今而後，儼三官威不違顔咫尺，匍匐祇承命之矣。業民傅山謹識。

〔二〕此篇據臺灣海華堂藏手稿釋文。傅山全書初版本未收。

〔三〕此篇錄自王本霜紅龕文補遺卷五。

藥師琉璃光如來本願功德經書後〔一〕

庚申七月□日夜，〔二〕夢一人要寫藥師經。思維此因不得，次日，從崇善寺借本一書，花眼僵腕，勉彊卒業。字無論矣。領會經名，「藥」以治病，「師」以導迷，「琉璃光」明瑩内外，經中日光、月光兩名號命之矣。先儒有言：「如此是病，不如此是藥」。于今諦觀，亦有不如此是病，如此是藥；我病如此，人病不如此；我病不如此，人病如此；不知誰病誰不病也。令諸有情，出魔罥網惡，見稠林引攝，置于正見，彼佛第九大願，難哉！十二藥叉大將，當以佛力揮鐵輪之戈，而後再施衛護。參芪自是養命上藥，而有病不受參芪者，藥師如來只得巴芒虺䗪救之矣。濁堂老人山。

書左傳後〔三〕

我於此書，〔四〕薄有所得，卻非明經家言，只是醒得文章之妙。朱晦庵謂是趨炎附勢之書，不知何爲而爲此妄言。〔五〕尹焞説：「只有六經。如左傳，便把文章做壞了也。」眞令人噴飯！尹焞醒得文章是個甚來！

〔一〕此篇據山西博物院藏手稿整理，由吳連城先生釋文，曹玉琪重校。傅山全書初版本題作「藥師經書後」。

〔二〕「月」、「日」之間，原稿空白。

〔三〕此篇原在雜記中，據拾遺本移至書後。標題據拾遺本。

〔四〕「此書」，丁本作左傳，據拾遺本、王本改。

〔五〕「妄」，丁本脱，據拾遺本、王本補。

戰國策楚襄王爲太子之時書後〔一〕

遥度當時事勢，直得爾耶！或責其索救于秦，爲忘不共戴天之讎。似矣，然此番播弄，軟底軟，鞭底鞭，似非同心，實同戮力。權不違道，在楚可謂得保地之道矣。文大花紅眩眼，致足觀也。

魯仲連傳書後〔二〕

余少時好寫信陵君及魯仲連先生傳。今老矣，復一書之，終不厭也。

樂毅傳書後〔三〕

風霾閉門，無所事事，手嬾心躁，偶與孫兒論及忠武侯自比管、樂毅，憶出師表文法，逕似報惠王書，遂寫史傳一過。老腕支離不成字，聊塹收放心也。松僑老人傅山。

甲寅四月初七日，在土堂，夜夢獲一梟鳥，細看之，亦有文采羽毛，欲以力脱去。吾緊操其兩翅不得動，擬殺之。

〔一〕此篇據北京故宫博物院藏手稿釋文。傅山全書初版本未收。

〔二〕此篇據鄧寶珊先生藏手稿釋文。傅山全書初版本誤置於雜記（三）中，今移至此。

〔三〕此篇據天津市藝術博物館藏手稿釋文，由竇元章整理。傅山全書初版本未收。

裴秀禹貢地域圖序書後〔一〕

裴秀禹貢九州地域圖論。此圖今亦不傳。「康回憑怒，地何故以東南傾？」

書唐書後〔二〕

唐末之亂，麻煩極矣。且如王重榮、楊行密各傳，忙得老宋撾黃道黑，不倫不脊，少手沒臂，不知該打那裏線索，教看者尋不出個皂白，一片胡塗帳。

劉歆移書讓太常博士書後〔三〕

左傳傳云魯君子丘明，史記、漢書、七略、左傳序無異詞，而啖助一憶度之，遂以浮誇妄詆。且云左氏如遲任、史佚之輩，尚可也，而後人因啖有非丘明之言，因而從一氏字，如古以官爲氏，遂謂爲古左史之官之氏也。不學妄人，羣然信啖而倍漢人之言矣。近一二號博學者，語及此，沾沾自喜，以爲獨知之奇，吾竊笑之。以千百年後之人，欲與千百年前之人作敵，批駁所謂「察士無淩

〔一〕此篇據山西博物院藏手稿釋文。傅山全書初版本未收。

〔二〕此篇據晉祠博物館藏傳眉抄本整理。霜紅龕集各本收錄，無題，在雜記中。

〔三〕此篇據霜紅龕墨寶整理。

諍之事，則不樂」，又進而淩諍無言之古人，可謂愚矣。而且不知左氏之言出自劉子駿，前云丘明而後云左氏耳。卽相傳一氏字，猶云施、孟、梁丘家也。鄙夫拈一氏字，執之爲左史官氏，發子駿大噱哉！尹焞云：「文章只有六經，至左傳便做壞了也。」哀哉！俗儒眞不曾夢見文章也。晦翁云：「左傳，趨炎赴勢之人。」或只嫌其不似胡寅輩通鑒論耶？大抵理學儒先，只許闡微盡性，不勞論文章。以文害詞，以詞害志往往然。文章中變變化化，隱隱躍躍〔二〕，左左右右，無窮之妙，良難與擔版漢費齒牙也。乙卯五月書。東山靖院。傅山。

東方朔畫讚書後〔三〕

山少年愛讀東方先生傳，亦頗臨右軍此讚，但習字耳，不論其文之焉如也。其實惟序之「濁世不可以富貴」八句盡致，韻語嘽矣。「其道猶龍」四字得之魯公寫麻姑僊壇記。道家又列魯公列僊中。爰以其筆意寫東方生畫讚，公不嗔也。眞山附記。

臨王羲之草書帖書後〔三〕

老憊手戰，唐突右軍，壞此素綾，但增慙沮。〔四〕七十三歲老人傅山。

〔二〕手蹟脱一「躍」字，據文意補。
〔三〕此篇據晉祠博物館藏手稿整理，由任志祿釋文。
〔三〕此篇據晉祠博物館藏手稿整理。傅山全書初版本題爲「臨王羲之詩文書後」。
〔四〕「慙沮」，傅山全書初版本作「惡業」，據手稿改。

臨汝帖褚遂良書書後〔一〕

少時寫登善陰符經，薄有入處。汝帖中此段甚精妙，輒復臨之。老孼支離，實爲唐突。

草書千字文書後〔二〕

「鑑」、「宮」二字錯作「見」、「官」。〔三〕

楓仲要書千文，實三四年矣。老我兩腕如鐵，豈復能矜莊應之。兼以眼花，下筆⿰黑知黈，皆屬猜擬。今春既杪，鞴驢將入管岑深處，而使適來，勒理前約。敗筆一枝，是村僑終日握之以刷土牆者，雅與老孼相宜。枒楂其豪邁，然支離實賞厥眞，振嬾終之。再一徊眸，欲不自辨。本不良書，而繆膺知聲，良可笑也！若復邁心，〔四〕便須嗔我管城大不邊幅，是非所望於楓者耶？　山附記。

自臨淳化閣帖王右軍草書後〔五〕

臨爲鎮□詞宗一笑。

〔一〕此篇據晉祠博物館藏手稿整理，由趙望進先生釋文。

〔二〕此篇據山西博物院藏手稿釋文，由趙望進先生整理，編者重校。

〔三〕此句，傅山全書初版本脫，據手稿補。

〔四〕「心」，傅山全書初版本誤作「山」，據手稿改。

〔五〕此篇據臺灣何創時書法基金會藏手稿釋文，由堀川英嗣整理。傅山全書初版本未收。

老病不理筆硯已一年餘，如此塗抹，徒壞佳綾，於古人臨池可曾夢見不？但以右軍影子，或可自恕。觀者亦不必苛其似與不似。見其顫掣，便知其老。傅山。時年七十四歲。

古詩十九首書後〔一〕

丙辰夏五，病中不待動履，打掐蜀葵葉子，少憩簷底，手不能閒，旋旋寫此，復能終之。聽雪林誦「所遇無故物，焉得不速老」二句，悲愁呻吟，大乘爲人之意，無限聲音之間，信好出家人也。余大領之。僑黄眞山。

十九首，山六七歲時即誦之。蓋見先居士好寫此，案頭長寘祝京兆墨帖一册，行草書。此少不知書，認不得者，輒問先居士，以而聱牙習熟，遂較他書記之熟。凡爲人寫此者，不慮數十本矣。今七十歲，翻不能成誦，要寫須得按本抄之。從來資鈍，不能多識，老而氣血大衰，便言二三十字到腹中，亦不能矣。不想人老來是恁爾不濟也。不濟到也省事。

淮南小山招隱士賦書後〔二〕

八公八公，何必仙人？只此幽奥蹇險，會人入之，遂領與之遊也，白石生且不待上天也。然自屬願苦性，□未神傷，山行深□復□破崖寺，古亦自消遙得去，而拍高上下天路，豈復在五遁六達

〔一〕　此篇據北京故宫博物院藏手稿釋文，由竇元章整理。傅山全書初版本未收。

〔二〕　此篇轉録自山西人民出版社二〇〇四年版傅山全書補編，由方德禎先生據天津文物商店藏手稿釋文。傅山全書初版本未收。

間哉！

西都賦角觝之戲書後〔一〕

西都賦角觝之戲，平子筆力不逮，故寫得不離奇。

臨劉穆之帖書後〔二〕

此是穆之爲尚書右僕射領選時書，似人向其求官。所謂公，即季奴也。傅山臨。

陶淵明咏貧士其三書後〔三〕

老夫每欲寫此數十册，凡我貧交人遺一册，或有醒寤息妄，亦可當飽藥耶！

陶淵明述酒詩書後〔四〕

此詩多深隱語，然可以意逆，不必盡可解耳。

〔一〕此篇據張學良先生定遠齋藏册頁手稿釋文，由堀川英嗣整理。傅山全書初版本未收。
〔二〕此篇據上海博物館藏手稿釋文，由竇元章整理。傅山全書初版本未收。
〔三〕此篇據山西博物院藏手稿釋文。傅山全書初版本未收。
〔四〕此篇録自嶺南美術出版社傅山書翰精選一九九五年版，由竇元章整理。傅山全書初版本未收。

陶淵明連雨獨飲詩書後〔二〕

形骸化而心在，悲哉！抱茲之獨，不知何獨。獨清獨醒，酒亦無如奈何；獨濁獨醉，酒斯近之。

浣花老子曰：「獨醪誰造汝？」癡問無窮，猷得大有趣，非眞酒徒不及此。從來解飲語，如使人人自遠上頓，皆眞知酒眇三昧始尔。不尔，則負此米汁。□道人有「痛飲以防粗」，老夫肯此五字。余十年前尚鼓氣觴政，十年以來愛酒百倍於前，然不能舉而衡矣。短阮來賓，靜對而笑。卅年前得一章，曰「不飲酒徒」，於今應之。可惜酒友王适去矣。其杯中蘊藉，唯白禿解之。禿委源倒發，狸爲之也。

陶淵明飲酒詩二十首顔生章書後〔三〕

稱心爲好，臨化消寶，斟之酌之，斷不可以彼易此。

貧道曾以楊王孫事語孔德，孔德非之，曰：「此莊列之學。」因謂孔德：「子尚以非莊列期我耶？」酬詩十章有「雍牖老莊逃」，謂此。　松僑老人眞山。

〔二〕此篇轉錄自山西人民出版社二〇〇四年版傅山全書補編，由方德禎先生據天津文物商店藏手稿釋文。傅山全書初版本未收。

〔三〕此篇轉錄自山西人民出版社二〇〇四年版傅山全書補編，由方德禎先生據天津文物商店藏手稿釋文。傅山全書初版本未收。

夜夢吾友之好佛者云：「悟後無文。」予曰：悟後始有文。未了前之文，非文也；正得明白後，拈慧業之文。文憎人耳。

柳惲搗衣詩書後〔一〕

「深庭秋草綠，高門白露寒。」軟筆大敗人意。「亭皋」十字外，唯「秋風吹綠潭，明月懸高樹」二句善稱。

文心雕龍通變篇書後〔二〕

不必語語解而致有義，靜者如遇之。

文心雕龍物色篇書後〔三〕

者一段字竟得書法之微，于聖教序、蘭亭記及二王諸帖，可謂寸有所長。嵯峨葳蕤之羣，固矣。若如老夫讀文選，卽形得聲，復卽聲肖形，詞人之麗而淫者，皆別有深義。

〔一〕此篇轉錄自山西人民出版社二〇〇四年版傅山全書補編，由方德禎先生據天津文物商店藏手稿釋文。傅山全書初版本未收。

〔二〕此篇錄自嶺南美術出版社傅山書翰精選一九九五年版。傅山全書初版本未收。

〔三〕此篇據文物出版社傅山行草墨迹二〇〇七年版釋文，由竇元章整理。傅山全書初版本未收。

枚乘七發書後〔一〕

造語之妙似迂而精，唐人不能也。昌黎琢肝鏤脾僅而有之，然無此拙樸矣。

董逃行歷九秋篇書後〔二〕

題即奇。樂録云傅玄作。貧道謂剛侯未勘辨此，以玄所作他什較之自見。玉臺以前十首爲梁簡文帝作，亦不然也。拾遺逕推之相如、枚乘，過矣。然奇作，「虎變龍文」、「天地未分」之句，忽復雄麗樸茂，驚心動魄，足以香文揚彩矣。伊何人哉？伊何人哉？

魏收魏書釋老志序篇書後〔三〕

「大抵生生之類，皆因行業有三世，識神不滅。凡爲善惡，必有報應。漸積勝業，陶（以下缺）心行，等級非一，皆緣淺以至深，藉微而爲著。在於積仁順，蠲嗜欲，習虚靜而成通炤也。其始脩心，則依佛法三歸，又有五戒，去殺、盜、婬、妄、飲酒，大意與仁、義、禮、智同。」蛺蝶此序，差可。　山書。

〔一〕此篇據文物出版社傅山行草墨迹二〇〇七年版釋文，由竇元章整理。傅山全書初版本未收。
〔二〕此篇轉録自山西人民出版社二〇〇四年版傅山全書補編，由方德禎先生據天津文物商店藏手稿釋文。傅山全書初版本未收。
〔三〕此篇據晉祠博物館藏手稿釋文。傅山全書初版本未收。

鶩書污此佳册，付令親帶上，不足觀，牽率了事。原裹來布巾仍裹去。幸查收也。八日。

松橋山。

盧照鄰長安古意書後〔一〕

老夫野鶩，原知不足重。嗜痂者每索之不已。今人多恶，而居實亦然。試觀之，好處何在？

孟浩然詩十八首書後〔二〕

張山人鉞持此紙要書，雪中惜研上餘墨，孟詩十八首與之。山。

右丞詩五章書後〔三〕

暑熱無事，簾影之間見西山上抹綠，殊有遠意。適見右丞集，有此空簡，遂旋旋書之，能至于滿。眞山。

〔一〕此篇據晉祠博物館藏手稿釋文，由牛樹檀先生整理。霜紅龕集各本未收。
〔二〕此篇據北京故宫博物院藏手稿釋文，由竇元章整理。傅山全書初版本未收。
〔三〕此篇據天津市藝術博物館藏手稿釋文。傅山全書初版本未收。

王維隴頭吟書後〔一〕

誦此了，再看「晚年唯好靜」及「一興微塵念，橫有朝露身」諸句，凡悲歌事，亦須眞具佛性者能之。

小楷王維詩草書李白詩書後〔二〕

花眼勉作楷，而掔硬如鐵。凡點度字，皆屬猜擬。寫逕看之，未至塗鴉，復擬用之。心志既放，難復收也。山記。

臨摹竟多幅，如對嚴師。間寫雜詩，皆任己意，如遊藝相人。山。

杜甫上韋左相二十韻書後〔三〕

「愚蒙」以下，皆先生自道其貧困，似有須于韋之薦引而蒼茫，又復自鳴其作詩之興，于韋有精神鼓舞，待爲之非強扭捩，以奉承左相也。韋之爲人恐不常矣。

雨中燈下書工部上韋相二十韻，秃穎牽率，支離沓軃，排遣秋夜，苦就枕席，僅得成字，殊不

〔一〕此篇據浙江省博物館藏手稿釋文，由竇元章整理。傅山全書初版本未收。
〔二〕此篇據北京故宮博物院藏手稿釋文，由竇元章整理。傅山全書初版本未收。
〔三〕此篇據山東蓬萊慕湘藏書樓藏手稿釋文，由楊愛娟整理。傅山全書初版本未收。

足觀也。

李賀題歸夢詩書後〔一〕

「長安風雨夜，書客夢昌谷。怡怡中堂笑，小弟裁澗菉。家門厚重意，望我飽饑腹。勞勞一寸心，燈花照魚目。」「家門厚重」十字殊可憐。功名之際，不惟自悞，兼悞至親。傷哉！山。

常建聽琴秋夜贈寇尊師詩書後〔二〕

欲用褚河南小陰符法，生硬不能連犿，手眼俱困。

上翰林柳學士二啓書後〔三〕

原本「叔」上、「當乘」「乘」上皆脱一字。〔四〕

雲麓漫抄錄此二啟，云前輩俱跋爲柳筆，然似他人上柳之文，而柳自書之耳。當時豈別無能書者耶？能書而無名，古來衆矣，不必輒作柳書也。

〔一〕此篇錄自日本二玄社一九九八年版山内観編傅山の書法所載册頁圖版，由堀川英嗣釋文整理。傅山全書初版本未收。

〔二〕此篇錄自文物出版社書法叢刊一九九七年第一期，由竇元章整理。傅山全書初版本未收。

〔三〕此篇錄自嶺南美術出版社傅山書翰精選一九九五年版。傅山全書初版本未收。

〔四〕青主所見雲麓漫鈔當爲二刻十五卷本，此本「叔」下缺「夜」字，「乘」下缺「御」字，故青主此句中的二「上」，當爲「下」字之誤。

臨柳公權等帖書後〔一〕

老人不能作細字，憶臨此諸帖，不求其似，壞此佳繭，正自慚沮。傅山。

臨諸體帖書後〔二〕

今年點壞綾絹幾數十匹矣，復承輔丈以此督諸體。老臂痛弱，不能靈通，手嬾塞責，不足觀也。憶十四五年前，抄書日一二萬字時如夢，究竟亦中此傷，于今勉作數字，即背攣頭運，是以旋之廿餘日，乃能終此。初欲臨魯公爭坐位帖，恐病臂不能瘦勁，唐突取笑，而「魯郡開國顔公」等字樣終不去心，卷末輒嗚此意。甲辰七月一日。傅山。

酉陽雜俎數則書後〔三〕

亂書酉陽雜俎數則，不計前後，拈起卽書。

南北才士，聚首快談，亦是盛會，良由其胸中贍博，口吻遂爾俊利。且道今人有此學問否？求一了了者尚不可得，況牙後慧耶？此是大福德人，始能際此韻集。薄福人日與不讀書人飲食謾語，

〔一〕此篇據山西博物院藏手稿釋文。傅山全書初版本未收。

〔二〕此篇錄自西泠印社二〇〇八年春季藝術品拍賣會拍賣圖錄中之傅山臨諸體帖，由葛敬生釋文整理。傅山全書初版本未收。

〔三〕此篇據山西博物院藏手稿釋文。傅山全書初版本未收。

耳目拘細，無異面墻。鄙衷以爲此固佳事，然不如鄴下，不如梁，不如漢。莊生時命之言，正自爾馨，慧命各具，時更爲難！時哉！時哉！

小楷郎士元二首詩書後〔二〕

少年曾臨趙孟頫中峰、香山諸帖，遂中其俗病如此。醫此俗病每用麻姑壇。腕痛不能著力矣。

譚友夏詩書後〔三〕

譚友夏之哭鍾退谷也，爲詩三十絕，歷敍生平。其言眞率而不施文采，曰：「吾與伯敬之交庶爲近古。」余之交古遺也，相期以無窮，又在文章聲味之外。生爲弟昆，死同患難，大海以内，一人而已。古遺歸道山，身後奇厄，成于悍相獄吏之手，爲千古所未見。余蒙被解網，於遭世變，汨羅再活，慚負宿心。言念幽冥，何辭以謝良友？然而浮雲努力，皓首同懷，正復昇墮殊途，未必隔期。悲然。千秋此別，聊識憮然。君之好友，有所謂傳君名者，今不知在何所。見余襟抱樂樂，當不禁涕如綆縻，而倚歌相和，以慰我故人于岑寂中也。車過腹痛，曹孟德猶能言之。我輩男子，安可讓彼狡獪？

夫以古遺之事袁臨侯也，天下所聞，故略之。王子房曰：「仲謀太冷，孝升太熱。惟古遺能劑

〔二〕此篇錄自文物出版社書法叢刊一九九七年第一期圖版，由實元章釋文整理。傅山全書初版本未收。

〔三〕此篇據晉祠博物館藏手稿釋文。傅山全書初版本未收。

之以適厥中。」傷哉！傷哉！

伏闕陳書日，嵚崎一孝廉。王咸幡慷慨，田晝語方嚴。烟日崇驢背，文章狎虎髯。向來薑桂性，師友已先覘。

自不因人熱，奇窮血未消。斬衣非有益，罵座亦無聊。冰雪欽孤立，韋弦得久要。飄逢人代隔，精衛漫填潮。

此兩事皆不可已，故復信筆書之。工拙，非所計也。

「裹革悲司馬」，楚司馬耶？漢伏波耶？

書傅蓮蘇書杜甫秋興八首後〔一〕

字亦何與人事，政復恐其帶奴俗氣，若得無奴俗習，乃可與論風期日上耳。不唯字，不唯字！

書牛調均先生行實後小引〔二〕

初月三，以其鄉舉房師梗陽令儲君書來，淡淡乎其言，刮刮老眼，覺非常人。既見儲君，診其病，覺其病亦非常病，私領此今日小技感召，正自不凡。

又三、四年月三，以其翁調均先生行實來屬，或傳或誌一篇，辭以素不能莊語爲垂世之文，又

〔一〕此篇據山西博物院藏手稿整理，由李勇釋文。

〔二〕此篇錄自王晉榮刊霜紅龕文卷四。

不好迴復編摩敲琢縝密俾無漏義，其性也。爲草草數字，題曰書調均牛先生行實後。

高平牛生兆捷，始爲今諸生，而不屑爲今諸生奴鄙義。每義起，卽有孔將軍居左，費將軍居右之勢，以至於終則亦如古之日，如其始至。何其用能以衆整之晉勇於此小技也？已讀厥翁先生行實，乃知庭訓有所由來。其訓生者，諄諄於「體大力全，質重氣鷙」，又曰「師大豪大賢、眞智大勇，而不學躁進失遠志」。故生乙卯舉於鄉，丙辰赴禮闈，望而返。人問之，曰：「病。」己未旣雋禮闈矣，又不對其策歸，人益疑其難進也。義可不爾售，而必不肯不爾售，又不肯售而爾爾。亦今之進士，莫非翁志也。翁當大行。癸酉赴太原鄉試，聞賊警，遄歸扶翁。霽臺公避南山，遇賊難，瀕死，僅免。當其時，高都一帶赴試諸生，顧雍容談笑，於太原操翰爭雋者，熙熙然也，乃翁獨爾不遑。陳同父所謂「天下之人安然如無事時」也。

行實曰：「論古人成敗，獨愛同父。」同父曰：「今天下之士，熟爛委靡，誠可厭惡。」其不屑爲熟爛委靡之業，故丙子、壬午連不得志有司，以至於國變。無可奈何，而復學孫太白，且農且賈，混跡博徒酒人，仍復陳同父之一變也。故於生也，如可以舉人亦可以不今之舉人，可以進士亦可以不今之進士，同父所謂「程文之士、資格之官，不足當度外之用」也。不嗔責生不卽成一進士苟苟一官，以爲教之，至以爲人之榮。自蹉跎矣，又蹉跎其子，今之人有如此迂闊教子者哉？將易簀而喃喃喇喇天下大計、塞外形勢，至今衣鉢惡同父者，必且笑之曰：「不如正襟危坐講正心誠意之學之可以死也。」

方歸趨賊難，時翁調均公被賊擊，霽台公委頓龍王廟。夢至一所，如龍宮，一帝服者攜青獅二，賜霽臺公。忽一人突入，血殷破帽，抱獅去，驚寤，而調均公適重創，至如夢，殆牛氏血脈治之類耶！製二獅以望子。子，抱獅者也，非獅也。獅，其孫也矣。獅者師也，師從𠂤從帀。說者曰：

「帀，周也。」似之。而吾嘗謂帀卽古亥字，水也。水依㠯，阜行險而順貞也。丈人也，之義實備於中。能以衆整，卽能以衆正也，生之文義有之。吾因而再反復之衆整矣，獨未加以暇蓋，時且不暇暇也。杜先生有言：「踴躍常人情，慘淡苦士志。」暇且不必言也。

評八比文〔一〕

若論文之體段，僅像个模樣了，只是不曾看書旨明透，故遇題卽在雲霧中。好文章不在鋪排局勢，苟認得題旨眞了，一兩句將題打碎，儘著意見，長短縱橫，無不如意，大概要在破題上定下根基也。

畫樹石法書後〔二〕

歲在庚寅長夏月，伏雨乍晴。小窗無事，錄古人論畫數則，以卻塵氛。時對西山，覺涼爽宜人。書此，一快樂也。傅山。

陳十右玄秋詩三十首書後〔三〕

右玄從好苦吟，今六十有三年矣，較昔老練。自別，頃寄此卅首。讀之，間得佳句。恃知，輒

〔一〕此篇錄自王晉榮刊霜紅龕文補遺卷五。傅山全書初版本未收。
〔二〕此篇據山西博物院藏手稿釋文。傅山全書初版本未收。
〔三〕此篇據上海圖書館藏手卷釋文。跋文置青主書右玄秋詩三十首末。傅山全書初版本未收。

爲易三幾字，不過我見所及，謂卽盡善，政自不尒。所賴不嫌指摘，用成善交也。其中儆句，如秋葉之「影落哀蟬曲，聲吞青女教」，砧之「聲中打書藁」，風之「繁花漸搖落，老樹見空亭」，江之「水天渾一色，可柰愁心何」，郊之「歸鴻字蹟忙」，霞之「花簟輕紅夢」，心之「芭蕉抽小玉，卷定雨絲絲」，山之「苔蘚霜删冗，嶙嶒氣不灰」，秋詩之「多少清商韻，消沈感慨中」，政會絕唱。若但秋不必此時之秋，若但詩、客、閨、心，「此」字云云，又不必秋，不知其人論其「此」，拈題不得，離題不得；徒邊不似，徒中不似；作者不覺，攬者非人，亦自不覺。覺覺之際，釘芥存焉。爲寫一過，點竄不避。僑黄公它山。

卷二十二　題跋

補鐫寶賢堂帖跋〔一〕

古人法書，至淳化大備。其後來橅勒，工拙固殊，大率皆本之淳化。逮至有明，則有肅藩之淳化，仍其舊名，卷次不少變更；周藩之東書堂、晉藩之寶賢堂，則稍有顛倒增益。今此三本，並行人間。汴帖橅勒無丰采。肅帖豐肥，濃態側出。晉帖圓秀遒媚，出周、肅上。二王鉤勒，猶爲精妙，獨獻之授衣一帖，不及肅帖遠甚。然肅本此帖，亦不及汝刻也。

故老或傳，以爲截取絳帖之石，〔二〕而冒之以寶賢之名。往聞諸府中老尉言：取庫中分藩時所得絳帖，鉤之上石。按絳帖始于潘師旦，或謂爲潘駙馬帖，蓋潘氏世居絳郡故也。單炳文考論最爲精密，曹士冕甚服其博，于其所謂「東庫本」下注謂：「潘所居石，分而爲二。其後絳州公庫得其半，于是補刻餘帖，是名東庫本。」由此言之，石在宋代已分爲二，晉藩又焉得截而取之？且寶賢卷次復與絳帖差互，〔三〕非絳帖之原石可知。單氏謂：「大令復面帖『面』字右邊轉筆在石空缺處，新絳無右邊轉筆。第七行行書『止』字，新絳作草書『心』字。」今寶賢「面」字不缺右轉，「止」字不作「心」字。鉤之絳帖之證一。曹氏言：「宣示帖『報』字右邊直畫向左鉤起，『荖』字下

〔一〕此篇據霜紅餘韻帖整理，霜紅龕集劉、丁、王本收錄。

〔二〕「以爲」二字，霜紅龕集各本無。

〔三〕「復」，霜紅龕集各本無。

『夕』字微仰曲。」今寶賢鈎起仰曲皆與曹氏言合。鈎之絳帖之證二。又謂：「宋儋帖多燥筆。」今寶賢此帖猶有燥筆。鈎之絳帖之證三。且其自序，亦言取庫中淳化及絳帖鈎之。謂鈎之絳帖者爲是。

石經亂不全，棧櫪糞壤，僅得七十餘塊。其廿餘塊，有得之東門人家水竇中者，吾向稱此不全本爲「寶本」。遲至汝翁令君來，烹鮮之暇，流覽感慨，于兵征催科鞅掌之間，興及銀鈎鐵畫，乃延晉水段生綷鈎補鐫勒五十三塊，而頗欲還其舊觀。迂人且以爲不急之務。非夫風流醞籍，孰能若此者乎！老來諸緣牽率一切皆斷，惟水墨積習未能頓除，〔一〕復此勝舉，但有贊歎。全者不全，不全者全。時節因緣，虧成之際，正自爾馨。但此工速成，當再因搨本而端睨修飾之。與寶本神彩不遠，即名寶賢寶本亦可。使曹氏見之，不知快當何如，定不作武岡新本觀也。寶本余別有說，此不贅。

七十五歲老人傅山跋。〔二〕

書補郭林宗碑陰

洪景伯天下碑錄此碑有二：一曰郭有道碑，蔡邕文並書，在太原平晉龍泉側；一曰郭林宗碑，在介休墓側。今所謂龍泉者，並其地而迷之。其墓側但有元人眞書，謄其文耳。其隸釋及集古、金石錄皆不列此文，唯引水經注有之，而作「建寧四年正月丁亥卒」，「哀悼」作「哀痛」，與今行文少異。每疑景伯在南渡後，不得收北碑有之，而歐、〔三〕趙二錄在北宋時亦不列此，何也？洪於水經

〔一〕「能頓」二字，霜紅龕集各本無。
〔二〕落款九字，霜紅龕集各本無。
〔三〕「歐」，丁本作「毆」，據下文改。

注所列碑後云：「其碑今不毀者，什財一二。凡歐、趙錄中所無者，世不復有之矣。」乃知此碑在南渡之前已不可得矣。而今乃有藏此碑者。吾從汾陽曹孝廉偉得一本，不知近代何人補書。前篆書頗可可，而碑字陋甚，至於篤、鴻、焉、爲、庶下皆作「火」，尤鄙陋可笑。不知□□公所賞識以爲漢碑者，〔一〕又爲何本，或非吾所見者耶？

吾家世習漢隸，閒嘗與息眉、孫蓮蘇各以其手法書一本，藏於家。會介人士磨石要書，老人不復能俯石上受苦，爰以家本令蓮蘇雙鉤過之石上。石工粗鑿有畫，而屬離石王生良翼對本修之。豈敢唐突中郎，聊以補晉金石之缺爾。王生貌樸野不文，而實内慧，能文多解，兼能醫運斤病字，良賴鍼砭。是舉也，董公正紳、朱翁敏清、張長公佩實慫恿之。吾樵擬百石卒史；眉得泰山、太守處多，亦間作梁鵠方嚴體；蓮蘇專寫淳于長，畧得其疏拙之似。一本出自平定者，是眉別用梁鵠法，非家藏三本内者。僑黃老人傅山記。

傅眉曰：今行中郎隸書，惟汝帖「定册帷幕」數字及夏承碑耳。家君此書，蓋斟酌于二者之閒。

題宋元名人繪蹟〔二〕

此册中多霍鳳黃孝廉家藏幅。孝廉之祖，有宦晉官承奉者，〔三〕故多得晉分藩時書畫。而孝廉又

〔一〕空白二格，王本作「青螺」。
〔二〕「繪」，丁本作「會」，據拾遺、劉本改。
〔三〕「官」，拾遺、劉本作「宮」。

博學，精賞鑒，以文章從龍池先生遊。是以收藏精富，在嘉、隆間爲太原最。庚午、辛未之間，曾留貧道冰龕，頗細爲删存之。既而流轉好事俗人之手，轉供楝楹。昭餘戴仲子，以世家郎不屑屑裘馬，好書愛畫，眞有土炭酸鹹之癖於中，不受毒藥攻伐，復得而藏之，此顧物遇之數之常。然遭此喪亂，天下名人書畫糞盦灰燼不知凡幾，即幸而未壞，歸之市井腥羶之手，劫厄極矣。此册何幸，得巋然公子補厂，〔二〕亦大良緣哉！亦大良緣哉！

其中「枯柳寒鴉」一章，則右玄得之甲申兵市中。「梧桐」、「美人」及毛女粗絹作「綠楊紅杏」三版，又係貧道冷眼物色於晉祠一財虜家，告之仲，仲遂賺而有之，附集中。其顛癡之趣，大似趙子固之於蘭亭佳書哉！翩翩千金，五花紫貂，腄貉囤子毛朝外，金鋄刀一鞘，鋃鐺腰鞓，〔三〕鉅胡琴，唱滿詞，爛醉遼煙，乜斜道番語，顧今日貴公子之得意腔調。何不以其富强精神，因利乘便，而獨迂疏好此，何其不解學合時宜也！

貧道僑西河，則薛子文伯、王子子堅與游，而西河之人謂薛、王被貧道從而廢。僑艾，則白子居實、范子垂雲與游，而艾之人亦謂白、范被貧道從而廢。今戴仲數數自昭餘來徵書問字，則昭餘之人無亦謂仲被貧道從而廢耶？仲勸題此册，因感今世之從貧道游者，多招訕詈，仲若獨行獨斷，天下之奇人難得者，尚當歸仲，况紙上書畫哉！若書畫，則貧道亦好之，而不精。如有以趙孟頫書畫要貧道鑑者，貧道固非張伯雨也。

〔二〕「補厂」，丁本誤作「補廣」，據拾遺、劉、王本改。

〔三〕「鋃」，丁本作「銀」，據拾遺本改。

與右玄書册〔一〕

右玄從盂廟藥市致此素策，〔二〕命書近詩。道人之詩，道人之性也，支離率易，不衷於法。右玄數數謬賞之，〔三〕謂詩佳。〔四〕道人實不好妄自位置，〔五〕極自知醜劣者。〔六〕不佳，則右玄之稱幾於無目矣。要之中瘕癖者，酸鹹土炭，本非正味，而嗜之不改，〔七〕病爲之也。不欲違意，爲書離亂中近體若干首復之。右玄習醫日精，必有攻瘕癖妙藥石，且勿服，〔八〕服之則臭詩，一旦糞棄之，則好我不終，〔九〕毋乃自涼其德耶！

道弟山。〔一〇〕

〔一〕臺灣何創時書法基金會藏傅山手稿與右玄書册，共收青主五言與七言律詩十六篇廿五首，傅山全書初版本均已收錄，此次修訂，由堀川英嗣先生據手稿逐一校勘。此篇爲書册末之跋文。傅山全書初版本據霜紅龕集收錄。跋文應祇此一種，故逕以手稿爲準校改。

〔二〕「策」，霜紅龕集與傅山全書初版本作「册」，據手稿改。

〔三〕「數數」，傅山全書初版本與霜集脱一「數」字，據手稿補。

〔四〕「詩」，丁本作「特」，據手稿與他本改。

〔五〕「好」，傅山全書初版本據霜紅龕集作「欲」，據手稿改。

〔六〕「者」，傅山全書初版本與霜紅龕集脱，據手稿補。

〔七〕「不改」下，傅山全書初版本與霜紅龕集衍一「者」字，據手稿删。

〔八〕「服」下，傅山全書初版本與霜紅龕集衍一「之」字，據手稿删。

〔九〕「則」，傅山全書初版本與霜紅龕集脱，據手稿補。

〔一〇〕落款三字傅山全書與霜紅龕集無，據手稿補。

跋忠孝傳家卷

孝符讀禮時，出先生一疏一書，令山書之。孝符謬謂山字足以書此，不知鄙書於古人字學未嘗夢見。既屬之矣，亦復勉終復之。若先生忠孝之門，學傳在人間，又不復單在此二篇，又豈需野書以行？孝符但欲藏此忠孝之蹟於家耳，故題之以「忠孝傳家」。孝符哀毀墓次，幾於滅性，天篤其誠，不至溘焉，非偶然也。一時人士，亦駭其過情。嗚呼！此何事也，而有過乎？試讀前書，知先生之所言，卽知孝符之所行也。若論書此，須得端人正士手筆方稱。山頗放蕩無繩檢，且年來久不作楷，故手嬾腕疏爾爾。書此不無點辱莊語典文，然孝符亦不以方内與責矣。〔一〕

失題〔二〕

「天下未定，智意爲先。智意雖有自然，然不可力强致也。〔三〕此儲君讀書，〔四〕寧當效吾等竭力博識以待訪問，如博士探策講武以求爵位耶，當務其急者。」孟光與郤正語此，時九十餘矣，尚以此望之世子，可謂不偷矣。而其語意則因問讀書來，大概欲讀書以長智意耳。

〔一〕劉、丁本注：「孝符，明大理寺卿日葵張公子。二篇，謂甲申辭聘疏、廬墓答梁廣文書。平定州城東，有皇清首聘名臣日葵張公神道碑，相傳張公應聘，中途忽曰：「何以見青主？」乃止。臨終託作墓言。先生使以「首聘名臣」題其碣。今觀辭聘疏，此說或是訛傳。霈記。」

〔二〕各本注：「載瀛海仙班帖中。」

〔三〕「不」，三國志中華書局標點本改爲「亦」。

〔四〕「儲」，各本作「諸」，據三國志卷四十二孟光傳改。

廖元儉過宗德豔，欲與共詣諸葛思遠。德豔曰：「吾等年踰七十，所竊已過，但少一死耳，何求於少年而屑屑造門耶？」思遠雖年少，恰是武侯賢公子，非紈絝襲寵輩比。而德豔爲此言，正是老漢愛惜廉恥處，非薄思遠也。況時思遠實平尚書事，若遇公事，有關國家利害，當與政府議之者，亦避而不往耶？孝裕之不忘知計，忠也；德豔之不過思遠，矜也。合二老之言觀之，遠權貴以養廉，讀經傳以見事，不偷慕，不趨勢，總非倚老賣老之所能也。

題自臨蘭亭紙本後〔一〕

向見邢太僕家所橅定武蘭亭，一味齊整標致，較今諸所行蘭亭頗懸，都鄙，比之唐臨絹本，則不無安勉之别矣。及見胡世安所得祕府十六種第一卷，卽褚河南臨本，於今野本天淵絕也。始想書評「龍躍虎臥」之語，〔二〕非無端造此景響虛譽，令人抹搽不得也。褚臨本已爾，不知右軍眞蹟復當奈何。吾懸擬「龍躍」似之，尚恐「虎臥」不盡其變。丁巳六月八日，佛陶頗靜，忽復書此一過。

題趙慶門先生像〔三〕

此吾萬歷乙未榜進士、水部郎樂平趙慶門先生像也。癸未，曾見其謁郡守王公，冠帶皆舊敝，而騎一羸子，質直不文。因敬前輩之不事修飾，大都爾爾。今覩此影，又非老子所見時，蓋臣子遭

〔一〕此篇據墨蹟影印本與拓本整理。霜紅龕集拾遺、劉、丁、王本收錄，題中無「紙本」二字。

〔二〕「躍」，霜紅龕集本作「跳」。下同。

〔三〕拾遺本劉霏批：「慶門名士吉，字修之。」

變後矣。衣冠肅恭而敬穆，子孫拜禮之，不但如對音容，亦可並見天朝紳笏，臨民之制，儼然望畏念之者！

題四以碣後〔一〕

九芝郭丈令頻陽，葺斗室讀書，顔曰「愼廬」，爲此「四以」之言，矢諸外內。爲予歷訴生平艱難苦毒，至於二人終天飮泣，舌卷不可忍聽。因有所不敢，遂有所不爲；因有所不爲，益有所不敢。予爲之悲其志而書之。其在頻陽，最愛敬二曲李子，爲西京師表，尤服膺乎其謦欬之微，卽爲官可知矣。

題抑甫畫〔二〕

此河東府將軍宗室抑甫筆。抑甫于畫，實不濟事，而自置不常。若其于讀書苦心，〔三〕則宗室中絕無此人。與王中丞浦鶴、錢輝縣虛舟、楊僉憲定一、李司馬以仁輩結詩社苦吟。吟差勝于畫也，然多識字，以其能細讀文選諸賦也。甲申，兩子被殺，抑甫亦病死。

〔一〕劉、丁、王本注：「雪崖曰：以好色之情好德，以修名之法修身，以畏神之覺畏人，以救災之勇救過。此先生爲九芝書也。九芝宰富平，嘗迎先生與顧亭林、李二曲於署中。李天生賦詩美之。」此篇張本題作「題郭九芝愼廬箴後」。

〔二〕各本注：「抑甫名新增。」

〔三〕「于」，丁本作「子」，據他本改。

跋孔宙碑

「緩案急挑，長波鬱拂」八字，頗盡隸書之微。若「翹首揚尾，直刺邪掣」，又專指八分璽法。直邪同似用力矣，〔一〕而勁筆亦爾。

題唐東巖書册〔二〕

此吾鄉唐東巖先生倅蘇時所得。先生好文墨，學古文詞，喜聱牙，著有文集，子孫式微，不能梓行也。貧道猶及見先生之子近巖老人，質實無公子習。傳聞訪先大夫，來時每騎一驢，隨一粗厮。坐久，厮睡熟不能起，先生蹙之，令牽驢，不即應，笑而待其寤。先大夫喜道其盛德事。家藏吳中名士筆蹟頗多。其祖憲副公諱希介，墓誌銘是文徵仲小楷。此石見在晉城一人家，未毁也。

題趙鳳白山水巨幅〔三〕

此老友鳳白趙丈畫，〔四〕絕不用繩尺，爲丹青家蹊徑。磊砢峯巒，萬丈丹梯也。濁堂老人山題。產于筆底，拔出嶔巇，落勢眞奇構矣。若以此事法脈求之，鳳伯大笑，但高誦坡仙詩「作詩必

〔一〕「同似用力」，拾遺本作「同似用刀」，王本作「全似用刀」。
〔二〕各本注：「東巖名頤，字子觀。」
〔三〕各本注：「趙名文徵，陽曲人。」此篇前，丁本原有書成宏文後一篇，今移至書後中。
〔四〕「趙丈」，丁本作「趙文徵」，據他本改。

是詩，定知非佳詩」以謝之。　山又題。

題幼科證治準繩

姚甥持此，令老夫稍爲點定一二方，欲習之爲餬口資。既習此，實無省事之術，但細細讀諸論，再從老醫口授，自當明解。扁鵲以秦人之愛小兒，卽爲小兒醫。慈和愷悌，便入藥王之室。愼無流於惡姿，如李謐也。

紀九圖吟跋

別中宿三年而見之，則鬚之黑者强半。余無所疑，但信其工之熟耳。及自言之，亦不知其屬工之熟與否，但曰：「行功過格，至五十九歲之某月日夜，始覺是日無毫髮自欺處，翌日而鬚黑矣。」吾始肯之，仙道在是。不然，以造業作凶之心，而令白鬚再黑，盡世間人聞其術而行之，尚有白鬚人哉？趙忠毅贈道師還陽翁言似此，遂題之云爾。

跋丹楓閣記〔一〕

楓仲因夢而有閣，因閣而有記。閣肖其夢，記肖其閣，誰實契之？總之皆夢。記成，復屬老夫書之。老夫顧能說夢者也。嘗論世間極奇之人、之事、之物、之境、之變化，無過于夢。而文人之

〔一〕此篇據太原渠仁甫先生家藏手稿釋文，霜紅龕集劉、丁、王本收錄。由渠榮籙先生據手稿重校。

筆，卽極幽眇幻霍，不能形容萬一。然文章妙境亦若夢，則不可思議矣。楓仲實甚好文，老夫不能爲文，而能爲夢，時時與楓仲論文，〔一〕輒引入夢中。兩人夢囈，隨復醒而忘之。我尚記憶一二，楓仲逕坐忘不留。此由我是說夢者也，楓仲聽夢者也。說夢聽夢，大有逕廷哉！幸而楓仲忘之，若稍留于心，是老夫引楓向黑洞洞地，〔二〕終無覺時矣。既爲書之，附識此于後。〔三〕

題山人張中宿祖塋改向圖記

形家中宿，不華正倫。信道任運，退步非屯。無子遺妾，敢瀆媪尊。解茲義者，風水許論。後昆念之，匪私其身者耶！

題三教廟

佛來自西方，客也，故中之。老子長於吾子，故左之。吾子主也，故右之。雖然，他三人已經坐定了，我難道拉下來不成！

〔一〕「論」，霜紅龕集各本作「誦」。

〔二〕「楓」下，傅山全書初版本據霜紅龕集衍一「仲」字，據手稿删。

〔三〕末九字，霜紅龕集各本無。「此」，傅山全書初版本脫，據手稿補。

題矜隻亭〔二〕

隻眞隻，矜誰矜，一個雪峯有高興，惹教俗物白眼瞠。莫管他，只管撐，拏出巧思雲梯手，天心月脅儘縱橫。

題曹全碑帖〔三〕

娟秀饒能是其所長，二三奴隹太不展樣矣。至于質拙不事安排處，唐碑必不能到也。

乙巳冬郃陽范年家寄來。

「閔縉紳之徒不濟」，「不濟」字今俗常言，漢有之矣。「商皐」，「皐」字不解何聲義。以文義看來，卽是「商量」之「量」。説文「量」字從日從重，曰「從皐省聲」。必于説從皐，亦太迂遠無義。此從日從章，翻覺妙于從皐之省矣。然量以輕重爲義，從章則又單從表章爲義耳。漢隸顧不能一一如六書，此字别處再無見用，或當時有此一法邪？山記。

碑中凡辵法，皆靡陋不足觀。

漢碑安得皆佳，但因以見當時風流一二耳。正如于今寫碑者，豈必盡擅臨池之藝者，而後令書哉？今殘斷所云蔡中郎書，不是有心迎借，元覺不同，亦豈的屬伯喈，定爲當時沿習步趨之士以此

〔二〕此篇，丁本在卷廿六雜文中，據文意，移至此。
〔三〕此篇據晉祠博物館藏手稿整理，由趙望進釋文。

爲事者。山記。

「迸」字義新，說文：迸，散走也。

「痵」即「癢」，籀文省。

斐，音方肥切。

中平，靈帝年號。中平凡六年。

從河平元年至中平二年，歷二百二十餘年矣，郃陽之縉紳不濟，如此其久。

題舊榻聖教序〔二〕

聖教序舊榻本無幾頁。雨公所藏一册，即不宋，覺非二百年内物矣。今適見此，可稱其流亞，好字者寶之。

此王中丞浦鶴翁家帖，亂後流轉，又數家矣。陽慕者初見之，即以必得爲愉，少選即棄去，蓋由於不眞好聖教書法。且此帖又近多翻勒新本，欺人以爲舊榻元本，遂令藏此者不能終於愛也。不見此本二十餘年，今復一觀，神彩終不可磨滅，貧道愛之，非偏也。行笥中亦藏有三四本，對此細較，輒復遜之。至於所謂新榻元本者，燕市曾搆得之，視此，有尹夫人之於邢姬矣，俟知者定之。

〔二〕此篇錄自拾遺本，他本未收。

題自畫瓮泉難老圖〔一〕

山海經曰：「懸甕之山，晉水出焉。」綴以祠者，唐叔虞廟在是。酈道元注水經曰：「水側涼堂右左，雜樹陰翳，罕見曦景。」然乎哉！然乎哉！圖中一亭，是所謂難老泉也。亭後有梳粧肖女郎相，土人云是水母，爲北金勝村女而成神，故水能逆流北卅里澤其家。蓋鄙言也。凡水神輒多女貌，陰象耳，猶百泉之所謂壬癸廟。山。

題自畫土堂怪柏圖

土堂怪柏，柏歷歷崖顛，殊不怪也。崖中大佛，巍絶三丈，俗傳崖塌而見，故又曰「土塔」，亦不然也。足留心目，正在翠柏丹崖之間。山。

題自畫古城夕照圖

古城在晉祠北十里，今太原縣之西北。西近山，城垣基在焉，面各五六里許。或云是智伯灌晉陽時事也，然似太邈，其寔趙宋灌劉旻之城耳。至今有所謂南堰、北堰皆近之。斜陽荒草，游客有徑，輒復動興亡之感。若云有景可觀，卻非山水花樹之足眩人者矣。今太原府城西北亦有所謂古城，非是。俗人云：「時現城郭樓堞之形。或有見之。」山。

〔一〕此篇與以下六篇錄自傅山畫集。

題自畫崛嵂紅葉圖

崛嵂，管岑之枝也，其巒屈而成圍。陰多松，陽多柏，一蘭松柏之中。林中歷落叢灌者，黄蘆也，深秋霜下，頳然如醉，是有紅葉之題矣。道人青羊庵在松陰，爰有句：「秋詩題不盡，霜葉可山紅。」 山。

題自畫天門積雪圖

天門，是府入西州路也。一峽卅里，高深寒溧，故多積雪。然山海經載，冬夏有雪之山凡四，皆北經。亦地氣然耶。 山。

題自畫天泉舞柏圖

天泉舞柏圖，爲玄丈作。〔二〕 眞山。

玄道兄以此紙責畫，寘靖中一年餘矣。老病不能舉筆。丙辰三月爲道兄八十一歲生日，草成一樹爲壽。天泉者，言其全于天也；舞柏者，言其可舞而至于百也。 山附題。

〔二〕「玄丈」，傅山全書初版本誤作「玄支」，據手稿改。

題自畫文筆雙峯圖

雙塔用形家者言，補太原文峯。各十三層。朝暾初旭，垂影河中，云彷佛筆之蘸研池也。山。

題自畫高閣飛泉圖

閣中貯書，書貯公子。書山書水，深高厥枳。百歲除六，卌年裕止。他珍非珍，我玖乃玖。登閣豈飛，壬承以癸。所之無尤，在鼎之旅。顢頇非禪，道似頑鄙。頑鄙寓言，實食氣母。俠終方儒，儒壽在腐。糟粕日蜕，輪斫自喜。儲與扈冶，楓眞丹矣。丹須霜教，元期貞起。

楓仲仁丈六十壽，題畫瑱介。傅山。

題畫册〔二〕

以此色塵，而數見根。一幢初地，不卽扳援于彼第二。二幢既證，復不留戀于初幢時。見根到頭，如無所得。對境若能不被見惑，過去思惑，亦復寂然，是爲慧明餐色塵法。「丹青不知老將至，富貴于我如浮雲。」浣花老子爲能爲丹青者說斷章，而爲玩丹青者說更自在。摘取四言，於我不知。我本于此，豪無所知，不敢強作解丹青者。善者善之，不善亦善。人之所住，聖人孩之。玩物喪志，聖人無喪也。

〔二〕此篇據山西博物院藏手稿整理，由吴連城先生釋文，曹玉琪重校。

慶唐觀金籙頌崔明允文史惟則書題簽〔一〕

史惟則書概癡肥可厭，而此本逕欲去漢不遠，有酷肖曹全碑者，高韓擇木、蔡有鄰十數倍。去其唐，存其漢，儘有足觀者，不可廢也。

題孔子觀欹器圖〔二〕

中正滿處，何用再呶？苟愛器者，今當論其所受。所受潔卽無滿，所受污卽杯酒。蠅清斯惡之矣，何待滿耶？敢質諸夫子。

濁堂老人傅山謹題。

跋戴廷栻讀楞嚴經〔三〕

近世學士家喜誦楞嚴，從文字起見。此獨推本於所生，見得忠孝，自通禪也。以艮卦相配曾子、子貢引證，此程、朱讀楞嚴法，鍊句圓勁之甚。

妄念不動而念親，背卽艮卦，卽楞嚴，其較量離合之間，可資靜悟。同學弟傅眞山、畢振姬同讀識。

〔一〕此篇錄自拾遺本，他本未收。

〔二〕此篇據晉祠博物館藏手稿整理，由牛樹檀先生釋文。

〔三〕此篇錄自戴廷栻半可集，劉飛咸豐四年刻本，卷三讀楞嚴經。

半可集跋〔一〕

本朝二百七八十年，凡稱古文大家者，皆不得登峯造極，不免喫用心於時文之虧。如此峭健，往往入微可見矣。讀楓仲文，本喜見典型，令我諷詠彷徨。庚寅夏，予與亮四云：「執友楓仲所著半可集稿數百篇，事尊人宦遊京師，裝褫成卷，同人什襲珍藏。甲申兵燹，原本散失。今欲彙刻全書，而未逮也。節錄一二，集諸名公批評，附此問世。」亮四唯唯。眞山曰：「楓仲爲文，寫人物則畢肖其生，摹語句則新脱諸口，敍事斷案則活現目前，描畫精理則曲盡世情，皆得史漢之精思，而其排場伏線，機趨句字轉換之奇變，亦熟得其妙。如莊之奇，列之逸，管、韓之雄峭，荀、楊之勁深，無不包羅，眞文人之雄也。」自言於陽羨山中悟詩文末技，如羊棗昌獨之嗜，不足飢飽人，于是取程朱之書讀之，半月乃知發明聖賢之理。凡天地間至精至妙之理，更無閒句閒話。此類書，近世英敏博辨之士，以爲老生爛語，束閣不肯觀，雖敝精於文字，竟不免於老死而無聞。觀先生此言，足見其用功迥異於文人固宜，其爲此等文字，直至胸中流出，天然合度，而得意卻在筆墨蹊徑之外也。先生子一：記，字經倩。孫一：茂實，字文甫。懷智，孜孜尚友，懼隕家學，先生有後矣。四方同人歌詠之。先生今年五十九歲矣，所著文稿言言石畫，爲吾晉三百年僅見，俟予有力時，批註全集以傳。　辛酉秋盡，方外老友傅眞山書於松莊殊亭。

〔一〕　此篇錄自陳監先先生輯霜紅龕集補遺。

張遷碑跋〔一〕

已吾，漢郡國志屬陳留，有大棘鄉。水經注引陳留風俗傳曰：縣故宋也，雜以陳、楚之地，故梁國寧陵縣之徙種龍鄉也。以成、哀之世，戶至八九千，冠帶之徒求置縣矣。和帝永元十一年，陳王削地以大棘鄉、眞陽鄉。十二年，自隱棣之，命以嘉名曰「已吾」，猶有陳、楚之俗焉。東漢陳敬王羨傳曰：羨子鈞也。永元十一年，削西華、項、新陽三縣。注：新陽本眞陽鄉也。水經眞陽鄉下綴以「十二年」三字，于文理不通，當云十二年以二鄉自隱棣之耳。且曰：「命縣以已吾嘉名。」名之嘉與否，且不必論，縣名豈得一諸侯王即命之耶？諸侯王私名之，而郡國公然從之，豈有此理？且不知「已」是「以」聲，是「紀」聲？若作「已」聲，與「吾」義複矣。

碑中古拙及體勢風韻者特丹圈之。碑中「宣」作「宣」。「與」有「興」、「與」不同。「善」但作「善」。「覽」于「臨」多四點，「籌策」作「蕭蒿」。「獸」但作「狩」。「嗇夫事對」，「事」字猶言工于對，以對爲事者，句雖略亦雋。述騫以南北東西，似不讀載籍之人，籠統之言。「賓」字作「殯」。「張氏」作「張是」。三國志吳是儀本姓氏，以孔北海戲之爲「氏」字民無上，遂改爲是。此亦野人之語而妄入之史策者耶！然亦可見當時「氏」、「是」有通用之習。「爰既且于君」，「爰」作「爰」，大省；「既且」二字不通，似以「暨」之分作二字寫之，是寫碑人誤也。「纏縺」卽「纏聯」之義，忠蹇，（「蹇」，碑作「謇」，應作「謇」，不知何故寫爲「蹇」？）但作中，無下心。「聰明」作「聰丽」，不知何故不用「明」字，無亦掉義耳？「擢」字似是「權」字，而作

〔一〕此篇錄自陳監先霜紅龕集補遺。

「攉」，又是「搉」字。若「權」字，從「扌」，失矣。與下「略」字押，當是「權」字。「權」又上多「亠」，何也？「蠶月」作「蝅」，文亦古，卽八分遺法耶？「際」作「傺」。「八月」下一字不辨。「全」作「金」。「君懿于棠」句又雋。「佩韋」作「珮瑋」。「體」作「軆」。「流」字下一字似「化」字。「八基」豈「八朞」耶？而長無八年之理。「豎」作「豎」側。「雖」作「雖」。「雪」下作「丑」。「御」中作「先」。「蔽芾」作「蔽沛」。「歲」作「感」。「祚」作「秅」。「企」字元碑在「立表」「表」字右邊，如今寫有錯者，刺注於旁，似爲表下之「衣」，後注者，錯裱于前「敦」字下。

題北宋燕文貴山水卷〔一〕

此偏關萬金吾家藏而轉之太原潘氏。董太史曾向潘借致京邸臨七八日，今董太史容臺雜著載之甚詳。所云燕文貴畫借自潘氏云云，卽此卷也。舊有董太史親題一段於後。先帝癸未絳孝廉韓雨公來太原，潘氏見之。韓旣精鑑賞，而一生書畫之契又莫逆於董，見而愛之，遂重構於潘氏，收之行笥中以爲寶。笥寄之省城，遭亂散失。誰何俗人見有董字，遂割去，獨遺前畫紙，挼搓無人顧。道士王清虛者過市，認得是雨公笥中物，易而庋之東甕城靖以待價。祁戴仲過靖見之，訝其筆奇古，清虛告其來歷。戴仲徵諸貧道，貧道曰然。戴仲遂以雨公之愛愛之，重裝寓目。此卷旣不得於韓，而終能遇戴，可謂良會。戴仲好古畫法書器皿，見之若得，不惜削劃田舍而有之，今之奇人也。余曾見雨公一舊紫端硯，隨用之有年矣，亂後亦歸於王清虛，堅潤無比，戴仲旣用白鏹五十錢易歸文

〔一〕　此篇據日本大阪市立美術館藏手稿釋文，由堀川英嗣整理。傅山全書初版本未收。

房，可謂篤好。如此高韻，豈得一世！ 僑黃山題。

題逯孝開教官詩文前〔一〕

喫奴饌，儹奴錢，說奴話，光爲極之；至於講奴學，教官之能事畢矣。大而忠義、經濟，細而吟風弄月，想要輪到若輩，便似永劫無分。乃今雁門關外，砂磧氈上，坐一奇特山長，不知賦何英毅，卻落在者把草上，而擬力將者奴關捩子打破，放眼放手，做者一種詩文，寧險不成，不肯腐；寧率不修，不肯套，眼見丁豬世界中六種震動也。曾聞山頂堯城黃梅囪下，素羊釃酒，爲捲旗義士開窮鳥之懷，爲我道之也。實之也？詐之也？迂猶著不到者教官眼裏。方外之人，類之而已。今且圖爲魏中丞葺祠樹碣，何願力之奰夫！以詩文傳教官，教官傳；以教官傳詩文，詩文傳。逯名合芳，短小而有膽略，汾西人，能騎馬彎弓射獸。己酉九月間，應州打獵，既獲一兔，又一兔起，衆慫恿逐之，遇溝墮馬死。

西村關帝廟廟樑題記〔二〕

闕逢困敦，皋日，芻三，馬公時束發。心字募傅山。 住持戒士海山。 □勞糾首武□□、□□□。

〔一〕此篇據寧波天一閣博物館藏手稿釋文，由張文穎整理。傅山全書初版本未收。

〔二〕此篇據太原市尖草坪區西村關帝廟廟樑題字釋文，由葛敬生整理。傅山全書初版本未收。

題閻爾梅詩〔一〕

生龍活虎此一老，痛哭長歌我不嫌。　丁未冬，爲古古。

題丹楓閣扁〔二〕

丹楓閣。丹讀書之心，字仲以楓；楓讀書之閣，因章以丹。仲適集一朝大聲精選，根塵映發，如坐高秋欇欇林也。　傅山題。

題楓仲所購藍君花卉圖〔三〕

藍君作此時，亦計當得入誰手不？亦計山右有戴仲當懃懇構之不？戴仲先於市廛壁上窺得山陰老徐數紙寫意花卉，尋復向友人處得此。南士動鄙北人爲「傖乃西」，曾光後兩韻士手筆，輒爲吾傖愛而藏之，亦大奇遇矣。若邪倩姿望見嚼葱噎酪丈夫，唯恐避之不及，及入其懷，乃知葱酪丈夫別有一種温存憐惜，亦當不復思南風耶。戴仲裝而玩之，輒題數字，亦當大笑。　僑黄山。

〔一〕此篇錄自文物出版社書法叢刊一九九七年第一期圖版，由寶元章釋文整理。傅山全書初版本未收。
〔二〕此篇據祁縣民俗博物館藏扁釋文。傅山全書初版本未收。
〔三〕此篇據上海圖書館藏手稿釋文。傅山全書初版本未收。

梁檀山水花卉畫册題跋〔一〕

題扉〔二〕

蘆鷟能吏。　山書。

跋一〔三〕

太原老諸生梁檀者，字樂甫，又號不塵，先回回人。聰慧，人未曾有。工繢事，年三十前後，殫精臨模古人山水、人物、花鳥、蟲魚，無所不造微。既不復屑細曲，一味大寫取意，然亦應人責，得意畫極少。字不合格，而孤潔秀峻，逕自標一宗，要無俗家氣。赤貧，舊居南關，小齋傍水，號蘆鷟齋，古書桐琴，獨寐寤歌也。三四十間，回向精奉其教。其教主事天，日夜懺悔，不敢散逸。山與同宿三五夜，以一牀子臥山，自臥地上一席。山聽之，終夜不睡，時時呵斥喚歎，如先生責讓幼學者，嘖嘖亹亹。山聞之，起敬深省，如聞晨鍾，乃知其教之嚴，非異端也。今七十矣，而奉其教不衰，可不謂用力於仁者哉！

〔一〕此篇據雅昌拍賣網載中國嘉德國際拍賣有限公司二〇一〇年春季拍賣會傅山梁檀書畫合璧册頁釋文整理。

〔二〕此題扉，傅山全書初版本未收。

〔三〕霜紅龕集與傅山全書初版本所收太原三先生傳中之梁檀傳與此跋文文字基本相同。

跋二〔一〕

卽畫求梁生，梁生可不畫；徵梁生畫者，梁生應乃尒。我見梁生少年時，畫精微孤遠，治外具不能一花一竹自肖厥畸。漸老漸懶，懶于畫，勤於道，上達窺天，方悔不小學時卽侍上帝。乾惕不見參，實不放堅金之氣，自礪自斷，居高聽卑，臨之有儼，不睹不聞，戒愼恐懼，中庸之學也。疑者曰：「西而東，其有無忌憚之孔子？」故畫時其大放肆，不屑解衣。盤薄久，其謂我嗚，不信我所見。畫人既不得見，不信我，我何章設有見者？亦非梁生須見，梁生安貧艱貞，想或見之。既見之矣，卽此亦在梁生之枕。我別記之。眞山。

戴廷栻七十二弟子論題識〔二〕

品題先賢，有鍼芥之合，視辛理學名臣錄更覺簡嚴。傅眞山識。

戴廷栻書翟方進傳後題識〔三〕

無蓄縮謀巢穴，爲千古樹義者立幟。朱衣道人。

〔一〕此跋文，傅山全書初版本未收。
〔二〕此篇由渠榮籙先生錄自戴廷栻半可集，載二〇一四年三晉出版社版丹楓閣遺珍。
〔三〕此篇由渠榮籙先生錄自戴廷栻半可集，載二〇一四年三晉出版社版丹楓閣遺珍。

卷二十三　壽序　墓銘　哀辭

奉祝碩公曹先生六十歲序〔一〕

舊鄉舉不復今會，亦不官者，則所謂無用人者也。廼於吾鄉聞三四人，見則碩公先生一人。曩與先生同筆研於袁山之門，一時沾沾自喜。士惟恐其穎之不露，而先生獨靜、獨慎、寡言，吾私頷之。又三年，而雋姚江潘皆生先生之門。皆生今亦不仕。再上春官，不報，而國變，廼遂閉門謝人事，讀書詠歌先王，〔二〕教子弟研經以需。吾僑西河時，數數過先生譚，子弟行肴觴，有禮有法。時抱三奇小郎膝上，問小詩小書，背誦之，拖習小郎亦漸入大學。三子者，彬彬焉，爲先生舉六十之觴，禮也。羣子弟友生亦皆喜曰：「先生六十矣！」從而觴之。夫此亦六十，〔三〕譚何容易！以余所與遊，今年登六十者蓋三人。其間窮愁者窮愁，可以不窮愁者又多犯吾家「知止、知足」之戒，而子弟又不必皆賢。視先生之爲六十，則天人矣。此且無論，以當今之日，一不絕人逃世，亦不應世之老孝廉，而虛邪，而六十，豈復泛泛常時常人之六十者耶？

吾頗論先生之無用於斯世，不激不波，於所欲爲者爲之；〔四〕于所不欲爲者不爲；於所爲不言其

〔一〕此篇據傅山書法釋文，霜紅龕集拾遺、劉、丁、王本收録。
〔二〕「王」，霜紅龕集本作「生」。
〔三〕「亦」，霜紅龕集本無。
〔四〕「所」，霜紅龕集本作「斯」。

所爲，以求容于所不爲，亦不言其所不爲以自高。愈靜愈慎，而内之芥蔕者幾消，外之乘芥蔕而隙者亦不不消。如江河三峽之長年，一切濟舟之具無所不備，而亦不沾沾其具，弄以示人。而正風旁風，迎潮隨潮，風波震蕩，一柁默操，愈靜愈慎，愈變而愈不變，因而載者不知其在風波中，而讀書詠歌先王者亦不廢。子弟友生，知其如此，而後先生六十之觴足舉也。夫然後知靜慎者，壽之本也。先生自有之，無庸復介。先生能飲，吾且介飲。介飲維何？我以其人。

蓋當今之世，偕之不能而孤而無與，亦戚戚足以損年。乃綿麓温子者，先生同年友也，亦杜門十三四年。於今解頤一時，德星和氣，飲同人，不覺而醉，如入漢陳太丘家。吾嘗屬同人：此沍寒春谷也。今先生儼然六十矣。兩郎君富挾經術，舞花筆，頡頏西河名宿士，跅弛欲過之。皆能奉先生教，有而不居，猶安子弟行，不犯踏是非。先生之德鄰者耶！先生不孤矣，可喜也。請一嚼。翼城二袁，不囿于鄉，〔二〕亦不應今世，閉門讀書教子弟，臭味與先生不謀而合。先生愈不孤矣。其一亦似先生同年友者。晉卯之榜，何多隱德也！可喜也，請再嚼。吾乃今從南來，復得一彭城古先生，亦老孝廉，不應今世，汗漫去鄉國。舊善騎射，今斂而不試，時寄豪詩酒間，幾不可知。而天篤之，尚偃蹇浮沈於今茲。我方外之人，聞之起舞增氣。先生聞之，能不起舞增氣者耶！請三嚼。是氣也，蓋不可一世計矣。　方外友弟眞山書。〔三〕

〔二〕「不」，霜紅龕集本作「子」。
〔三〕落款七字，霜紅龕集本無。

祝榆關馮學師七十壽

平定舊游子張生福全曰：「絳昭武馮先生，七十而來治州學，清健如五十歲人。甫解韝，卽損橐。小小理學官，米鹽臨大祭，兢業籩豆間。習竊者惕，習玩者革，殆有習楚望之夢者耶！弟子過，必款，談論彌日。會有公事，當醵斂，〔一〕而又賻諸橐。弟子負感之，擬壽十月三日之生日。」要道人一言。既出兩郎君之述，臚厥席珍，理學、詩文以逮書法，無不足不朽者，又何有於七十？乃頷之，乃惟龍門有斯人。然道人荒唐謬悠之言，不足爲今世禮官一觶，而每有味乎管子之言：「人之生也，必以其歡。」夫歡莫歡於飲酒，飲酒莫歡於山水往來賓主之閒。州顧有冠山，〔二〕山有呂思誠書院遺址；有嘉山流杯池，〔三〕池則趙秉文之祠，儼然在焉。呂思誠三爲祭酒，而以許衡爲法。衡，世所謂大有得於程朱而以道爲己任者也。卽許衡可知思誠。思誠爲蓨時，〔四〕卽知刻先聖像，今比屋事之者也。秉文，以其世之文衰弊，而取疏格者也。宮牆灑掃之暇，若載酒挈諸弟子山水之閒，冠山則以呂思誠爲主人，嘉山池則以趙秉文爲主人，觴詠倡和，一觴一日，以至百觴百日，千觴千日，登百年彈指耳，何有於斯七十耶！

既復見所註孝經，則君以之教人者，壽之不可量，乃在斯乎！乃在斯乎！故以一人言之，孝

〔一〕「斂」，各本作「歛」，據文意改。
〔二〕「顧」，丁本作「故」，據他本改。
〔三〕「杯」，傅山全書初版本誤作「松」，據霜紅龕集改。
〔四〕「思誠」，各本無，據文意補。

無終始；以世界言之，孝無古今。世界有變，而孝無變。歷代史册，孝子事蹟最多奇異，而至於地震山移，至孝子家分而爲兩，過之既過，其家復合。天地鬼神之篤祐孝者，〔一〕如此其周也，故孝者無死地也。以此教人，是與人爲孝者也，壽不可量也，惟此可進無算爵。

書扇壽文玄錫

先生原西極人。西極之學，與耶蘇同源，而流少異。今互爭正陪，然大都以事天爲宗，日按儀禮天。卽或有敗教不禮天，〔二〕受天罸五極亦往往譣。遵其教者奉行之，無論其心之藏諸人所不見者黑白何如，而儀飾諸外以對天者率之詩句，詩句似此言訟過而讖悔之詞。玄錫於其教，僅不食其所最忌不食者，而其餘不甚屑屑拘其教。人數責讓之，以爲昧於事天矣。不知玄錫之事天，不於其衆所匍伏之寺，而獨於其屋漏，儼然臨汝，無時不畏威懲。往此甲申以來，〔三〕此方習周孔之人，熸焉者也。玄錫所謂君子存之者矣。此玄錫之不息於天，卽天不息於玄錫者也。生日前一月偶小疾，人或爲虞，吾曰：「是在周易豫之萃：『貞吉，恆不死。』先聖象曰：『中未亡也。』」且歆八十之酒。至九十，〔四〕吾又有九十之言。〔五〕

此原書高麗一扇詒之，頃遺扇，郎君能約略誦之，復以此紙令追書一過。不文之詞，何足

〔一〕「祐」，丁本作「祜」，據劉、王本改。
〔二〕「教」，丁本作「數」，據他本改。
〔三〕「往」，丁本作「住」，據他本改。
〔四〕「至」，丁本脱，據他本補。
〔五〕「吾」，丁本作「五」，據他本改。

存？玄丈爲「不於其寺，獨於其屋漏」一言，〔一〕爲能道其心事，故丁寧之也。理學先生聞之，不知謂玄丈是那家適派，〔二〕又是甚麽正眼。

濯吾五十生日壽序〔三〕

道人僑西河者再，而居仁嵒之日多。仁嵒之友，愛我者非一，而濯吾于我似從偏。蓋濯吾家有藏古今史書，許我讀，又時時飲我以美酒。其所謂偏者，蓋如此。當今之世，苟無飢寒之憂，而讀書飲酒，以之宦光躋上壽，夫亦致足樂矣。道人離西河，不覺近十年。不知濯吾讀經史幾過，傾美酒幾甕矣。今年濯吾五十生日，西河之友，舉觴爲壽，徵道人言以祝之，以爲道人閑于汗漫若敖諸列仙之言耶？道人以爲碧靈之文，赤洞之書，金簡玉字，琳函寶笈，是仙人之所讀者也，而人顧浮慕焉，而殊不如經史之近而明，可以祈天永命。紫金之液，〔四〕與夫瑾瑜之漿，玄霜絳雪，〔五〕麟脯鳳膏，是殊庖之上藥也。人皆冀一遇之，而揔不如美酒之甘而醇，可以消憂養和。吾願濯吾年閱經史一過，月飲美酒一甕。前至百歲，當閱經史五十過，傾美酒五百甕。而書得其竅，正不必多酒；觀其妙，惟恐其不多耳。即以家庭之樂論之，而濯吾之子弟，又皆森森立庭階如玉筍，其振振未可量。

〔一〕「玄丈」，丁本作「玄文」，據他本改。

〔二〕「玄丈」，丁本作「玄文」，據他本改。「派」，丁本作「脈」，據劉、王本改。

〔三〕此篇錄自中國嘉德國際拍賣有限公司二〇一〇年五月十六日宋元明清法書墨迹拍賣圖錄，由葛敬生先生釋文。傅山全書初版本據拾遺本收錄，他本未收。圖錄云原爲八條屏，已散佚第五、六兩條。視墨迹，似爲後人臨仿，待考。

〔四〕「紫」，傅山全書初版本據拾遺本作「索」，此據圖錄。

〔五〕「玄」，傅山全書初版本據拾遺本作「立」，此據圖錄。

今其孫已舞勺，〔二〕造塾勤敏。再十年，可必其有丈夫子。濯吾六十歲，卽四世同堂矣。七十、八十以至百歲，當何如也？

壽孫邑侯序〔三〕

吾聞治晉陽者，必言尹鐸。其後任此邑者，無問治否，人皆類以保障諛之，尹公豈易及者哉？歷千百餘年，始得見今邑侯遜菴孫公。

公以甲辰名進士，來治是邑。天性豈弟，下車日，卽教戒叮嚀，不以搏擊博聲稱。未踰月，晉陽黔首皆不忍欺，號大治。于催科，曰：「期無逋，吾不忍督迫，使無升斗羸。」于收徵，曰：「苟數、色足，尚何耗？吾不忍作輕重。」于取用，曰：「給價，何行戶？」于諸生，曰：「汝自愛，毋入于非道。」于訟，曰：「吾則能得其情，教不必撲。」每自言曰：「吾亦何問？晉陽黔首，皆不愛欺，但求自心不愧。」其退虛處實蓋如此。之數者，皆晉陽黔首口實彰彰較者。若孫公者，足繼尹公矣。

今月八日，公初度，邑薦紳皆躋公堂上書，索不佞言爲介。不佞素戇，不能文章媚人，自信非類諛者。彼詩曰：令德壽，豈人壽公？公壽國，豈僅此蕞爾邑？

〔二〕「勺」，傅山全書初版本據拾遺本作「口」，此據圖錄。
〔三〕此篇錄自陳監先霜紅龕集補遺。

壽胡母朱碩人周禮君七十小敍〔一〕

胡母，胡生瑾之母也。周禮君者，徽之也。曷爲徽之？蓋母今年癸卯之春，壽登七十矣。胡生徽言同遊諸子侑之，諸子以余能爲不諛不鑿之言也，而屬筆焉，故徽之。徽之奈何？胡生實精周禮，今夫草一丁之曹，縣而郎也，則母有郎之封；郡而大夫也，則母有大夫之封。今生亦艾矣，偃蹇未得服官政。而姬文公開有周八百年太平之蹟，家宰下六官，以至府、史、胥、徒、閹、奚，皆故諸其胸中而足。是語無用，用是豈翅縣也、郡也，一官之致之効也。母以子貴，子而習爲周禮，徽母以周禮君，禮也，是足以佐觴矣。

事母孝者事地察，察地之道，司徒一官盡之。司徒，古之祝鳩氏也，祝鯁祝噎。胡生顧鳺鴀性之六行之首，豈不老而益謹益篤？君之康疆，百歲恃之矣。攝提之且，實有不可忍割之愛。感而病，如欲作痹，且數日不食，生惙惙焉，要余診之。余亦謂其悲之中手太陰也。既而診之，澀而平，脈于肺者不失其正。既而遂知君子之能以禮自持，頗有敬姜據牀之義。卽事之不盡同，而裁之以禮，不一往之情之戕，一也。母之知禮也如此。禮也者，使人神明不弊者也，胡生喜可知矣。

僑黃社弟傅山率爾書。

〔一〕此篇據北京市文物商店藏手稿釋文。傅山全書初版本未收。

姚缺庵墓銘〔一〕

此缺庵姚先生之墓也。先生諱思虞，字元遜，號賡堯，又號缺庵。先世嘉定人，幾代祖某遷於青，而爲青人。弱冠以高才中鄉試，數奇，數不得志春官。一試蘭陽令，升丞臨洮。不赴，解組還。會國變，有聘之，再三辭不應，禮也。六十有五歲，丁酉卒。郎君狀要方外之銘。其諸方外之人，不習諛墓，足銘先生也者。然聞之：先生則鄉之所謂狂人也。還山公曰：「先生好飲，好讀書，口無俗言。客有見之，與飲酒道古事，不可一一解。環郡數百里中，可與言者似不一二人，是其所以狂。」方外之人曰：飲酒讀書，狂哉！狂不可及，狀固有之。常畜酒百十甕。諳古今人物政事、官爵制度，以至器用羽毛，無不洞悉也。其世系官才，〔二〕孝友任恤，諸所當備家乘者，須史才，則方以内任也，貧道獨銘其狂。銘曰：

人不識字，之乎足怪，而又篆籀。盆盎米鹽，沾沾諟諦，社稷美够。百斛龍文，誠多耳逆，臃腫病瘻。鳳吹鸞鳴，折枝草蟲，仰天而呴。玄堂寥寥，苞茱不來，聊飲其酎。一年百甕，勿與人事，柰何夫遘。飲酒讀書，九頭五龍，眞泠以又。書對鴻蒙，酒見太始，性得其復。典墳斯宫，〔三〕純純常常，文亂其茂。

〔一〕此篇據山西博物院藏手稿釋文，曹玉琪整理。傅山全書初版本與霜紅龕集張、劉、丁、王本收錄。

〔二〕自「官爵」至此二十字，丁本脱，據手稿與他本補。

〔三〕「斯」，丁本作「期」，據手稿與他本改。

郭九子哀辭

庚辰夏，舍姪物故。余傷逝壹鬱，長日擁被睡，昏昏然，不出門，亦不見客。中楚不時作，輒有句曰：「事了不相與，情來無柰何。」至十月，有澬人王某者來拜。予以其南士遠來，或有奇聞可喜事足發予悲悼者，勉答，拜其寓。王龍鍾，語喃喃不了。問所從來，曰：「自武安。」予卽問：「武安有郭九子，識之乎？」王曰：「是擴申耶？八月閒故矣。」予謂爲王別所識耳，再詰，始知卽屬九子。〔一〕王老語含喉中，謂「郭」若「擴」，「新」爲「申」也。余驚劇曰：「九子死耶？」王曰：「我見李瑞神弔於其家。」「瑞神」蓋「遂臣」也，九子與友善。予卽哭諸其寓。聞之此邦知九子者，俾哭九子焉。

嗚呼！居實向爲予言：「客歲下第，九子、居實、文伯、木公偕過榆關，游冠山。三子皆落莫無興致，委頓巖阿閒，告疲乳。九子獨引滿向衡，選古松題詠之。既而蹣跚石磴，直到冠山最高峯，踞大石狂笑，掀髯向下大叫，索酒飲。」亦何壯哉！乃今忽然成古人。追感舊游，一痛一絕。憶陸士衡之言曰：「慘此世之無樂，詠在昔以爲言。」不禁淚淫淫承睫也。九子實有祖父母、父母及其妻，五喪未舉，今九子又死焉。九子又無子，其誰了此者？其誰了此者？

越十餘日，舍弟書至自京，云與露盤同僦，露盤實親蓋九子棺。述露盤之言曰：先是三月時寓京，忽心動，想看九子，卽束裝至武安看九子。九子喜露盤來，飲酒賦詩，談笑累日夜，豪氣不除也。露盤尋別九子歸，九子適小感痡下，露盤心計，當稍稍待其疾差去已。九子疾益篤。九子時無

〔一〕「知」下，丁本有「之」字，據拾遺本刪。

故輒痛哭，又語露盤：「我何善感傷也？」語已，隨復哭。露盤勸慰之曰：「子非戚戚人也，何爲乎？」九子曰：「然。」乃强起，益飲酒作詩。越中秋，病大劇。露盤相不能起，乃與遂臣問九子後事。〔一〕九子曰：「無可言，以數棺累我。遂臣、露盤必竟歸吾邱隴，是本志耳。」〔二〕露盤、遂臣許諾，九子返席沒，八月二十二日也。

往歲，文伯古遺書致余曰：「九子五喪，貧不能舉，吾輩可義賻之。西河士聞之，〔三〕皆樂爲。今且集數十金。彼中多士，有風之，當不後西河也。而聞之析城之上黨，露盤再聞之平水，同志多知交爲富貴人多，若一二富貴人肯捐橐中金助之，〔四〕了此何有？使我輩此義行，必有儇佻少年以錙銖穢物附諸其中，而嘐嘐自鳴我好義，爲九子了此不難矣。」余答書曰：「唯唯。九子有五喪，誠不可不舉。九子家實貧，然九子好義，我能以金助郭九子喪。使九子受若助葬厥祖父母、父母，則九子得罪厥祖父母、父母，我輩亦得罪九子矣。」文伯古遺甚韙余言，姑已之。乃今九子之喪竟不能舉，以至於死。嗚呼！是無富貴人出橐中助九子者耶？其有助贈之九子不受耶？抑交九子者徒慕九子名言詩文，未嘗以此切偲相讓而力贊之耶？亦九子志有所需，以此爲可徐徐者耶？向使余無異議，文伯古遺之説行，九子之喪或能舉，未可知也。九子沒，而有好議九子者，〔五〕必於此。余知九子心，是有哀辭曰：奄人生如飆塵兮，何時物之足需？矧茲所以自盡兮，豈他人之可遺？褔褳

〔一〕「九」，丁本作「先」，據他本改。
〔二〕「是」，丁本作「事」，據他本改。
〔三〕「西河」，丁本作「河西」，據他本改。
〔四〕「捐」，丁本作「損」，據他本改。
〔五〕「議」，丁本作「義」，據他本改。

恐隣於墨兮，亦不聞葬竭家而爲儒。傷流寓屬魏土兮，志存諸羊舌之墟。元振没之已久兮，貴人子又無堯夫。豐美不得於陳遵兮，王丹復重下厥機杼。夫使九子而離此尤兮，亦友朋之罪也。騁浮藻以疇酢兮，封時名以自賈。既無力之可賻兮，又無言以相補。吾知若人有至性兮，〔一〕欲白其情於天下。哀孝思之未著兮，恐媒勞而信寡。況媒孽之不必有兮，誰肯恕夫賢者！吁嗟可悲兮，瓌材之不信。憑心而不化兮，卒集戾於厥身。人將以爲口實兮，謂文章士爲不仁。嗚呼九子！此心不可持以示兮，其泣下里而號天。有人諾以代襄兮，鬼神實聞要約之言。雖死者生而生者不悔兮，謂足慰重泉之棘人。

余爲九子哀辭，未嘗示人，以中多礙人語。唯寫貽露盤一章，且囑令存之笥中，無令析城同人見也，蓋析城有貴公子與九子稱莫逆者。亂後，此藁失矣。頃過七松厤，漢臣來，顧云有此藁，遂取得之。向許爲九子作傳，倥偬無暇。此顧未道及九子生平，然亦不可廢，草錄一過。九子詩文散失，露盤處所有者，予爲敍行之，略言九子生行，題曰：「曠林一枝。」今板亦毁矣。周仲賜從潞州收得九子詩，刊二册，十倍余評者，然未嚴選，今當存。亂離來，露盤無信。但言九子喪，無歸日矣。藐山先生曾主九子喪，不必歸，即封之武安曠林，題曰「郭高士之墓」，以誌詳之。誠達論哉！今亦無與經營此事矣，念之慨然！老石山。〔二〕

〔一〕「有」，丁本作「自」，據他本改。

〔二〕以上兩段後記，丁本無，據拾遺本補。

祭張日葵先正文

嗚呼隱哉至性老，鄗上談經聞道早。敬以敷政廉不飽，建言議獄星日皜。嘉山碩果晉之表，遭時不造槩難考，六十有五壽良少。嗚呼隱哉先正情，瀾之頹也拳石輕，一木焉支大厦傾。嘉山春花紅照人，嘉山娟月秋自明。先生一狀無處横，甲申六十已不生。蹇產歲月待河清，待之不清甘速死，死而後已鍵厥口。毅魂幽魄悲無已，松楸夜泣老卿士。亂世會葬人觀禮，禮易而哀公有子。焉焉矣矣知生死，誄詞無窮忌莫矢。靈之來兮鑒非彼，啟我後人誨古始。

卷二十四　記

醉白堂記

竇生讀書之堂顏以「醉白」者，醉白生居實也。白生潦倒自廢，棄於此邦。邦之人有飲之，皆欲公榮白生。竇生獨不公榮白生。生過輒飲，飲之惟恐不醉。竇生實能釀。邦舊有名苦酒，務酋多秘其法。竇生微之，而六物加精心焉，其釀遂獨擅於今。道人每過，未嘗不從白生後，數得領其芳烈。每一舉盞，未嘗不憶竇生爲夏后氏少康之裔。又念生名學周，姬周公不可學也，而安豐侯融實字周公，而儒生又不能學，柰何哉！然融雄據涼州時，實轄有酒泉一郡。竇生當坐擁百甕，自醉醉人，陶然自豪時，亦無異於周公之臨酒泉時耶！凡潦倒廢棄之貧士，不能常得酒，聞竇生之風，欲依之以爲醉鄉，幾何而不如坐安豐公哉！館後一臺，高樹數章，拂雲而涼。道人顧白生曰：「是可稱小涼州矣。」復慫恿爲作小涼州詞，以歌酒德云。

記李賓山

石道人寓盂時，即有木石之友三云：一藏山請雨洞石龍，一學宮蛻殼仙槐，一則茲李賓山松樹子矣。松勝於耆，茲獨稚；松韻於疏，茲乃密。其稚而密也，娟修倚狎，如不自舉，亦不肯輒仆壓而生者。出土不起，任厥情之所指，蝘蜓而紆行，〔一〕頹縱遂性，不見戕於材，〔二〕蓋松之隱者也。道人嘗蒲團於下，偃仰幽睞：蓬耶？麻耶？蘆荻葭苻耶？竹箭耶？藤耶？不松觀松也。松不松觀，觀解脫矣，松解脫矣。谷颸綫度，無聲而聲。天塼土匏，而抽菁蔥百年翠，管巢和之耶？時道人所選坐小麓，適甌窶而墳，如笙之匏。尋遲月來蟾，精碎漏白者，水耶？芒而金碧者，芹藻耶？移步轉眴，不能辨矚。魂亭淨濬，極明極晦，極晦極明；極有極空，極空極有。道人失其坐李賓山松樹子下矣。洲耶？渚耶？其在水中央耶？又何不褰裳濡足也？亦醒亦夢，欲言無言。道人侘傺而多悲，斯則偶有造適於李賓山松樹子林中時也。

過數日，山之僧適塗茨其廠廊成，〔三〕欲道人記之。因記一時侘傺而偶適於此小松者如此。山則唐李長者華嚴道場，今亦不奉長者。前殿三大士，殿前卽其廊，廊殿後前梠接也。後殿一佛，佛堦砌左，玫瑰一本，色香殊勝，疑佛菩薩心樹也。道場之陰，斧劈石業，業立如屏。石罅拔疏柏十數章，小白浮圖出焉。石下滿井，澄渟弱丈，寺僧分潤，不少溢竭。〔四〕當一亭苫之，惜無作者。井前石町，又錯色玫瑰一叢，花色不一，開輒欲千蕊，〔五〕近方言之所謂十姊妹花者矣。住者，游者，同未斷愛。愛松耶？柏耶？十姊妹耶？

〔一〕「蝘蜓」，丁本作「蟥蜓」，據張本改。
〔二〕「戕」，張本作「成」。
〔三〕「塗」，張本同，劉、王本作「葺」。
〔四〕「溢竭」，張本同，劉、王本作「竭益」。
〔五〕「欲」，劉、王本無。

狐大夫廟記

木橋門壕南道右狐大夫祠，蓋祠恭世子傅伯氏也，故湫隘。都會無别祠，有司祀典，輒此焉蕆，然無厥初。歲乙巳暵，有禱之，應。居人始謀報功，略莊嚴之。有殿有寢，有垣有門。僝隨竟，卽不沈沈，靈之來也，俞藹穆也。西南百二十里，實有狐山。〔一〕山椒有祠，麓有墓，云大夫及二子墓咸在焉。山隸交城，似山經所謂狐岐山者也。故傳交城爲大夫故里云。左氏傳，懷公圉實殺大夫，以不召二子故。其言曰：「子能仕，父教之忠。」至今儼臨晉地，惠及蒸民者，忠之靈也。千百年來，非學士家不知有圉之名，而圉不能令大夫之祀至於今不絕。其一時所謂君臣者，又何足道！方世子鬼見時，大夫告以神不歆非類，其芥蔕秦晉間耳。類與不類，歆與不歆，頗難歷言之。而地襲曰晉地，人襲曰晉人。舊都舊國，望之暢然，卽仁人之於桑梓可知矣。

上蘭五龍祠塲圃記〔二〕

往余讀書虹巢，數數過上蘭五龍祠。祠東南有余家地二畝，祠僧普烈請爲塲圃，余許之。越二年，復過上蘭，普烈將築牆於此，嵌石其上，復請余記之。時普烈適新住城之報恩寺。寺，龍池先生像在焉。先生，當日文士，死焉。亭榭非其有，〔三〕贈答吟什非其有，子孫亦非其有。余約普烈供

〔一〕「實」，丁本作「賓」，據他本改。

〔二〕此篇由葛敬生先生據拓本釋文。傅山全書初版本與霜紅龕集各本收錄。

〔三〕「榭」，傅山全書初版本與霜紅龕集各本均作「樹」，此據拓本。

佛之餘，以香水供先生焉。〔一〕烈能聽余，是余以二畝地爲龍池先生易香火也。〔二〕奇奇！岳丘既平，琮玉斯韞。考祥亡羊，題楨木折。有位無人，甫田圍隱。巨室工逸，七賢一遁。傅山。〔三〕

平遥惠濟橋碑記

合亭岡、祠源兩水爲中都河，略平陶城東北、北西趨汾。夏秋山水怒漲，人不利涉，仍而津處曰：「下木橋處實無橋。」邱里亦時時言橋之。往亦稍有財施，〔四〕採石材擬橋焉。闒茸撇捩，四舉四罷，卒不能橋，石材尋亦廢没。近數年中，始謀大作，募財鳩工，擬必橋之，而不知其必能橋與否。邑知言者不必橋之成，不必誰何可鳩也；必橋之成之鳩，必劉澤民。

澤民往爲少年之魁，任氣已諾。四十長齋，有所不爲，勇修人天福果。膩顔，氈帽高近尺，藍布大襖，青布齊肩，綿帶攥著輚，布襪，歸然古農。按氣不任，而已諾。惟舊諾是役也，矢惡誓，瘁痪人有羣庶鳩勢，則百人之瓢，惜或一錢之蜜，〔五〕不無跋躐。夫劉來，稍絡繹引謝。於是權益專，指揮益無所齟齬。爰詢爰度，爰遴匠石。掘三十尺而弱及泉，杆而得厥剛，而杆之，瀣泉，泌瀄疏

〔一〕「水」，傅山全書初版本與霜紅龕集各本均作「火」，此據拓本。
〔二〕「香」，丁本作「湯」，據他本改。
〔三〕此段劉、丁本作劉雨案語，據拾遺本與拓本復原。隱語謎底爲「崇禎辛巳」。
〔四〕「稍」，丁本作「時」，據他本改。
〔五〕「或」，丁本作「哉」，據他本改。

濬。〔一〕乃土乃灰，乃糅爐磁。灑之，澹之。行堇行𧅬，傞尺寸而鷀之。始也泥吸鷀，人笑之；既而鷀躍堅，人頷之。廣幾五十尺，縮二百尺有奇，而橋基成。乃鼻乃椶，〔二〕廣二十尺有奇，容兩牛車，間獨輪推車一，綽縮一百二十尺，而橋梁成。費無慮七千兩有奇。祠宇像設，茶橑庫廚，分用少半。夫劉指揮準提三楹，則澤民服田之力獨考之。適余將游先師山，山深，茂林百餘里中，人畏爲倀。鄉導，米鹽餱糧，無聲而辦。入山，羣奚見山木修直可杖，踴躍往折。乃解行李，出小斧與琹之。視彼其鏖糟揖讓，一飯十起，而小大無用，有間矣。卽綱紀橋事，可知也。不知其人，請觀其橋。

是役也，面勢定向，實如温生毓桂指。生事形家者言也，始終八九年，募緣茶湯供給，閱道人凡四。而劉演和、郭清甯兩人者，最淳篤無他，皆先勞瘁死。今收拾落成者，則侯道人沖麓。凡大事，唱首者不得享其成功，類如此哉！庶鳩賢勞，劉讓之，不獨居功，應貞諸邱里之言。　七十五歲老人眞山撰。〔三〕

重修九間橋記〔四〕

九間橋，傳云古城濠也。橋北小梵，云爲方山王府家佛堂，梵北卽方山府，說其近之。住雌僧，亦當爲其出入王家便耶？九傳而爲今宗玉，葺而新之，凡補山門殿廊十八間，像設有殊，惜不於橋

〔一〕「疏濬」，丁本作「杵臼」，據張震說與劉、王本改。
〔二〕「椶」，丁本作「援」，據張、王本改。
〔三〕文末署名，據拾遺本補。
〔四〕此篇前，丁本有拙庵小記、缺題、缺題三文，非傅山所作，移至附錄中。

加一欄。爲言之，玉曰：「我不愁跌死醉漢也。」蓋日攜酒喧顛橋上，實繁有人，玉厭之也。此邦尼院凡五六所，獨此頗不聞穢聲。吾又問徒有幾人，玉曰：「三兩個，跛底，瞎底。」嗚呼！犍矣。自云是工，其紡績之功爲多。

荼毘羊記[一]

方山門未闢時，陶竇窈窕，生客未繇也。日衆經行，見羣狗子直竇嘷。睨之，壹羊規竇入，羣狗子格之，雖劇，不退轉。僧慈悲，揮狗子去，引羊入，羊如少安隱。謂逸諸牧。翌日，有尋羊來，云潘氏役，塗次大恐怖，幸生還，許賽羊關帝，明日且賽，忽逸出，迺至此，請牽羊。僧曰：「是羊逃死來道場，有放生，無殺生，請贖之。」役曰：「柰得罪關帝。」僧曰：「關帝在伽藍共禱。」而鬮之，擘荼蹏，寫壹「殺」，壹「不殺」。役鬮得「不殺」。僧衆念佛，役亦念佛。如是，願留羊常住，去。於是羊得大安隱，常住。荄豢月餘，壹夜無故殂。大衆曰：「善來有緣。羊，佛子。」普請律聚，爲羊轉咒，荼毘附普同。

祈藥靈應記

甲子冬，先居士病傷寒十餘日，危證皆見，呃逆直視，循衣摸牀，發黃發癍，醫來莫措。或傳南關文昌夫子靈異，舊人往往於廟中祈藥，輒應。先兄與弟止左右服事，山往禱之。家攜淨水一壺，

[一] 此篇據傅青主法帖與霜紅龕墨薈整理，谷錦秋重校。霜紅龕集拾遺，劉、丁、王本收錄。

杯一個，至廟先叩住持。住持言：「昔誠有此，近數十年亦無來求者。」子但傾水於杯，跪祝之，時時視杯中，若得黑藥，病愈遲；得紅藥，愈速。」山意雖誠，不能無疑。殿宇肅闃，山恐壺中或不潔，少帶塵埃，睇觀出，於日中注水，水無纖塵。然後入殿，措杯神几，禱求之。移二刻，起視，則杯面浮黑星十許粒，如米臍。山卽驚怖，得未曾有。又祝禱之，移刻起視，則得朱藥三星，大小如前黑藥，浮游杯面，如硃砂粒，光圓神彩，不可思議。山駭喜，謝神惠畢，卽酌之壺中，奔還。抵舍，會午昃，先居士臥榻在牖下，日光在囱，明充屋漏。山告禱祝及所得神餌靈異於老母兄弟。及以壺水注杯時，心驚手顫，唯恐或失。復自疑，或屬眼花眩惑者，且戰且注，見前丹、黑二藥如前分明浮轉，動心駭目。老母兄弟驚喜無喻，卽灌先居士口。見兩藥皆入，幸無撒失。灌訖，少選，卽扶倒就枕。隨聞息小齁齁，有酣睡聲。睡比晚，不煩劇，蓋已四五日夜不醒不睡矣。及夜分醒時，前諸危症盡除，再不少作。自是日就平泰也。奇哉！

山追記尊神靈異，書付弟子輩，無緩也。

卷二十五　碑碣

天澤碑〔一〕

律師天澤潤公，陝之蒲城人，出家蒲之佛田寺，得戒五臺之蘊眞和尚。崇禎十三年，遊太原。既傳戒於太原城南之淨業庵。梵衆服其愷悌悲喜，遂推主庵事。不貪不忮，不暴不費，歷卅年如一日。〔二〕老而矍鑠，於無病時，卽修小白窣堵，種松樹子，以爲寂住冥龕。欲道人書此碑，及其生也一見之。道人顧心許之矣，然以道人說和尚家語，卽微中，彼其其信？吾謂此土葹中，當分與思修土榻一半尺。思修實左右和尚、綱紀常住者也。今年和尚病，復敦前諾，遂爲書此數句，令和尚見之。和尚處分常住，精爽不亂，日飲麪茶兩盞，禮佛不懈，夜臥亦無呻吟疾苦聲，卽化後可知矣。

續以偈子問之，令和尚將得去，薄了汝今生文字因緣也。偈曰：我今重問汝，汝當安所往？不庵中住不住，此塔能住否？汝之大福德，利益諸有情，而在於傳戒，使無諸覆藏。當其受戒時，不管戒前犯。以至戒後破，懺悔刹那間。爲下定慧種，生前既說戒，死後戒仍持。戒爲天地根，生死縛不定。當此呼吸際，莫於舊公案，抄撮復湊泊，說諸無益語。生死將戒去，再來亦歡喜。還願與思修，世世共法會。

〔一〕此篇據原碑拓片整理。霜紅龕集拾遺、劉、丁、王本收錄。

〔二〕「歷」，霜紅龕集各本與傅山全書初版本均作「應」，據拓本，當作「歷」。

丁巳年菊月吉日，松橋老人傅山。

東十方奐紳建白衣閣洞之碑

以煙火棚，爲清涼厦，潘始基也。維此木材，具有善根，斵未虧也。施磚者疇，因緣有盂，二萬坯也。維此陶甎，而有淨性，火不災也。其餘拮據，住持本善，致胼胝也。瓦礫盡化，平如手掌，成琉璃也。伽藍精構，若出迦葉，杖所指也。虛明三洞，不壞無縫，互援揹也。冬單結聚，煥墜證焉，緇侶依也。竇階左右，〔一〕陟降有明，蓮閣躋也。白衣大士，悲眉連卷，像法宜也。瞻言鸕鷀，蘇雨之仁，覆雲之慈也。二親最神，汝知報恩，於汝兒也。孝子其匱，佛種其墜，末法危也。此之不明，不絕如綫，奚俱胝也。雖佛出世，亦無奈何，天理澌也。父子如此，所謂君臣，仁義比也。蒼天蒼天，大費鹽醬，刦灰迷也。刦灰之迷，小碣貞之，使我碑也。言告大士，我非彥輪，非簡棲也。寒山片石，即不鳴吠，不索謑也。不索于中，大士洞誠，語可誰也。支提之闢，佛日佛月，肇丙子也。剎那今昔，昭陽單閼，歲在此也。

僑黃眞山題。〔二〕

重修惠明寺舍利塔碑記〔三〕

蓋聞究竟堅固，無間薰脩。苟虧實因，安證眞果！漏成無漏，視婇女如木人；情度有情，拒

〔一〕「竇」，丁本作「竇」，據拾遺、王本改。
〔二〕末五字，據拾遺本補。
〔三〕此篇據山西博物院藏手稿整理。霜紅龕集張、劉、丁、王本收錄。

耶輸以華氎。祕密有在，爲諸天說法於胎中；神感無方，使羅睺受生於指上。始知三世諸佛，皆從此生；一切凡夫，悉趨於死。命隨染盡，道由淨成者也。是以圓滿十七地於羯羅藍身，具足萬億劫之阿賴耶識，不離本際，還攝威神。譬彼金剛，留斯舍利，豈若夫獨生獨死，見斷見常？臭盛革囊，朽遺骨聚。澄泉眩葡萄之朶，荷葉淫梟鴈之音。鴻毛共輕，隕孔雀之智；草木同腐，折栴檀之薰。蒸沙入火濟成乾，惡露浸蓮華愈萎。陰貪五濁，神負二親者耶！故梵天爭取，國土均分。劫盡收藏，龍宮起水晶之塔；報身鮮白，天上游珊瑚之林。世尊尚惜團泥，童子誰能補糞？盤頭珠在，過去妙心；寶掌錢流，現今快樂。五法利益，三遶吉祥。佛有成言，吾非誑語。掃猶若彼，一掌殊勝閻浮；塗復如何，造新不如修故矣。

茲晉陽古城，幷州舊址，惠明練若，華藏浮圖，傳阿育八萬四千之一，在眞丹一十有九之數。立白霓於懸甕，西通雪山；接紫光於泥連，東來沮如。而此爲最，與他並雄。運遞先明，紀年正統。晉藩寧化，懿簡子侯。奉供僧田，爲善優於河間；檀施沃壤，斷疑篤於竟陵。刈自然之香粳，殖應食之麻豆。劫灰振古，無異三餐，以適莽蒼；樓炭斯今，不持一鉢，更輕飛鳥。惟深贊歎，但有裵徊。邇者蒲阪無聞，榆社久隱，代東之琉璃弗現，霍南之鈴鐸猶鳴。慨及荒涼，興言頽廢。劫花麥秀，鷄雀憐憫於荆榛；祇樹黍離，獮猴悲慚於瓦礫。鴿於有覼，兔斯靡如。苾蒭本和，恥像教之陵夷，冀威光之復振；感乞毛於衆鳥，難施髀於化鷹。設有單複沺河，無然欣羨果汁。眼丁易拔，千金不煩；環枝羞搖，一粒無外。取之常住，割外命以先捐；還諸上方，賫聖財而非募。標立歸依之慧所，調錬愛取之慳緣。無名而名，不膩防膩，亦所以省和蘭之怒，息盧至之貪。功愧懸帆，雖違於不脩梵福之戒；誠甘拔草，似可以稍通法施之權也。薄劣下根，希求寶楯珠網，聰明貴種，游戲金園玉池。是二俱偕，惟一不共。莫作是想，還如實知。華年梵曆，經始落成。干同虢公龍伏之晨，支合菩薩馬游之次。大小閏遲百八七月，熱雨寒歷四十五時。竺譜太子習書之初，漢表共和行政之始。乃得翬飛精進，矢直莊嚴，淨界仍平，化城復覩焉耳。原夫寶頂，迨於露盤。肇基有隨，再興北宋，飛影咸平，斷手景德，祥符賜詔，元豐勒碑。自福建子之邪因，金光閉於賢劫，豈天人師之正見，碧色惡夫僉壬；大音不完阿字，徒爾末法咸滅？遺經殆哉！文身字身，少義多義。秦羅什之音聲最重，唐玄奘之章奏尤工。斟酌中偏，良爲三乘。信解總持顯密，別傳六字真詮。思惟以我所得，惟可問之如來。蒿里昧無始之宗，不知其盡也；薤上隕光明之種，可不謂哀乎！羣鹿遂嬈仙人，哀鸞不動大覺。波旬之神通止此，悉達之降伏無他。果豔頻婆，無明最厚；莠退嘉穀，法忍宜先。不得語人，默祈示我。是亦近矣，制心奚待揣摩；其有私焉，離相豈容尋伺？誓願伐蒙覆闇，慧劍與油鉢共專；振落無明，德缾並鐵輪齊到。文章氣運，彌勒之樓閣鏗鏘；時節因緣，觀音之宮殿黼黻。騰聲乎至思結撰，室利慈仁；抖擻其正念中燎，韋馱加被。離語言而歡猶雀躍，勉抄撮而悲代馬鳴。頭陀之琬琰非倫，象銘之泥鈞或應。硯田之法雲虛蔭，華筆之香雨空飛。知墮梁昭明斷經之愆，並懺庾子山綺語之罪。無俾言玷，有若貞珉矣。銘曰：

凝蹇智入，縚熾慧偕。在我易去，非彼不來。染蛻朽葩，淨融香液。百骸誰親，六陰奚在？真正父母，潤漬身樹。種性堅好，華情茂豫。界有十八，處分十二，總爲五蘊，得非三際。勝識境大，劣資相微。三業和合，四大不違。順結貪染，生天尚礙。如幻非滅，童真不壞。蓮花國土，純男無女。決定信心，不疑實語。愛水淫溢，內火熱惱。不溺不焚，執金剛寶。前後中有，累劫費形。漏器連注，用成死生。如游園觀，菩薩則能。離命合性，有若未曾。離形無識，離識無智。離智無圓，永汩舍利。結最粗鄙，鍊殊精妙。般若陶冶，波羅紐要。

七十六歲翁傅山撰並書。

不爲大常住勗哉之碑憶守丹之言，應典義之請。

粵若無我我所，貝葉之空；不同同之，漆園之大。支遁妙悟消搖，望洋雲翼；羅什精疏道德，怛化咒番。大量小量，圓唯慧海之珠；正因邪因，網饒大洪之舌。兜率一天，雖示界乎知足；無生三忍，壹奚取于自然。至于戒口難迴而讀經不輟，無方外方内，孰瞬若多消亡；太平風告而勝地峯揮，何世出世間，同彌戾車悲仰？忠孝爲佛種道基，正定能喪身失命。慈悲諒捄焚拯溺，策薰非開國承家。薄言開堂接衆之場，亦有創業守成之道。一靖道旁，豈三年而築舍；萬緣欲界，渾二氏而包荒。緣起守丹，海泛頻爲增上揶揄；因而起白，[二]潮音獨獲普門示現。奚啻從東過西，顚頊印可；遂爾自南還北，願力精堅。薛邱兩派，[三]惢不三心。誠蓮、守性、守丹。風雨壹誠，協成十力。奚暇金仙芍藥，但爲玉局芙蓉。蔬遺鼠壤，爲馬爲牛；塵任獅吞，無人無我。四十年中，荷利他求，遙庇紫雪之蔭；百千衆過，必恭敬止，亦免青城之黥。與人而己愈有，豈竊鈞術于詹何；物歸而主不知，敢翼杓人于畏壘。念茲雲水往來，龍蛇莫辨；當慮米鹽煙火，鼠雀易生。精修梵行，誰子誰妻；喫緊寶言，曰慈曰儉。金鞭火輪，式臨有儼，薄搏角盎，長物無餘。

嗚呼！道喪世，世喪道，陸沈黑業，森森胥紂絕六宮；恬養知，知養恬，尺寸黄庭，各各有無諍三昧。朝禮恪龍漢之年，撥置閻浮提甲子；谿谷祕牛闕之化，和同靜樂國衆生。不爲大故能成其大，大不勃磎；惟無私故能成其私，私非囊橐。上善若水，勗哉道衆！知常曰明，道衆勗哉！

〔二〕「起」，拾遺、王本作「知」。
〔三〕「派」，丁本作「泒」，據拾遺、王本改。

龍池聞道下士僑黄眞山撰並書，時年七十有五。〔一〕

不爲大常住南四十餘里爲馬壁，一路經駄煤道，可厭。沁源界也。宿晉文祠，一夜爲壁蝨辦齋，眼不得合。早起粥罷，又西南四十許里，爲古巖。西坡劉潤卿趕來，一項人騎馬上前道。一小力肩一小擔，一驢載米麪餱糧。劉自騎一小騾。備午餐，無坐處，野店外一向陽避風，率爾中略踞噉之，畢。又二十許里爲王陶，小村落。村人見劉來，皆喜動顏色，樂爲周旋，蓋有自矣。是夜得煖炕。能補昨夜之苦。次早，有某生者，邀早飯於一廟中，打餅，其實可以不餅也。

同來者，有不爲常住呂道人者，素嬌養人，兩日騎一驢，上下須人左右。驢又有所載，至此，竟夜不食草豆矣。呂遂留於王陶。自王陶七八里，即土嶺也。行人至此，皆戒嚴，嶺南虎傷人無時。將至嶺，小村三五人家，曰松蘿村，村名甚佳。薄有賣村飯者。無房子，皆野插樹枝梢，〔二〕圍作小院落，不問而知其晝夜防虎也。嶺不陡，坡陀曼延，可騎驢度之。人行櫟樹林，薄中雜以小松。深秋櫟葉如金，落山徑，最易迷人。嶺半得一野茶庵，一老僧襤褸遞茶。問之，則汾慶藩一中尉也，出家遺命於此。再四五里下嶺，爲砦子坪，有人家二三十餘，亦插籬賣村飯。自此而西南，連疊坡陀，無處無櫟林，亦無處無虎也。

二十里而爲古綿上，薄有川面，爲宋綿上縣也。有道觀，有介子推廟，有北宋碑，碑有王安石名。〔三〕

〔一〕落款據拾遺本補。

〔二〕「梢」，丁本作「稍」，據拾遺本改。

〔三〕劉本注：「壽陽縣志：太安驛安定橋北，有傅山所立『明雨師還陽先生反眞之墟』碑，署『聞道下士眞山敬題。』還陽結廬五峯山，去太安驛二里許。山有龍池，亦名龍池山。霦記。」

冠山婆碣〔一〕

尾則魚而馬之頭，金則陰而載之牛。時乎！時乎！山則冠而阿婁爲之謀。冠山寔近州西南勝地，喬松章百數，歷落者橑、駮、檀、欀。綴欃檽一梵，是爲先賢詩書之館。梵興廢，〔二〕士夫世尸之。山數尋奇梵，隤松青招招也。〔三〕寅卯閒，仇猶不知誰何一僧者來，毅圖舉之，無俚而薦薪焉，厥心後或有夫其死之激而發心。無何，山焚，梵熸而松焦，疑其僧之怨祥，而州人如未始有冠也者，僧竟離之賁。

又十三四年，而乃有婆之心。婆劉姓，歸李，李生台徵之族伯母也，嫠而好施。施及冠山，〔四〕載出家粟若干石；不足，載易地若干畝。載咨諸其西南之朋也，而得謀之于非類東北矣，遂喪朋而還。先後費五百餘金，果能大楹殿五，先像，設鼓鐘。少東，支室一區，小楹十有二，可棲僧，可待游者。案門小樓守望，而視遺松亦稍稍蘇。冠山乃利此牝馬之貞，而州人不及此者，蓋亦得坤之豫，智也。

諸子要僑來，會大風，日西，戒虎嚴，闢門，煬看弈。夜卽所成支室臥，温而安。心念之：此婦之熱也，而衆因之，伯鸞齒冷哉！翌日，婆來，幅巾而鞠跽，先禮佛，次禮僧，次禮客。慰僧之

〔一〕此篇據濳蘇集帖整理，霜紅龕集拾遺、劉、丁、王本收錄。
〔二〕「興」，霜紅龕集作「典」。
〔三〕「招招」，霜紅龕集作「招」。
〔四〕「施」，霜紅龕集無。

欲住持者曰：「師無愁，無忍饑守山理。」慰欲靜室者曰：「師但揀靜地，愛某處卽于某處爲師靜室。」又慰客曰：「不知來，不能備蔬菜，奈何？」山儼然其山也，而梵其梵也，而主人之語次曰：「亦不爲甚，見連年州中百姓窮，相公們不大發，人說或是冠山倒搨底過。」僑曰：「思深哉！漆室矣。」台徵旁弦睨之，微謂諸子曰：「若終日欺負老子，看老子家貨。」亹乎其如得意之也，得意之乎其如亹也。〔二〕松僑老人山。〔三〕

四月在介休書有道碑，用淳于長碑法。五月又來作此。老病無俚，聊復消遣云爾。

淨明院小碣

僑黄僑斯，微院主文達未老而衰，相見諸不甯於貫。而時時欲更張之，數請僑：「達擬新茲堂，當何像？」僑時欲寫維摩淨明經，胸臆時時存「淨明」兩字，曰：「可供維摩。」達卽請僑書維摩疏，不諦計撤瓦頽垣竅而軒之加深焉，如欲丐僑之疏亦頗有應之。然達居恆不能越里，里亦不越能之。慮志慮志，不慮志慮志，良不可知哉！肉團之在襌豆也，不與畫於失權，不與聞於儼然，聚落遂不一。達之有無故，顧不引。達於是焉，終古登陁，未半而憂痒以物故。渾居士哀厥意，稍爲彌縫落之，象設維摩、文殊室利，報初志也。檐援戶疏，具而不文，蓋亦不及如達所厭，而達之徒志恆主之。恆，達一禦侮也。每靡達不振，有意振於達，而里之人亦若爲振之。蓋鳩那羅不庸諸不鳩羅。渾居士不鳩那羅，置之調御之道宜爾也。渾居士可與作佛。

〔二〕「乎」，霜紅龕集無。
〔三〕落款五字，霜紅龕集無。

范覺如碑〔一〕

道士范覺如，太原縣武家莊人。早孤，能爲筆，賣之食恃。恃恃之，如不終日。恃先慮且室，志當分剌剌鄰阿。覺微聞，跽請矢勿娶。遂能縫能竈，竭所淨穢，恃安之，兒也於婦十餘年。覺何恃，卒不娶，爲道士，靖西山之麓野峪。行趨武當，武當兵亂，道士四荒遯。覺遯而北，次潞子，或留供之。二年而病，病劇遄歸，抵武家莊數日而卒。葉之落也，復歸厥根，覺之子道於是終矣。餘食贅行，道家惡之，矧餘之餘、贅之贅。濁翁不律不能蘸蠅，請爲餘其餘、贅其贅。從之遊者，如失其榮。覺斯榮哉！其徒之名，咸附碣陰。

失名碑〔二〕

鳩錢一百千，而宇宄龕，犀相莊嚴，〔三〕則鄉耆鎦尚銀、楙希、張之勘殹。盂錢固賤，而以漢碑諸陰例之，人多，蠲一二百文者皆書之，書厥心哉！張寵，太守也，以錢二千文修堯祠，而詡之，方之窮氓三百有間矣，故汲汲于勒其名，非過也。嗚嘑，銀非素讀書講義者，小有棟梃，自飽亦可

〔一〕此篇錄自王晉榮刊霜紅龕文補遺卷五。他本未收。

〔二〕此篇據拓片整理。拓片藏晉祠博物館，由趙望進先生釋文。拓片失碑名。葛敬生重校，並曰：盂縣文史資料第八輯（一九八七年）載此拓片，云「碑存盂縣城關鎮小橫溝村玉帝廟」。

〔三〕「犀」，傅山全書初版本作「庳」。

已矣，〔二〕而獨于名，勝讀書講義者之好，何哉？況其以「尚銀」爲名者哉！名「尚銀」而能損槖，勤劬以事上帝，不大愈於徒名尚仁尚義者哉？充是心毆，「銀」與仁義眞不相方。以「銀」爲仁義之，似終善於以仁義爲「銀」之囮者。樊與銀及張象魁皆同儈也，實協力於斯，同心斷金，不可謂不在細人也哉！　丁亥寓道人眞山記。

重脩白鶴觀碑〔三〕

卽楔而閍，案閍唐唐，三墨烝殿，貌皇上帝，袞冕臨汝，是黃帝、堯、舜衣裳以來制也。帝負寧寧，複壁啓闈，案闈唐唐，又三墨而三清殿焉。三清位若，崇扵帝者，天法道也。帝殿無廂，清殿廂東。〇〇〇，〔三〕西王母先。殿楇南松，東西各一。西中陶穴，烟火柛。今唯東松，喬不三仞，幹逕弱尺，而枝干日損，信道梓也。或曰，環邦城五百雉中，惟此一松矣，知希哉！鉢傳神宮右院，前後複也。翕而援周，徻凡〇畝，〔四〕是爲古白鶴觀。垂敝，而土之，木之，瓦之，石之，甓之，塗之，丹之，金之，青之，用貨凡若干，薄足尔酋矣。邦之人屬僑黃志之，曰：鶴遐矣，觀繫之。觀天街南北更矣。碑攷之，碑則金元子好問藝也。邦之人串繩之曰：州人文第一。嗚呼！蒼天！蒼天！邦豈其鞈鞨？觀豈其襖而元之？知甲申

〔二〕「亦」，傅山全書初版本誤作「亡」，據拓片改。
〔三〕此篇錄自中國嘉德拍賣公司二〇一〇年春季拍賣會圖錄所載册頁照片，由葛敬生釋文整理。該册頁封面由吳昌碩先生題簽：「霜紅龕遺墨。乙丑立秋後數日，安吉吳昌碩題簽。時年八十二。」册頁後有樊增祥、章炳麟、程學恂跋文，見本書附錄五。
〔三〕此處手稿原文爲三個圓圈。
〔四〕「畝」字上，手稿爲一圓圈。

以來，碑僕且斷矣，然於觀掌故不可廢也。觀工既亦甓函之如璺。鉢欲晉職也，鉢欲疇何？

有誕者羽王厶胡然來，誕師青田、誕友一峰，誕抗溟渤風致神州也。又誕我大行列皇寵命三錫，誕曾大瞖曲沃使相而仳其頗。誕而至此，何若皇皇是非之司也者？其爲賓也。誕顧積頽，觀曷不營子午舉，而欲黃白瓦礫也？誕窮矣，乃謁傅選，異哉！姓名有宋兩河忠義民兵之首，胡取于斯人！敬延之，問其略，蓋選不惟其家惟其徒，其徒實繁。旻而樞機，一十十百，薄之括，厚之積，歲成而忘日。嗚呼！難哉！錙銖絲粒，莫非窮命。呼而不慍，殆用命等。予名石陰，旌之，尉之，不可或遺。首功維選，選當特書。

或曰：選於教，左其重。予云：夫謂選也，左者而非選也者，皆正。是役也，選之事，不選之人，且正也。目之左也，謏之矣。不左之，訛而正之，寐之，徯如上帝，何不左之？睎而散而正之，睹而閉如上帝，何不左之？裒而寁而正之，底而皋如上帝，何若所謂正者底著滯淫矣？卽如兩河之選，卒亦附檜，其於是非邪正何如也？而方其隸于牛也，則黃河京東西皆能力犇，有大功，夫固惟其庸之也。而選也，誕實庸之矣。於是僑黃顧誕胡然而笑曰：我所謂牛者，皋也。而俗適詬道士爲牛，奈何？第有左也，風之有正也。庸之，誕之，趯也。選之，應也。徒之，順也。帝之，命也。事需濟也，權取巽也，是故一握之號，鬼神楮也。首事倡義，笑喪勞也。及其成功，髡乃昭也。新市、平林，眞人嚆也。可以喻大，此言宵也。況乎知興于廢，道士惠也。于是僑黃又顧誕胡然而笑曰：唐鄉未下，眞人無馬牛代騎也。欷欷！咄咄！投筆而立。印碑，帝觀之中興也，而何其言之于選？于誕也枝于元也？斥斥者惜也，枝其時也，惜則遺山，以彼其才，而囿于完顏，邦之人又囿于完顏之元，挾其蓺，以爲九原人文重。嗚呼，蒼天！嗚呼，蒼天！時則甲申以來凡百三十又二甲子矣。　僑黃眞山記。

莊邪？譃邪？解者若邪？無貳爾心，於穆諾邪？

卷二十六　疏引

老僧衣社疏七月十一日。

强人布施，老慳怒焉。供養非人，〔一〕造業斯重。我今發心，非塔非刹，亦非金箔，〔二〕貼泥瞿曇。我見爰有老僧，百卅七歲。正德改元，丙寅以降。矍鑠輕利，〔三〕耆上耋下，絕不圪喃，佛法僧話。我見問道，笑握老拳，說是甚麽，「一切不知，白日吃飯，黑夜睡覺，天不教死，惹人多羅。」葛衫曳靸，不結韈子，足手尉潤，又不凍黎。諸養生具，道無所需，一絲一錢，從來不愛。中欲有展，忽復失之。乃令廣海，告老僧言：「老僧之葛，不能遇秋。適此居士，願製壞色，裹老僧體，實報佛恩。」老僧點頭，亦不煩惱：「他要這等，將來我穿。不是老僧，貪他挂搭。他亦不須，當作功德。」廣海致辭，居士俯首。試問人見，百歲人未？或有見者，我輩實無。得見老僧，眞未曾有。衣值甚麽，因緣非常。私衣老僧，與慳恪等。令我同人，得見老僧，而不歡喜，衣老僧者，便當罵我，永爲外道。丐我蓮盟，〔四〕作如是言。信佛法者，是爲好僧；疑佛法者，且爲敬老。總勝妄費，

〔一〕「供」，丁本作「洪」，據張本改。
〔二〕「箔」，傅山全書初版本據霜本作「薄」，據文意改。
〔三〕「矍」，傅山全書初版本據霜本作「瞿」，據文意改。
〔四〕「蓮」，丁本作「連」，據他本改。

打辨妖精。妖精采衣，還來我殺。〔一〕

壬午夏四月，離先兄變，山不能卽死，日夜共老母哭泣。老母慰山，山慰老母，隨復涕出，不能仰視。自此不敢出門，直怕見人家有兄弟偕行者。

至六月十五日，賈漢臣來云：「晉長史范極慕兄，令弟致意。看兄在，卽來拜兄，且要兄飲酒作詩。弟專先范公來。」嗚呼！是何言哉！此時而不以古仁人友弟之事，如謝宏微、何點眞篤天性見語，乃欲令弟不服衰絰，見長史飲酒作詩，如快樂人行事。是漢臣以長史愛我則可，謂以我愛我則不可。然離此變而不能不飲酒者，嵇康、阮籍可也。蓋嵇、阮性本能飲，而天性篤厚，其飲皆哭也。非嵇、阮而平日之飲，非豪也。是幾升酒之數厄，適爲穢腸所盡。若值此慘而其飲，正非哭也，乃自樂耳，蓋樂其兄弟之死也矣。然嵇、阮實不曾有此事，想當然耳。

夫酒尚無論飲之佳否，但是有肚有腸子人，酒無足、翼，不能飛去，設爲所得，任其饕餮，而竊高陽之名，欺人曰：「我酒狂。」若令伯倫家荷鍤見之，必以鍤亂拍其頭矣。若夫詩是何事，詩人是何如人，何談之容易也，何欲執而見之容易也。我知嵇、阮性情而不能飲，然不敢曰「我能飲」也。況此時可以不須强飲也。詩則性情之音。平日有詩，此時亦有詩，我亦不敢曰「此時無詩情」也，蓋我以其詩代嵇、阮之酒者也。要之，非此中人不與言。無論此時不與言，卽平時亦不與言。而漢臣欲吾見范之意實殷，似謂范顧饒足榮遇我者。我不敢當，直有逃去一著。遂偕居實、起八、公則遄逃至黄玉書房。書房在城之東北隅李氏園。黄玉治飯飯我，

〔一〕末四句，丁本在小注中，據他本改。張乙、丙、丁本均被墨筆勾去，並旁批：「一稿無此四句。」「來」，丁本作「爲」，據他本改。

和淚致飽。大家戲謂：「今日之集，可謂殺角。」蓋以黃玉房選城宦如奕棋之局也。抵暮，獨步歸行。復月上，立海子隄四顧，夜色淒楚。忽念去年春，離天行幾死，賴仁兄左右調護，得復苟延。弟病起，而兄病，以憂瘁漸深矣。正於此日治具裝㯳子中，出西郭河厓，酌酒屬弟曰：「深幸爾病起，有今日，故我扶病爲此」云云。言猶在耳，人安在哉？酸然者久之。

明日，聞說水雲溝茶庵有老僧，年百三十有餘歲矣，〔一〕奇之，即冒暑過庵見僧。僧光頭，披葛衣，曳僧鞵，不韈，舉手作揖，不似常奴才禿漢。坐久，不作語。山問：「和尚大壽，得何道理？」老和尚笑說：「有甚道理，白日也隨人喫飯，黑夜好睡覺，他不死，眞沒法。」問姓名，云：「也沒名，也沒姓。」問識字，云：「從來不做他。」語次，問生歷。頗頗說是陝西延安府人，生正德元年。嘉靖入繼大統，應募充直衛軍。性好騎好馬殺賊，以斬級官累至參將。得罪一个楊兵備，陷以法，幾死，得脫。自念於君無負，思報我親。適母沒，負土作墳，廬墓終服，遂出家。無子，家貲付一姪兒，〔二〕時年四十五，正嘉靖二十九年也。既出家，雄心不得死。後來偏關萬軍門征高麗，尚光頭戴大帽，騎馬腰刀從軍。道高麗事極詳。說邊塞安亂情形，〔三〕輒感歎不置。又說多在遼東。因問：「老和尚好談邊事，又在遼東時多，熊廷弼經略遼東時，和尚在彼否？」和尚忽高聲說：「好个熊經略！」隨即叩頭下，〔四〕半日不作聲。起視之，

〔一〕自上段「爲此云云」至此段「年百三十」，丁本脫，據王本補。
〔二〕「貲」，丁本作「資」，據拾遺、劉本改。
〔三〕「說」字上，各本有一「往」字，拾遺本被硃筆删去，此亦從删。
〔四〕「叩頭下」，拾遺本作「卬頭不下」，劉、王本作「卬頭下」。

和尚淚下如雨，不禁葛衫襟泫然濕矣。問：「老和尚何爲哭熊經略？」即收淚小笑說：「殺他時，我適在京市見之，故哭。」問：「老和尚不能斷恩愛耶？」又小笑：「好容易底斷恩愛也！好容易底斷恩愛也！」日下，將下門，遂别去。

過六七日，又同居實、起八、伯彭、垂雲、讓升過庵謁老和尚。茶頭云：「出去了。」尋至庵北百餘步，老和尚依槐樹下，坐一石頭，見出袖中巾取物與一乞士。近看之，則鍋底焦飯也。云：「是我喫底鍋巴，分一半與貧子喫。」匆匆未及語，别去。

又過幾日，至七月初三日，約居實、起八至庵辦齋，供養老和尚。老和尚語次道，到山西四度。隆慶元年，在介休遇虜患，曾與一十三歲孩子共隱身糜穰中。萬曆九年，再一過此。直至崇禎九年，復到介休，見前共避糜穰中十三歲孩，鬚髮盡白，算來七十六七歲矣。彼初不相識，曾一問：「可憶朵韃子時，同在糜穰中戰栗，怕韃子搜著乎？」其人記憶愕然，即垂淚下拜，問：「老師傅還在？老師傅還在？」隨屬他不要饒舌，去。令又來此，正四度耳。我聞此語，知其爲難苦備嘗、忠孝不死之人也，並有詩以紀其事。〔二〕

五惜社疏

天龍精廬，舊鳴鈴槌，生香修誦，荷葉根通，芳草經行，蓮華梵種。細磬朝沈，覺行雲於宿岫；華鍾夕曳，息歸鳥於棲柯。亦云莊嚴淨刹，幽潔金宫者矣。

〔二〕自「今又來此」之「此」，至文末，丁本無，據王本補。王晉榮案：「劉刻本中間、結尾兩有缺句。此從書客鈔頁補足，或後人以不全爲憾，如汪鈍翁私造典故，亦未可知。晉榮記。」

今茲鈴鍚消音，鈸鉼歇偈。鐙灺瑠璃，荒殿信星榆流歷；煙餘瑪瑙，空庭遲月桂淹澄。瓔珞空青，尚存妙法；戶牖積翠，有傷深情。笻節一攜，蒲團五惜。業當綺語，緣聽韻心，如是我觀；巒回麓抱，松青栝白，〔二〕得未曾有。虛濤注壑，幽籟吟天。逭暑龍炎，安居蛟室。至於寒晨使氣，肅月淩雲，冷眼靜參，道心加勁。人無陶景，風弔子期。幾等惡梼，亂蘇叢檯，童于浸假，章復何年？豈若細蔓蘼英，可待春吹野火？我作是言，惜乎？不也。

又復松杪，壁嵌佛樓，巀嵲風扶，峆岈石迸。榥榱星日，闌檻煙霧。遊客目決，高鳥翼罷。白豪紺螺，化城寶所。皆連崖鏤相，鑿雲放光。碣記開皇，宮傳北齊。〔三〕自妙非仁羿，安經勝境？情留昭琴，未忘成虧。丹霞錦裂，紫楯離巖；青雪雹貫，碧瓦落嶂。夢上樓臺，而夢既還矣，何一魂之留甍雕疏綺；現觀奇搆，而現其壞焉，須普天之盡木心石腸。我作是言，惜乎？不也。

又復閣左，黝然一泓，黯黮雲香，迷離雨色。靈深溧洌，人近鬖髿。敬歃一杯，恍通宿命。鮮肥蠙之爍石，有神龍焉抱珠。記法無人，聽經莫迪。那伽心遠，雷電從征。巖焦孰沃，菩提華樹皆枯；澤竭誰憐，甘露楊枝漫灑。我作是言，惜乎？不也。

又復閣西小碣，磨巖含中。銘奧欲漢，隸法眞唐。微黚星晨，長波瀾衍。急挑鷹擊，緩按鸞游。孟英聖教，方此神皋；太子孝經，擬茲骨滅。遠懷彌勒同龕，高氏殘碑，釵痕無恙；近睹叔虞傍水，昭陵一記，龍蹟稱雄。斯爲片石寒山，況不驢鳴狗吠。良宜一廣，護見千年。不然，翹起受風鷰尾，雙鉤僅存；輕抑浸蝕鼊頭，一絲殆盡。我作是言，惜乎？不也。

〔二〕「松青」，丁本作「青松」，據他本改。
〔三〕「北齊」，他本均作「齊北」。

招提石砌，又復有華。薔薇叢條，芍藥本木；春深露性，艷組消情。光惠頳楣，紫成金界；彩分紺殿，赤擬珠林。玻瓈精臺，映不空之寶樹；珊瑚妙蓋，繞勝苑之珍葩。有權有實，參同皆可蓮華；胡謝胡開，平等莫非優鉢。天女拈而倩笑，瞿叟受其色香。白胥抱蕊，阿鷴憐麗質幽閑；黄鳥嚶枝，舍利憫花心慘淡。竹報平安，昔日阿蘭曾爲佛事，花封瓦礫，今誰勤息一埽春堦。我作是言，惜乎？不也。

凡此情緣，總由愛欲。卽以佛言，愛欲斷者，如四肢斷，無所用之。未知參佛精義，且作修山注疏。有發情緣，無論近遠。年期五歷，因五惜而爲名；人月一錢，以一星之易辦。静板齋鐘，略共堂衆；粗茶薄粥，亦及方游。要使晨昏梵放，白雲深處不無看松老僧；樵采工閒，紅藥欄前亦有澆華侍者。庶幾懸甕之西，靈鷲開青，重補酈生短注；會有逃塵之侶，庵羅業白，徐修遠公勝緣。若云此亦牽纏，且道魚鳥依依，孰如火宅；漫詫終非我有，從來馬牛堨堨，誰是家珍？必使境界墟蕪，是爲眞空；不見華嚴鋪陳，亦自受用。自非大士，難語俗人。緗嵐紺池，樹下班荆未云寂寂；幽期深院，花邊不借行許遲遲。緇徒息意，任選團標；墨客會心，豈廢吟嘯？若妄言功德，欲以福利誘人；卽點污山靈，遂使泥犂報我。一社遐心，永矢紫岫；十方韻佛，式臨緑蘿。

紅土溝道場閲藏修閣疏

既云「四十九年不曾道著一字」，卻又説甚麽「你若能看，牛皮也穿」。古宿發此多羅願力，可是要諸禪和子穿牛皮也麽？笑殺个僑黄老子！何笑？正笑漆園自云「其於宗也，稠直上遂」，卻復稱「惠施多方，其書五車」，當以惠子爲質，謂可用爲郢人堊鼻之匠之斤。故吾讀莊子之「稠」，不作「稠徑」之「稠」。稠云也者，多也。也須向四十九年道不著處試爲尋繹。〔一〕道著是甚？不著處是甚？不著處且撥過，道著之聞聞見見也，煞宏大而闢，深閎而肆，或有向也未見底。我又多羅轉一話頭：好手不中的，也須有个的在，不中之好手才見。若沒个的，向空亂射，則人皆羿耶？賈堅好手，正有以一射在擦脊歸腹，乃得賣弄也。僑黃老子又復大笑。何笑？自笑其古羅與古宿。

恭喜只椿大事，不是當下超悟，成佛作祖，是請諸比邱看海藏底因緣已了。若以語言文字與四禪較量，則輕重不等，若以信口驢唇馬舌與大乘金經字字稱盤，則福罪殊懸。且就看藏一節說起，卽翻閱時，未必心能破經，經翻錮心。如若不解了義，謗經無二，閱底人不問，請閱底人不問。閱底淨地，是古城舊刹，內有窣堵。如今月心禪師，請諸比邱閱藏已完，人以地重，佛法善權，便復發心，重修後殿。諸居士賀其已成，勸其未就，是在比邱自己擔當，不把金銀放在眼裏，不愁後殿不完。佛法不誑，各說各端，不掉書袋，而謟比邱。〔二〕

大王廟募緣引〔三〕

菩薩謝姓，行居其季。神以忠證，嗔莫之制。唯龍觀之變化，遂眞性之是寄。千里一曲，能使之逆流；萬里分源，仍導其澎濞。故棟樑者畏其威，經營者懷其惠。無小無大，徵賤徵貴。〔四〕山國

〔一〕「道」字上，各本有「當」字，拾遺本被硃筆刪去，今從刪。

〔二〕自「恭喜只椿大事」起至此，據拾遺本補，他本無。拾遺本在天龍山布施功德募引後，今審文意，移至此。

〔三〕此篇據山西博物院藏手稿整理，由曹玉琪重校。霜紅龕集拾遺、劉、丁、王本收錄。

〔四〕兩「徵」字，傅山全書初版本誤作「微」，據手稿改。

周圜，海王不費。太陰之候，誰能占驗？甲子之考，人皆不計。纖嗇食力，雍容有自。神見之喜，利獲萬倍。廟貌莊嚴，尚有未備。令諸居士，發心共濟。願風波之間，艘舵平穩；贏餘之轉，攎載莫滯。卽三靈之同心，可以附于從祀；再道藏之修束，開瑯函七笈之聰慧。如此勝緣，誰不希覬？莫以三五，而生怔退，能解此願，福當萬億。椽棧磚瓦，木植鱗次；金銀銅鐵，堅固營衞。諸凡功德，可以眼睇。非若詆欺之頭陀，施寶藏于無地也。

崛圍古蘭募引

黛發河卣，松香春雨；紅留灌薄，葉醉秋霜。是爲晉景崛圍紅葉者矣。古蘭就圮，雲客不來。緇侶同心，伽藍式許。尺楹片棧，都是祇慈；一粒半圓，莫非給意。石舫寒濤，艤而待憩；茶鐺煮雪，來者同參。

石黃冠眞山題。〔一〕

喜宗智寫經

諸居士持此册來云：「崇善佛子宗智要寫金剛般若。」善哉！善哉！是經所謂「一念淨信道，人卽承善根」。爲書一通。

是書也，不敢犿活一畫，寧鈍無利，〔二〕寧拙無巧，寧樸無嫵，如老實漢走路，步步踏實，不左

〔一〕落款據拾遺本補。
〔二〕「鈍」，丁本作「純」，據他本改。

右顧，不跳躍趍。以宗智年少，須慮輕佻走滚。即大利根，亦切莫恃，直以鈍根自處，勤謹精進。長持此經，六祖直指見性也。且莫要狂說亂道，仍以沙彌自礪，久久豁然。驀忽祟善酒肉林中，聳出一少年龍象，驚天動地，仍屬宗智。滅度衆生，實無衆生得滅度者。一切寺中嗵飯嚷酒材料，齊作蓮花九品。

西村三官募緣

西村濱河，多鳩那羅。耕乂其畕，刈乂其禾。隣鉄在谷，誰扣其窠？竊人人怕，竊神奈何？神如三官，亦云赫矣。有廟一區，漸次噬窒。而牆而門，瓴磚惟以。爰及於殿，檐楹宋梠。今日一檽，明日一扂。華樀彫砌，公然其宇。欺神滅像，神徑不理。僅存漏棚，飄搖風雨。幸其一倒，亂攫而已。山也念之，迻像西寺。拆摭餘材，有待將來。有心無力，顧瞻徘徊。爰及戒僧，海山實偕。代山持疏，薄募法財。財不敢貪，計工所該。小閣三楹，先基其臺。惟極不堯，惟洞豈侅。渾堅樸素，惟神保固。山負苦業，不過旦暮。遙遙樂成，後人之務。即經始功，亦未必赴。始願不終，溘焉有負。惟海山者，足以託付。賢善士夫，惟其所助。一錢不薄，萬錢不庶。功德常言，不敢瀆布。了山之願，實荷滅度。

劣和尚募疏〔一〕

劣和尚荷一募疏，動以福利功德，勸人建蘭修剎，眞癡。人亦信其福利功德之果，而損厥橐，使建蘭修剎，冀徼望外，愈癡。貧道以爲：福利之說可以動貪妄俗漢，不足動風韻君子。且如天龍佳山林，危閣寶宇，鑿翠立神。俗漢見之，尚當爲作者悔耗囊篋，不治田舍矣。韻士見之，魂夢不去，豈復欲尋福利於其中也？亦其區宇滄洲之興尔尔。其住持惜其叢圮，謀所以葺塹之，而難其人。貧道告之：「莫難，吾爲爾謀。爾但尋窮韻士，〔二〕莫告富俗漢。韻士窮而快，俗物富而悋。但尋眞謝靈運，莫求假孟顗。顗，呆物也，癡想作佛，而根鈍無趣如死人。靈運眞有作佛根器，而又愛山水，不惜阿堵也。」

和尚曰：「道士謂誰爲韻士？」道士曰：「有，有。我有所知。邑孝廉鳳石君，卽窮而韻者也。再因其韻而轉問之，自有千百億萬韻士化身，來應我鳳石君也。吾所急者，大悲一閣，楹杗于基，基頹於沙霤，不先措之安，恐不復當陰雨矣。吾爲鳳石君言之，鳳石君頷之矣。爲貞陽君言之，貞陽喜之矣。〔三〕然二君之力，皆不能如謝靈運之贍於資財。〔四〕何也？二君皆貧也。」和尚聞其貧，卽有難色。道士拍掌曰：「莫愁，惟二君貧，我始言之；若二君富，我安能言之

〔一〕此篇據山東蓬萊慕湘藏書樓藏手稿釋文，由楊愛娟整理。傅山全書初版本與霜紅龕集劉、丁、王本收録。
〔二〕「但」，霜紅龕集各本作「且」。
〔三〕「貞陽」下，霜紅龕集各本尚有一「君」字。
〔四〕自「如謝靈運」至「韻二君之所韻，由十而百」，手稿缺，據霜紅龕集各本補。

而令從之？吾固已言之矣，韻士窮而快，快則不顧飢寒，不計因果，興之所至，不遺餘力應和尚矣。然後韻二君之所韻，由十而百，由百而千，不難以千百窮靈運，合而成一眞富靈運也。和尚切莫再說一套建蘭修刹有功德福利話頭，〔一〕惹二君厭聽也。和尚亦莫自作福利功德觀。只待和尚先墊巖閣，次葺廊廡。功畢，卽次第舉動十方堂，供養諸佛菩薩，以報佛恩，然後可稱和尚佛事。開皇碑石本劣，〔二〕文亦未足觀，然舊矣，斷不可等閑置之。卽覓一佳石過之，以存其蹟。景龍隸碑，嵌閣西巖，書法精工，人罕知之。貧道愛其爲唐隸典型，幸不全蝕風雨，尚半截可讀可摸，苫之以尺許之厂，皆韻功也。貧道亦再無甚饒舌矣。」〔三〕

石道人眞山書。〔四〕

募智慧緣

募智慧人雪峯比邱，來謂道人：「發願修造多羅寶藏。」道人頷之：是慧根種。以何義故，是慧根種？且問今茲，名出家者：因字有句，爲復何句？因句有義，爲復何義？因義得了，爲復何了？不了形身，不了文身，長短高下，爲形身不？和合作語，是文身不？斯猶不了，而況一偈，乃至十偈、百千萬偈。令經律論，成大海藏。方圓去我，望洋而歎。如此幾時，得到彼岸？桐實生桐，桂種生桂，薰無蕕花，蕕豈芳草！以之喻法，而亦猶是。愚非智根，慧是淨種。因此智

〔一〕「福」，霜紅龕集各本無。
〔二〕「本」，丁本作「求」，手稿與他本均作「本」。
〔三〕「再」，丁本脫。
〔四〕落款六字，霜紅龕集各本無。

慧，得大解脱。若捨文字，無復了義。如此功德，當共諸人。貪非己有，施始屬我。或以一函，或十百函，或多或少，隨緣得果。雪公所募，非紙非墨。居士所施，是白是黑。黑白之業，非紙非墨。紙墨中間，有智慧在。修慧根者，共此因緣。

雪公造藏因書實語以勸以戒〔一〕

我作是語，讚歎雪公，謂道人憸，謂道人貪，謂道人嗔，謂道人癡，謂道人嬾，謂道人魔。黑學道士，聞增疑怖：爲復讚歎，〔二〕爲是謗毁？以妙明論，法尚應舍，今迺愛惜，一字一句，不欲損棄，是非憸耶？無我無人，佛亦不著，修多羅藏，收拾故紙，若失寶珠，是非貪耶？見諸一切，著袈裟者，不勤精進，而生悲怒，猛造經律，是非嗔耶？因戒得定，因定生慧，謂離文字，必無慧根，誓修多聞，是非癡耶？修正覺者，當下須了，造經律論，不日不月，期于畢命，是非嬾耶？作是語已，黑學謂言，諸可倒豎，謂魔事者，不止于疑，生大怖畏。魔事佛是，佛事魔非，舍魔事者，佛奚如如？雪公解此，許汝造藏，若不具信，仍波旬業。眞山。〔三〕

〔一〕此篇據濳蘇集帖整理，霜紅龕集張、劉、丁、王本收錄。「公」，霜紅龕集各本作「峯」。下同。
〔二〕「爲」，霜紅龕集作「謂」。
〔三〕「眞山」二字，霜紅龕集各本無。

藥嶺寧寧緣〔一〕

窈窕哉藥嶺，可作石艾秋紅一嶝也。往卅年前，卽欲爲息心之士謀誅茅焉。審曲面勢，化多可造，神少所營。一邱曲折，緩徑躋攀。塞者菑之，陋者文之，鏖糟者删之，溝者橋之，翳者刊之，刊而得坪者亭之，不彀亭者削而欄之，散石巇岵嶵嶷能者采之，于亭于欄，不衫不履，性而夷俟之。梵中大石，孤聳一樓，樓中單肖瞿曇一尊，爲幽人不二主人。樓旁梵外，選境摶標，草苫石牆，雜植山櫻、紫荆、杜梨、野薔蘼，籬之落之。有色有香，有傷而夔防。一鉼一盋，當有入而不出者耶？且道西方如來勝地，曰苑曰園，奚取于斯名？行僧文蔚，願力開山。貧道以此意喻之。若云莊嚴不是風韻，風韻不是莊嚴，都無是處。不爾，請賫此意向八達之衢養閒漢處，何物正殿，何物廊房，左海會，右閻王地面，誘怵人作人天福德，儘有鋪排，何必仳仳藥嶺之勞爲？

老實因緣東十方院募緣疏。

一切功德，譬如種果。有諸根本，方花方實。下此種子，乃得成就。以三乘論，自有差別。講不如律，律不如宗。以末法言，持誦第一。宗不可知，拳喝無憑。律徒威儀，方寸破戒。講亦葛藤，說他人語。有大總持，只是諷經。念滿萬偏，希求如意。老實福德，不可思議。我今發心，化諸檀

〔一〕各本注：「俗語謂最少爲一寧寧。」案：此篇前，原有草草付與恭喜二篇，據晉祠博物館藏手稿，爲傅眉作。今移至附錄傅眉集中。

那，誦五大部，是佛心印。不學諸人，作欺人業。聞鐘發醉，聞磬發醒。日日見功，無瞞人事。諸佛菩薩，及諸天衆，監臨此誠，擁護道場，保此修福，諸善男子，同發妙因，證無生忍。〔二〕六持居士山。〔三〕

天龍山布施功德募引

布施功德，而有二種：一者法施，二者財施。法施得慧，財施得福。慧具勝見，福得受用。等無有二，是在施者。我今募緣，二者並須。法者高妙，受此者少；財施實落，得力者多。少難多易，一倍萬倍。爲佛莊嚴，紺殿琉璃。金欄寶楯，及蓮花座，以至錦幢，綉幡香蓋。現在檀那，葡萄朶眼，並無瞞藏，欺諢十方。募者發願，施者求願。求者發願，如來即許；發者求願，注眼不動。二者合併，始我圓滿。誰得此福？施者得之。誰積此德？施者積之。佛地安在？在天龍山。修福德者，修此佛地。如來報感，如鼓有桴。利益慈護，不忘衆生。比邱口裏，總說不了。南無韋馱，三洲儼臨。

〔二〕「因，證」，丁本作「證，因」，據他本改。
〔三〕落款據拾遺本補。

過海篇〔一〕

伊誰發心，供看經者？如何又令，僧徒營爲？尋人之心，而噱發之。用助圓滿，道場備物。善巧方便，難哉致詞。有一譬喻，爲代厥言。譬如一起，大老財主，載諸財寶，而過大海，招其家長，與之約契：「我等出錢，包此一船，威儀自在，占其中艙，不許搭人，攙混我等。」家長唯唯，請上其跳。既上跳已，家長思惟，船錢不彀。乃告財主，〔三〕令其增添。財主不肯，云：「已言定，如何羅莎？」家長緩頰，告財主言：「不如容我，招搭幾人，亦不敢令，侵占艙中，船頭船尾，令其擠雜。財主之所，威儀自在，初不損減，而其功德，愈益增加，到岸自知。」財主許可。家長招招，人來搭船。見其艙中，有人占坐：「我不肯坐，人之賸船。」家長復言：「中艙雖占，船錢亦多；衆搭之者，船錢絕少。我復不肯，令諸搭人，逼拶不隱。各大利益，到岸自知。」搭者唯唯，上船坐已，順風篷舵，而到岸邊。搬載且畢，財主問言：「有何功德，到岸可知？」家長白言：「財主出錢，顧我此船，此船非我，便屬財主。容此衆人，攜帶過險，自利利他，不加出財，與出財勝。所以我說，功德增加。」財主歡喜，作禮而去。搭人又問：「家長云何，各大利益？今已到岸，可令我知。」家長白言：「請問諸人，中艙之者，過海也未？」搭云：「過也。」「請問搭人，于今尚在，郍邊岸上，不曾過邪？」諸搭人云：「我今見在，者邊岸已，云何翻問，過也不過？」家長笑言：

〔一〕此篇錄自一九三六年山西書局排印本金剛經評注附錄。標題爲編者所加。臺灣山西文獻社一九八七年影印本書名爲阿難吟並署手稿收藏者爲趙正楷先生。

〔三〕「乃」，傅山全書初版本誤作「及」，據臺灣山西文獻社影印本改。

「卻作麽生，坐中艙者，多出錢財，乃能過海；諸搭之者，錢財少少，而能過海，與諸財主，過海利益，等無有二，用少功多，思惟是否？」搭人歡喜，作禮而去。說是喻已，有癡士言：者僧善巧，陸地行舟，長年三老。復有癡士，斷章涴花，而爲偈子：「捩舵開頭如有神，白晝攤錢高浪中。」如是如是。

西河閒人溝創建脩眞小靖之緣〔一〕

西河二難，畸篤自天。窮理盡性，恍惚振振。三年喪畢，卽謀歸眞。一雙孤鴈，熱靖重因。岐伯臾區，素問盧都。雞癰豕零，聊靖諸壺。壺合諸毒，籍甚淳于。爲人者多，自爲者疎。西河之幽，閒人古溝。紫土清溪，無閒者謀。地既不爭，蝸廬無尤。老氏有言，罪免得求。穴而復之，永靖于陶。又虞放逸，無鳥斯號。猶之怠荒，日月其蕣。念茲奥皋，絕利徒勞。寐寤揭揭，不如象設。諷誦三洞，有儼對越。閒溝之鞠，乾巽有截。亥巳契龜，刀圭内協。爰念鳩僝，黄白爐寒。有好道者，卽其外丹。壘土爲臺，于易圖難。敢覬輕諾，睕睔槖看。郄超于頔，慫恿逸德。慫恿入道，豈買山娩？見見聞聞，薪火不息。一錢一粒，十仞繊級。靖成孔藏，若水無方。同築此基，仔肩用强。佛茲堅茲，輪席津粱。豈得妄誚，開眼溺牀？下士笑之，噂喈噪之。不笑非道，笑笑笑之。脩茲應廣，竅之妙之。西河勝載，道岸暴之。　龍池下士眞山書。

〔一〕此篇據晉祠博物館藏手稿整理，由任志祿釋文。

血寫法華經題贊〔一〕

本然戒士，信筆信口，拙嘴鈍舌，若得論青蓮香時，還爲我說汝言不睢也。書以眞泠。道士來說，令我贊歡，血寫法華，甚爲希有。我今問汝，而此身血，爲復自父，爲自母本。知血所自，得清淨身。當其刺時，我痛可忍，父母之痛，痛過於我。父母痛時，汝知覺否？若無所覺，空出身血。血原染物，書經則淨。離染成淨，是在釋子。只贊汝成，不許汝宗；只愛汝行，不爲汝名。旦下此經，華自血生。　七十六濁翁山。

〔一〕　此篇據中國歷史博物館藏手稿釋文，標題爲整理者所加。傅山全書初版本未收。

卷二十七　書札（一）

與戴楓仲

兄古文辭，可謂「風期日上」矣。救病不必輒子書，但細細領會漢書一部整俊處，一切冗沓之瘕，不覺盡消。此非弟無見之言，實所經繇，兄久之自知。如外戚一傳，尤瑣碎俏麗，不可再得。如此一種，切無輕過也。子書不無奇鶩可喜，但五六種以上，徑欲重復明志、見道、取節而已。兄所留心者，莫過紀傳之事爲急，故言兄專專於史、漢中求之。卽史、漢兩書，千百年來，效之者不知凡幾百十家矣，而究之，皆鈔謄伎倆，其中變化之妙，全不曾有脫胎換骨手段。王荆公一見表忠觀碑，卽云似史記諸侯年表，此亦江珧荔枝之喻，若與呆人辨之，徑不知何處相似也。精熟之藝，日新日奇。良工心苦，斲輪之人自解。至於操縱如意，則西方楞嚴，東土南華，須滔滔上口者。請吾兄卽構此二種，焚香細讀，日十許行，亦不必多，多無益也。久之，此二種又復可置。淨名、楞伽，損之又損，是老來歸宿，卻又躐等不得。

老眼麻花，久不作畫，忽然手滑，馬捉老鼠，草學營丘、元暉、請菴，以至唐突宣廟數幅。急中會有彥雪新送洋中眼鏡，帶之從事，不覺尚成模樣也。他人肉眼莫測，吾兄慧珠，一見自能辨之耶。學營丘杏花，以燕脂媆暈，恐不禁刷。楊管巧手，尚須輕便加之意也。不知幾時尚當來省，略敍文事。不則弟能勉鬮，或趨丹楓閣下，未可知也。若病不減，便又縮步耳。

詩歸再鈔，〔一〕便非于唐詩起見，似于選詩歸者起見矣。不必諛，不必梗，商量發揮，出手眼上之手眼，乃不罔此一番心力。若爾，公之辨，單是尋着與人作駁耳。若不自已從他論注上開生面，又何必鈔？但此書行之既久，海内耳食衆矣，妄有譏評，爲鍾、譚不得，爲不鍾、譚不得，慎之哉！慎之哉！〔二〕眞正个中人，慧眼平心，可與何、李、王、李、鍾、譚共坐一堂之上，公公當當，做一樹義調御師，令各家伎倆一齊放下乃得。不然，任他辨才，總是偏見。作者有心，看者有心；作者有時，看者有時。變何易盡！論何勝縢！

元仲以貧不能出門，〔三〕遂遲遲至今始得來省。欲至昭餘乞米，所望不奢，三頭兩石卽足。恐其往返費事，專令其甥往募。想此檀那，亦不至蹙眉也。且留元仲在紅土溝刻一小碣散悶，甥來卽返。十月内定來，在松僑成此韻事矣。　山再頓首。〔四〕

麟郎嘉禮，〔五〕久擬薄賀展忱。備一粗紬，專走一力恭奉。弟于月初中外邪，睡五六日，汗而後起，今始能健步如常，遂致過期，失儀良甚。寓中又無可使，謹付來伻代賚。極知菲薄，聊爲尊兄賞媒婆一具耳。不遣人而冒付盛使，眞正草野粗疎。總之恃知，徑以兄使爲我使，或當相亮邪！

〔一〕此札據上海圖書館藏手稿釋文。傅山全書初版本與霜紅龕集拾遺、劉、丁、王本收錄。
〔二〕傅山全書初版本與霜紅龕集各本脱「慎之哉」三字。
〔三〕此札據上海圖書館藏手稿釋文。傅山全書初版本與霜紅龕集拾遺、劉、丁、王本收錄。
〔四〕手稿與傅山書法墨拓落款作「弟山再頓」。他本均作「弟山再頓首」。
〔五〕此札據上海圖書館藏手稿釋文。傅山全書初版本與霜紅龕集拾遺、劉、丁、王本收錄。

眞切，眞切。弟山頓首。〔二〕

東南及中州云云，〔三〕兄安所聞之乎？弟豪無所聞也。星變幾一月矣，此當不虛，但不知主何吉凶耳。李方容再報，還得細示所服藥是何藥物，服過幾劑了，又問近日之証何如，然後好復命也。

弟山頓首。〔三〕

仁兄亮我否？〔四〕豈有當此凋敝之世，而動以不情，干我親知？弟豈非人，弟豈非人？〔五〕凡舍弟指責于弟者，皆不敢逆意規之。此豈愛弟之道？實避眼下怨忿耳。故有無窮忠告，皆箝口不敢少攖，只得如其所屬而爲之。不謂仁兄輒爾展轉俯就，雲誼自不可言喻，而奈此顏甲不堪内對何！每讀五行傳：「聽之不從，是謂不謀，厥咎恆寒，厥極貧。」家弟當之矣。老兄無黄白仙術，不知當如何爲忠謀也。宣鑪看住一个，價只三兩，亦頗廉矣。到手卽寄記室，以其主人有事，未得打發耳。草復。楓老仁兄。弟山頓首。〔六〕

〔二〕末八字，霜紅龕集各本作「右玄十哥適到」云云，實誤。據手稿，「右玄十哥」等句，在另一書札中。
〔三〕此札據上海圖書館藏手稿釋文。傅山全書初版本與霜紅龕集拾遺、劉、丁、王本收錄。
〔三〕落款四字，傅山全書初版本與霜紅龕集各本無。
〔四〕此札據蘇州博物館藏手稿整理，傅山全書初版本與霜紅龕集拾遺、劉、丁、王本收錄。
〔五〕霜紅龕集各本脱「弟豈非人」四字。
〔六〕末十字，霜紅龕集各本無。

廿六日，〔二〕天生有信至，云初二日陳祺翁有賚捧之役，天生偕而之燕。廿七日午後，遣兒速往鴈門，遂不及約兄。笄來兒跨劣蹇，得五日方達，似不及見天生矣。天生行又有書，云「五月中旬候仁兄至代，盡此襟期」，會當有一往耶？兒七八日即返，再聞。戰國策原無許多批語，且看得亦大草率，不過理昔所閱者一過，無甚滋味。此書弟不甚喜讀，是以草草。价來，又一鈔謄，有草字不辨者，弟爲補書之矣。志詩須兒來時報命。薏米瓜乾情至，謝謝！詩藁亦須眉還，求陳三哥眞謄一過寄上。漢書檢得便寄來。此中一部脫數葉，欲抄補之耳。楓仁兄。弟山頓首。

程墨敍，初亦擬爲大選一鳴，再四想來，下筆便爲齟齬。畢竟方外之人，于此義徑庭之甚。門外漢妄猜妄論，不足爲大選重也。是以茹之。不然，豈難于一詅癡耶！全家律十本附還記室。此家讀法大可笑。連日火動，病甚，亦急欲造閣廬閒語，且看張髯上八洞結構，奈三兩日未能動履耳。

爲兄作畫一幅，〔二〕金箋寫詩十幅，前高麗大字四幅，粗能復約，今並付伻到記室。雲游之傳安所得？此懷時時不忘，而俗務絡繹，不得了當，即有此舉，正須深秋潦落耳。此等事，唯吾兄可與商，當別有請教。〔三〕姻事向曾瀝諸侍老，少須剅劃。〔四〕略可動轉，〔五〕不時上聞吉期矣。即煩以此意告

〔一〕此札據上海圖書館藏手稿釋文。傅山全書初版本與霜紅龕集拾遺、劉、丁、王本收錄。

〔二〕此札據上海圖書館藏手稿釋文。傅山全書初版本與霜紅龕集拾遺、劉、丁、王本收錄。

〔三〕「請」，丁本誤作「清」。

〔四〕「剅」，丁本空白，傅山全书初版本據王本誤作「籌」。

〔五〕「轉」，傅山全書初版本與劉、丁、王本均誤作「持」，拾遺本與手稿作「轉」。

之令兄姻丈可也。〔二〕弟爲太史先生畫得陽泉圖四葉，並呈請教，〔三〕看過卽付之侍老。煩便中背紙一層，隨擬覓付紙四幅，欲做成册葉四板耳。另有字詒侍老，求轉致。伻至，右玄十哥適到寓中，不及專候，囑弟致聲，不盡。　弟山頓首。〔三〕

崑崙書到。〔四〕弟以新慘，心緒不能卽定。前後所寄來唐什，當須遲數日報命也。居實大無聊，近逕身入州，階下聽比糧矣，可笑。皆二郎輸之使然，令人愛莫助之，奈何！奈何！〔五〕附聞。

朞弟山頓首。〔六〕

承命，〔七〕卽用一紅柬代上，須信旅，無僮也。愼虛詩石章，少待兒眉勒就，便復報之。三國志到。前敍蕪蕪，豈敢邀過情之旌，聊復志一時納交之雅。且道古今文章家，有如此率易之構乎？留之案頭，或小不快時，取爲噴飯之柄可也。今日明日，適有南村俗業，一兩日歸，卽復詶再敍之旨。

〔二〕「意」，霜紅龕集各本與傅山全書初版本作「言」。「兄」，丁本誤作「足」。

〔三〕「請」，丁本誤作「清」。

〔三〕「伻至」與落款四字，霜紅龕集各本與傅山全書初版本無。「右玄」至「不盡」，霜紅龕集各本與傅山全書初版本在「麟郎嘉禮」札後，實誤。

〔四〕此札據上海圖書館藏手稿釋文。傅山全書初版本與霜紅龕集拾遺、劉、丁、王本收錄。

〔五〕傅山全書初版本與霜紅龕集各本脫「奈何」二字。

〔六〕落款五字，霜紅龕集各本與傅山全書初版本無。

〔七〕此札據蘇州博物館藏手稿整理，傅山全書初版本與霜紅龕集各本收錄。

眷弟山頓首。〔一〕

汾上佳人，唯一胡三哥。其情其才，無半个人知者，弟獨爲之俯首。此非以齒牙獎進自居。緇衣之好，誰寔無之！直不耐奴俗物不安其不能知而亂噪，良可惱也。近有字詒弟，託敦中于兄，並其字聞之記室。　山又頓首。〔二〕

昨在陽城村，〔三〕見平遙宋二殷云：「虎須一年長一莖。」近打一虎，數其須，則一百三十五莖。然則此虎仙矣。然與？否與？許惠虎須一莖挑牙也。

杜詩越看越輕弄手眼不得，〔四〕不同他小集，不經多多少少人評論者。若急圖成書，恐遺後悔，慎重爲是。非顛倒數十百過不可，是以遲遲耳。曾妄以一時見解加之者，數日後又覺失言，往往如此。且從容何如？草復。　弟山頓首。〔五〕

開春，〔六〕手足齊欲廢極。〔七〕艱于步履，卻又躁不能恬。初聞丈有出門之意，今似不果。若前論尚

〔一〕落款據拾遺本補。
〔二〕末四字，劉、丁、王本無，傅山全書初版本據拾遺本作「此又頓」。
〔三〕此札據上海圖書館藏手稿釋文。霜紅龕集拾遺、劉、丁、王本與傅山全書初版本收錄。
〔四〕此札據上海圖書館藏手稿釋文。霜紅龕集拾遺、劉、丁、王本與傅山全書初版本收錄。
〔五〕落款四字，霜紅龕集劉、丁、王本無。
〔六〕此札據上海圖書館藏手稿釋文。霜紅龕集拾遺、劉、丁、王本與傅山全書初版本收錄。
〔七〕「廢」，霜紅龕集各本與傅山全書初版本誤作「疲」。

未止，弟當候杖屨，略略于山水間散悶也。附白。　山。〔一〕

特信祝穎川，此舉甚善，但稍遲，當不得于其日至矣。〔二〕潞紬一隻，豈不少薄？然我輩布衣之禮，正不必勉爲縛套取厭。穎川我輩人，正當不嗔過簡耶！〔三〕天生本約臘半過祁，至今未來，猜令弟又病發，有不能脫然出門者。伯巖册子，屬寫者三年，今附丈所，若過平干時，可致之。梟盟，弟不爲作書，丈作書時，〔四〕斥名「申穎」可耳。前字問家弟病，未及報，今已大起，在松僑淹廿日去也。附謝情至。

居實有字，〔五〕專候。近履約過僑，爲謀生之理。大都日窮一日，來書云，逕不得飽飯喫矣。附聞。　弟山頓首。

與戴楓仲書〔六〕

賤日乃復煩价敬登珍果絨紗，謹望吾兄此時尚悟此儀，在兄自厚。土木何堪，情實不安，謝豈

〔一〕末三字，霜紅龕集各本與傅山全書初版本無。
〔二〕「得」，丁本作「行」，據他本改。
〔三〕「正」，傅山全書初版本誤作「止」，據霜紅龕集改。
〔四〕「丈」，丁本誤作「文」，據他本改。
〔五〕此札據傅青主法帖整理，霜紅龕集劉、丁、王本收錄。
〔六〕此札據山西博物院藏手稿整理，由李勇釋文，曹玉琪重校。

客口。册子留神。不知幾時能復來當也。府尊畫不遠卽復。　楓老仁兄。　弟山頓首。

與戴楓仲書〔二〕

付許管銀一十六兩，求買米八兩，麥六兩，餘二兩儘買香油可也。尚須麻油百斤，價再補來。此付急急者，恐米麥價再不如這兩日耳。愚父子輩於此過日之法，眞正悶，悶是以煩紀綱瑣之也。老病不能啖麻油，是以尔尔。弟往日所看過國語、公、穀二傳，皆遺失矣，偶一臆之如夢。求兄所藏此三書便中付弟，特爲一點，不難也。唐詩彙紀鄴架可有否？若有，亦願借考數月，价還速。草草數字，特賫乃爾。　楓老仁兄。　弟山頓首。

與戴楓仲書〔三〕

郭郎以孟最老取上黨書，弟初未擬，不應，忽復多口舌，弟竟不解所由。上黨書仍復與之，以復最鳴耳。書卽致于楓兄行館，彼再來時，當親授之。若必圖晤面，且不能豫中之行，弟意亦決，但不知楊公在彼尚能留多少時日也。期當在十月中，須兄高興同往。弟盤費今已備得，禮物那須過多，除文房賞鑑之外，無可將者，兄量儲之。　弟山頓首。

〔二〕此札據鄧實珊藏手稿整理。
〔三〕此札據傅青主法帖整理，由牛樹檀先生釋文，谷錦秋重校。

與戴楓仲書〔二〕

弟病，便欲無已。老憊交至，每日早至午尚如人，午後至半夜，則忽忽不知人，如在風雨中。夢寐悠忽，不能饑，不能飽，不能坐，不能臥，不能騎生口。眼花，又如在雲霧中，勉強讀書三兩行，非半閉半啟，兩眶痛不能忍，時時要借眼鏡矣。「逸我以老」，先途只有「息我以死」四字頗覺切近。但不知死後何如。此等心曲，唯楓兄知之。然亦不可與人言，時復自笑耳。木椅遠至，容面道款，不盡。今癱下亡矣。腰膂以下痛不能伸，臥時展轉反側。公然老趣，亦不惡也。附白。弟山頓首。

謂文旌尚淹留省中，〔三〕弟遄自盂還，尚圖晤語，少暢中積。畫來，乃知兄已在祁理文房書畫事矣。公子如兄，眞成大雅，諸紈綺俗物，那許望塵也。令侄得售，亦不爲兄賀，東西不必金銀相也，相之大僉。此物不曾討得爲何代作，向見韓雨公常攜一枚，而不似此精致，時常投熱酒不方也。畫暫留僑數日，即題付楊管。蜀轄未曾升，所言皆風傳耳。董畫大好，陳梅贋也。老人病寂，時時念楓仲學識日上，讀書有得，須時惠之。弟山頓首。

弟自雁門歸矣。天生寄書一函，扇一握，付許价將上。聞祁縣米麥價頗賤于省城，欲煩兄量米

〔二〕此篇一、四、六、七、八札據上海圖書館藏手稿釋文。傅山全書初版本由吳連城先生據傅山書札墨拓整理收錄。

〔三〕此札據蘇州博物館藏手稿整理，傅山全書初版本與霜紅龕集各本收錄。

八兩、麥六兩者，爲冬春之備。阿堵便意，恐許价孤客，未逕付之。若兄果有省行時，面再商定。若且不來，即勞許价復來示信，好付與也。所顧車牛，到時付運值。楊伻將九月盡間始還，問之曹秋老客韋君也。陳祺老正自不俗，所以與天生相得之甚，非偶然也，非偶然也。菊種二種附上。

楓仁兄。　弟山頓首。

候兄久矣，弟在牧莊，亦宜有今日半日停。明早即入城，完送葬事。事畢，即移城北，尚復有三日留。不知尊寓何所，亦不能造訪。若生口便意，或能就弟一談於牧莊何如？不然少遣一夜，明早于城中會面，或亦未遲也。草復。　楓仲仁兄。　弟山頓首。

畫題過，明早送至。轉事已圖之矣，不勞懸也。扇仍付康价。山弟。印章向藥局中用之。

太史先生此番節目不小，吾兄千萬一往見。弟即道及，且留弟，令待兄至同集。弟將兄命，云寒疾稍可後當即來云云。康管回，專致此意。用過盤費，如數補還。康管面陳也。　弟山頓首。

前字到，會有便，即力疾一往。不知其所誣爲何事。當事問之，即以不知對。及問之當事，亦不曾與知，而但細道吾兄生平問學自修之履。既承慨諾，以文聲氣爲誼，即經其手，不論何事，力任排解矣。晤時奉告。局又如此，似多此一見，然或終有用之。似當于此後，以文爲贄而納交矣。〔二〕　弟山頓首。

綾條至，尚無便意。墨磨就，當一塞責。手不利便，日拙一日，恐徒弄壞綾，不堪見人也。明日弟有入城意，且不敢勞至村也，〔三〕若入城，當就晤耳。〔三〕　弟山頓首。

與戴楓仲書

鍾宿兄來，〔四〕道兄弟區處艸堂，〔五〕大好事。弟即欲往看其地，一爲相之。且弟欲理前約，爲嵩、少之遊，稱此老病未死，略結此案。求兄一脚力，度我臨時，並欲勞一得力使者幫之也。聞宿兄月盡將旋祁，〔六〕弟欲同發，恐渠來遲，弟當先數日也。盤費欲以一二字畫賣而湊之，不知貴縣能有此迂人否？先此問之。元仲兄又動手，已刻得千餘字矣。三月八日嫁女，此月廿七八又東，正望相助也。〔七〕元仲兄望預支一二，此甕裏捉鱉營生也，笑笑。　楓老仁丈。　弟山頓首。

〔二〕「納交」，傅山全書初版本誤作「細及」，據手稿改。

〔三〕「至」，傅山全書初版本脫，據手稿補。

〔三〕「若」，傅山全書初版本脫，據手稿補。

〔四〕此札據上海圖書館藏手稿釋文。傅山全書初版本據霜紅龕集拾遺本收錄。

〔五〕「道」字下，傅山全書初版本據拾遺本誤將下文之「元仲兄又動手」至「正望相助也」一段放至此處。「區」，傅山全書初版本據拾遺本未釋出，作空白。

〔六〕「盡」，傅山全書初版本據拾遺本未釋出，作空白。

〔七〕「元仲兄」至此，傅山全書初版本據拾遺本誤置於前「鍾宿兄來，道」之下。「日」，傅山全書初版本據拾遺本脫，據手稿補。

畫俱題過，〔二〕付來力。千字文捉工亦得草完，今始報命。家藏有潘繡觀音一幅，並奉來，勞楊管一裝之。印色調得，油極得法，惜砂不高。來油還帶綠色，若用記舊畫，尚不得鮮紅耳。小兒詩藁錄得數首，將入記室，此俱待旨久者。

老親一年來病多，幸稍調全矣。前六七日偶爾失足，臥牀呻苦，甚重。正欲走力，求台兄先爲我問貴縣粗布六十疋，但尺頭長者。弟素無經幹之能，心膽慌亂，不得不謀之良友。盂中有少資斧，促忙取，未到手。到卽專奉，且先問之，幸而不至用此，別變可也。諸不敢言、不忍言者，但聞之兄台耳。　弟山頓首。

弟昨入城，〔三〕擬一見臬司而少禮，勞爲賒茶扇充之。今日想不得見兄，若面時，復當先爲展意。目下需費，尚欲向兄爲陳湯無行之事，不敢相強，亦不得不浼也。數無定，令息眉口商之。　楓仁兄。〔三〕　弟山。

文伻偕侄仁到村僑，取所藏舊紙，可將來未？尚有與鄆羽修一紙，曾約稍來，〔四〕不知到否？

〔二〕此札據蘇州博物館藏手稿釋文。傅山全書初版本據霜紅龕集收錄，但分作兩札，前札據拾遺本收錄，後札據丁本等收錄，並附在「爲兄作畫」札後而成爲一札。現據手稿改正。

〔三〕此札與下一札據上海圖書館藏手稿釋文。傅山全書初版本據霜紅龕集拾遺本收錄。

〔三〕「楓仁兄」，傅山全書初版本據拾遺本誤置於「亦不得不」與「浼也」之間，據手稿改。

〔四〕「稍來」，傅山全書初版本據拾遺本誤作「楷成」，據手稿改。

若到時，卽封付來力。臬司畫册，不得不應，恐畫成促裱，則無邊材，求兄先爲之地，不必宮綾，但淡月白絹卽可耳。以彼人近多嫌怨，不便弟親囑也。　楓仁兄。　山頓首。

致戴楓仲書〔一〕

注疏非破數年工夫細讀，不得卒業。監版甚昏隱難看。〔二〕此時書肆有茅版注疏一部，是弟向于汾州所讀之版，頗眞黑，而紙亦白淨，價亦不大，十二兩則得之。弟曾與坊中人一言，欲取以對訂此本，此本多脫闕葉數也，附聞。　弟山力疾草草。〔三〕

老人聽著寫字，生頭疼矣。勉彊寫後，兩眼角如火燒，少選，膠膏餬之，逕不能開一縫。其苦如此，非誑言也。卽以字論，尚成半个字耶！有命卽書，壞扇二柄，非弟過也，〔四〕若有人非，請分任之。　楓老仁丈侍史。　弟山頓首。

文章小技，不費精力亦不能出頭地。昌黎戛戛，陳言務去，而今視昌黎，又陳言矣。〔五〕所依爲

〔一〕此篇據上海圖書館藏手稿釋文。傅山全書初版本據霜紅龕集拾遺、王本收錄。
〔二〕「甚」字下，傅山全書初版本據拾遺、王本衍一「屬」字，據手稿删。
〔三〕傅山全書初版本據拾遺、王本脫一「草」字。
〔四〕「過」，傅山全書初版本據拾遺、王本誤作「罪」。
〔五〕「又」，傅山全書初版本據拾遺、王本誤作「文」。

編摩之本，〔一〕不過是家家有底者幾本左、國、史、漢、别集耳。〔二〕而獨闢手眼者，在其中，又不在其中。依經離經，變變化化，熟而精之，正須歲月。如吾兄前與□□撿詩文敍，〔三〕逕大裁剪合拍，〔四〕已不在時流古古手之下矣。〔五〕要緊語是不要亂看，取材是材，而用材者非材，且揀平日所極愛文字，或史或漢，爛熟上口，久久自有時節因緣，如擊甌破塊之悟也。今年吾兄是高達夫學詩之年，何晚之足悔也！草復。所云司馬自豫適秦事，弟絕不聞，不知的爲何也。諸子再檢寄。楓仁兄。弟山頓首。〔六〕

致戴楓仲札〔七〕

此事當弟親語之，〔八〕奈病不堪入城也。知足下尚有三五月停，少掙得卽圖晤矣。一小函，看過卽投之。若兄自持往更好，若審得萬全，可以不用此字，卽不投亦可。但其中著數有難于紙筆鋪陳者，是以須兄面請商之，似無用弟呶呶於旁者。吾兄以爲何如？白鶴碑册子附上。

〔一〕「爲」，傅山全書初版本據拾遺、王本脫，據手稿補。
〔二〕「别集」，傅山全書初版本據拾遺、王本誤作「昌黎」。
〔三〕「敍」，傅山全書初版本據拾遺、王本誤作「義」。「與」字下，手稿殘二字。
〔四〕「剪」，傅山全書初版本誤作「翦」，據手稿改。
〔五〕「古古」，傅山全書初版本據拾遺、王本誤作「大古」。
〔六〕自「所云司馬」至末，拾遺、王本、傅山全書初版本脫，據手稿補。
〔七〕此篇據蘇州博物館藏手稿整理。傅山全書初版本録自陳監先先生抄本。
〔八〕「當」，傅山全書初版本脫，據手稿補。

舍弟瘡甫有收長意，似可無慮。而暴一加寒証甚劇，日日爲理之，甚焦愁人，不知當如何也。草草附聞。月半之約，且當愆期，須弟病漸有起色，始得遄赴，目下危疑之急。楓老仁丈。弟山。〔一〕

前月杪出門，擬自汾過府，展積衡寒，入寧鄉。不謂遂稽廿許日，〔二〕出山則邊府尊有信將發，督以文事，匆匆北矣。同來者有車子與侄仁，登遣侄仁先致。〔三〕此中府事畢，即理前論也。車兄復同侄共造精廬。貴縣簡號諸人，有蒙正抄本，求一索之付車子，行當完入，不致沈沒也附屬。楓老仁兄。弟山頓首。〔四〕

軍兄詩一册，〔五〕前在西河晤對時，屬轉記室求教，至晤餘遂忘之。今專奉上，大都亦有興致，而不曾用力耳。楓老仁丈。弟山。〔六〕

以時勢科之，吾兄不能出門，亦不必出門矣。東省李吉老適有信要弟東游，弟即趨其約，似且

〔一〕落款六字，傅山全書初版本與陳監先先生抄本脱，據手稿補。
〔二〕「廿許」，傅山全書初版本與陳監先先生抄本誤作「世評」，據手稿改。
〔三〕「登」，傅山全書初版本與陳監先先生抄本作空白，據手稿改。
〔四〕末十字，傅山全書初版本與陳監先先生抄本脱，據手稿補。
〔五〕「軍」，傅山全書初版本與陳監先先生抄本作空白，據手稿改。
〔六〕落款六字，傅山全書初版本與陳監先先生抄本脱，據手稿補。

不果，嵩少之行，吾兄亦復省此匆遽也。弟擬初三日發，但借一好生口、一僕力，扶掖老四大上下耳。資斧不勞經紀，極能寬吾兄連日不訾之費。弟復何忍，弟復何忍？〔一〕楓閣記即擬書之，送生口人到即付之。　弟山頓首。

前所約汾童事，逕得兩枚，每枚七十金，寫約明白，武長兄持上。〔二〕長兄即昨年曾晤武六兄之公子也。六兄作事老成，此中精慣，無他市井藤葛者。兄驗過即與施行，稱虜提未到，尚有數日遲也。約上所云府試失愆，〔三〕已自別有所圖，不干這邊事，但須書中一及耳。〔四〕凡此等事，做成扯直，少不如意，惹出無窮詬厲，其常也。其價一是一、二是二，兄自能鑒。我輩非駔儈人，但與妙圖期無後言，〔五〕亦不勞弟局外人擔憂也。弟頭尚岑岑，今因小兒復入大陵，以胡三哥入大陵有商也。前別論既詳之矣，〔六〕一切聞見，不時與示。兒眉行當晤領教，不盡。所取文稾別寄。　楓仲仁兄。

弟山頓首。愼。〔七〕

〔一〕「弟復」二字，傅山全書初版本與陳監先生抄本脫，據手稿補。

〔二〕「持」，傅山全書初版本與陳監先生抄本誤作「掙」，據手稿改。

〔三〕「試」，傅山全書初版本與陳監先生抄本誤作「事」，據手稿改。

〔四〕「須」，傅山全書初版本與陳監先生抄本誤作「從」，據手稿改。

〔五〕「與」、「後」，傅山全書初版本與陳監先生抄本誤作「無」、「復」，據手稿改。

〔六〕「論既」二字下，傅山全書初版本與陳監先生抄本衍一「說」字，據手稿刪。

〔七〕落款九字，傅山全書初版本與陳監先生抄本脫，據手稿補。

與戴廷栻書〔一〕

袁山先生今年六月遇害，四月間有遺僕書，囑僕以記載事。至七月又一字至，時先生已柴市矣。書中始云有詩集，先致曲沃錫珽，令轉致僕序行之。即託人問之，不應。僕親過絳時，又一再索之，皆不及此事，大都毀之矣。僕處僅有潯江記事一册，字復糊塗未政，今在榆關居實白子之行笥，取還一較也。

若僕之所孟浪而成者，六七年前，雜體詩不下三千章，今亦失落不可復憶，所餘則百十首耳。容令兒輩錄書奉覽。災木之義，或不敢當也。甲申事，僕僑仇猶時，亦因或人之言，而疑信兩存之，成六七葉小品一書，但記省中諸官司事耳，餘無所及也。其中不敢妄爲取予，皆直記傳聞，初未容心其間。然拙筆性能舞，故亦可笑可啼，當親付記室。闖賊破京師，楓仲在圍城中，見聞必確。有著述便中寄僕。未及死難之少，求之不得其故，似歸靖難宦寺之過，不得直。是邇來事君者，原未嘗自己打算，書如何讀，君如何事，功如何立，終如何死。習聞見京師自閣老以下至于長班，皆一个心腸，一个見識，身家活計之外，毫無所知。會逆悲其爾爾，究竟果爾。從來死君死父之士，眞于君父何毫髮之益，只自死耳，不死則不安。今之人皆所謂安，則爲之之人。君臣之義，詩書之澤，何嘗不在天然間哉？本不能死，而猶無恥大言自欺人曰：「留其身于有爲。」是皆看程嬰爲賣杵臼之人，僥幸一時，且視息人間，後來立孤，直萬一撞晉之不當遽斬，至下報宣孟，迂之甚矣。才非古人，而偏欲爲其難者何耶？猶之爲人役者，初無補主興家之志，苟圖衣食以救飢寒，主人少拂其

〔一〕此篇由陳監先先生錄自戴天倫補輯半可集附錄。

意，輒憤聲曰：「我豈借爾富貴我者？」卽其言之悖戾，其志固當不廢。究竟逭西隣之主而復投主東隣，依然人役，絕不見有一毫長進自立之事。蓋原夫生奴才也。奴才而必欲責以聖賢豪傑之概，非彼之任也，責之者之過也。故嘗有詩曰：「天地有腹疾，奴物蟲其中。」此根氣運之卑，所謂末結無好人也，然耶？嘗論古人忒好死，今人忒不好死，是有竊莊生之言者，曰臧穀夷跖，今何爲者？不謂今之人之莊生何多也！因來教而技一先生之言，顧非通論也。楓仲笑而置之。

筆墨遠至，墨爲方氏高品，此時所難搆者。藏之行笥，以佩玄德。屢沐雅澤，未略修報，既戴寒知，不欲孤好，行有小詩違楓仲，所攄懷且不呶呶也。

與戴楓仲〔一〕

文誕不欲外構世俗，草草以村老所能之技，爲台丈作今年九□詩二十四韻，亦不能漫移之他人者幸教我。素玉環子一圓，佐之時物，不足算儀，笑笑。三兒大好，喜慰無□，是以篇末綏綏情情，所到眞眞實實，無一毫借請。要知我輩篇章，古來爾爾，不及親叩手額言祝，當專走一力，適以村警夜須丁壯，遂借康价一賚，恃眞求亮。　楓老仁丈。　不孝弟山頓首。

遠承敦誼，敬登果品，志德珍紬，敬璧幸鑒，非敢僞辭於兄台也。伻到，尊恙懸心。尊兄倜儻，開霽胸懷，那得此焦勞之證，多因胃脘停血耳。附問起居。中州之往，不論遲早，都無定期。若兄又因小恙，不能出門，當奈何？惟候兄便卽發也。土堂左近，無過虹巢，若兄能來，莫此之便。草

〔一〕此篇錄自陳監先霜紅龕集補遺。

勒嗚謝不一。　楓老仁兄史侍。　弟山頓首。

所言與唐采老送畫，不必多。此將去數幅，止可選三二幅，蓮花雪景二幅差可。並前年裏兩可行世。小兒倉忙，無好絹好紙。此中礬絹，皆是急做，如南來畫燈才料，不足存也，必不可輕用送人取笑。金扇不知所稱謂若何，還須一示。賢郎發軔，尚未展賀，空專力將之，先此道中。不然，弟眞不知禮教人耶。圖書亦許再報。草復。　楓仲仁兄。　弟山頓首。

弟二十五抵僑中，舍姪火嗽暴瘦，尚未全復，承注意知情。至王畫，無一塊看過者。此君繪事，自辛酉以後才少進，老而益妙，此尚似其初學畫時作也。樓閣小畫不甚好，然不失爲界畫舊物，留之可也。太史壽禮，不知吾兄可曾打點得有一二件否？附問。　楓老仁兄。　弟山頓首。

棘人此時萬箭攢心，既荷知誼，胡不惠以訓辭，而復過損家機珍果，飲泣言謝不盡。觸暑之行，可暫停，加爾潦濘，恐車馬亦有稽遲。若令任事稍解，稅駕良便，萬一有難，非台兄一往，未必中機宜也。晤時未遠，先此嗚中。　不孝山稽顙。

周大哥云：鑪峯爲其嫁女，許爲用情。楓兄曾許居間而闕白之，屬弟取此字到記室。周大哥且云：若兄不曾說此，不敢向僕取字也。僕亦恃周大哥云然。若周大哥不如此說，亦不敢冒昧作字到記室也。其中事機，非我所知，塞周大哥之責爾爾。以弟與仁兄作字後，每生口語，可笑之甚也。晤時發笑不盡。　楓仲仁兄。　弟山頓首。　凫盟書一封屬寄，並附。

　　太老先生大壽，台兄稱觴，凡我知交，皆當登堂四拜，爲山右碩果祝椿齡。正擬肜進，而理華見止，遂不敢違旨，滋高賢橋梓之勞。呵凍寫得碩果圖一章展誠，嬾人不設色久矣。仰止太翁堅貞之志，中心藏之，何日忘之！因此鳴草莽遺士之向往於夙昔者乃爾。儀狀別具。曾六哥感台兄爲丹青之知，寫得淺絳山水一幅，躬往致祝。弟嘉與此作秀潤蒼翠，便欲跨吳下阿瞞而上。藝至此，顧不易得。良由爲知己者搆，針芥之合所天見焉耳。因爲題之，復厲弟仰止之意於中也。此兄筆大造妙，貴縣有好事者求鼎噓噓，弟亦不得懸斷。惟台兄不惜齒牙，俾有所益，幸之。弟山頓首。

與戴楓仲〔二〕

伻還，忽忽草復數字矣。小兒今趨教，所命潯江紀事，或云存，一時繕寫未就，近當並入記室。先寫得兒詩數章持上，其賦亦督舍侄迻書，三二日内尚未辦耳。此子八歲能小詩小賦，至十六七即能邯鄲步，揚馬筌蹄。僕恥於對人道及。向日知此子者，唯絳文正之、汾王子堅，而省中多少浮慕之交，實無半个聞此事者，亦不許聞之知之耳。吾兄好學深思，遂復敢令詅癡納納文字之契耳。不多幾章，先浼玉顧，亦足以漆雕開言繼此，須誨未灾耶！所有遠商，並令面訂。不盡。楓仁兄。

前所教一號，欲以他字代「補」字之義，皆無雅字，又恐涉晦，即用本字，實而不俗。下如菴，齋、亭、軒，字樣皆可，但以人多用之耳。足下有巖居之志，即號爲「補厂」，良妙。弟山頓首。

邀惠數數，未展豪末，恧蹙無地。三日前五竹兄有力過寓，草修一函代候，並致聲侍一，或未即得達邪？弟自溼蒸來，即感舊恙，實有笑譜，所謂嬾涽之意。而入深秋來，又復芀藁偶之矣。而

〔二〕此篇據上海圖書館藏手稿釋文。傅山全書初版本未收。

此中之証，正須天醫，卽告之東垣、河間，亦無如之何也。當今人物渺然。每接楓仲一字，如獲異人。近來造詣當大精進，讀書識力定有所窺，何不淋灕謦欬，起此聾聵人也？前書曾有所諮詢，便中無忘尚翹金玉矣。詒侍一一字並致之。　楓仲仁兄。　弟山拜白。愼。

老親病來，筆研廢不理四五十日。今稍就和，得略復弄前蛇，不過隨所見錄紙條注記耳。所託文章敍，久稽命，因侍丈至喻篤，始籌鐙信手信口寫十餘紙。（五竹連篤三次，不知何爲。或未與聞之兄邪？）弟從來不能爲補綴伎倆，故蕪詞無復次序，亦由懶人不善掩醜故尔。其中多犯礙，爲與知我者言，遂不及常論文章類語，但須楓仲向齋中獨爲發笑柄可也，斷不可令非類一見。極知弟負多言之累，人好粉無爲有，以成有罪，況此中所援實事。卽于貴邑，素有聲氣相許處，尤須爲弟緘之。晤言，再詳理此由。

金箋十六幅先附記室。三國志當看完久矣，便求寄擲張孺兄督取也。承柯良媾，一切爲弟直截主張，早令弟知，亦頗詳之侍丈。不一一。　弟山頓首。

大鹵彼其士穰穰，安所得好學深思之士如楓仲者邪？來教亹亹，謬以史學見督，此皆唐宋大手韓蘇所不敢。任非其才，老僕焉敢妄譚，焉敢妄譚！往昔讀書山寺時，曾取歷代載記、孝友諸傳，而刪之、補之，細爲發揮，成性史一書，四十卷，自謂古今不可少之一編。而遭亂攜之笥中，轉徙無常，遂零落不可復憶。其間有存者，三五條耳。若本朝典故，及諸臣行事，亦欲妄一捉筆，而自審性情未能無少偏奇，卽不無快論動人，字中斤兩或與奪未免過當，亦只堪自怡悅耳，安敢語藏而傳之也？近來頗欲取甲申之事，薄成一種，備來兹君子之采，亦未能旁搜博訊，兼以精神日就衰餒，匾中多憒筆，未數行而腷臆顛倒，殆不可讀，又復置之矣。駒隙之警，冷水澆背，痛何可言！楓仲有此大志，定當富于聞見，或有所記述，不方詳教。至于古史，亦嘗于史漢而下，頗許歐老。今一再理之，又損前望。六臣獨行，立義甚好，而筆力太媚，一迮索然。死節極予王彥章，莽漢愈益無味，不知何以異于死事諸人也。其中機杼自命，當時似亦深費苦心者，而五紀動援春秋之例，不唯可笑，大可怒矣。故復縱筆一删正之，不知能成就否也。大都史學舊論，三長而學可勉。博有識者未必有才，古今之人往往然，益信才十百倍難于識也。紫陽綱目，可謂春秋以後一書。文中元經不敢與之並論。至于其所批剝瑣細，見諸論著者，似得春秋謹嚴之旨，而寔昧卻聖人一个恕字，故偶後生無數，反攻亦非盡，後生輕薄過也。此等隱微，雖萬餘言不能了了。何時促膝，待我略略謦欬，當能令楓仲一解頤也。

拙詩皆信口浪噴，從不著一詩人之意于胸中者。謬承華褒，實增赬頰，疊損佳貺，何以酬德？三綾點畢，再報鳴謝。天龍社事，全仗呵護。其所付予弟，可不知此等。欲致問，亂後譚譚，有所得異書名蹟，欲一借觀。容閒過仙居，稍稍探奇。不盡。

弟山再拜頓首。

病來百許日，潛損日深，自知長寢之期不遠。往昔先溝壑之慮，實以先慈在堂，而今人子之慮盡矣，所謂俗緣久爽無罣，何仁兄今始以此見問耶？崛[山圍]結菴，豈復容易？若得仁兄爲郗公子，豈不大願？日夕圖此，正在「朝聞夕死」四字，庯屠苫蓋，尚其餘事。若能一半年不即死，正須以此幽築勞賢耳。若向日所面屬足下爲我祁候，則有成言也。拙詩不必輒諸體皆具，生平薄長，單在五言；若七言，則只絕句有可存者。令兒眉面告之。不盡。

楓仁兄。

不孝山鐙下草勒。

一函㽞使即送汾州，與小兒也。前所欲請堪輿張中宿者，適在省中，前意已致之矣。不遠當造。

楓老仁兄。　弟山頓首。

劉石老遣令孫引兩僕入粤西，須楓兄詒周别駕爾瞻一字。懇懇切切，欲得義力。吾兄一字到彼，爾老當不漫應也。若鑪老抵家時，可向楊義村再求一字亦好。若未歸，便不必矣。詳在劉大哥口致。弟心緒亂甚。石生、天生兩丈書並附覽，可知其情也。　楓老仁兄。　弟山頓首。

畫兩塊，俱不足存也，況放入一册乎？並前畫俱付璧。王畫無一筆可觀者，不必强惜。小兒尚未歸，甚懸心。不謂遲遲至此。成藭侯送兄新曆八册，付到記室。卷子與畫，舍侄圖得去即報。山。

南砲遠來，孫兒樂不可言。許管來觀中，適展綾子命筆，明日當晤復也。　弟山頓首。

風平浪静，不待今日而始知也。攖而後寧，學問故當益勝。杜解細一留覽。楓閣記尚未擅著也。再簡。　弟山白。

親事承楓仲兄至愛，豈有他意？實以老親病才小有起色，而未能離牀蓐，故遲遲議之。貧僑諸事不便，亦復羞澀言此，須得先有一成説好遵行耳。煩侍老便中與楓兄商議妥，如何行禮，如何迎娶，的有規矩，先亦僕知也。若他高門有問此親者，似當以寒家既聞楓兄之若謝之矣。眞切，眞切。

不遠亦欲圖晤，再待老親康彊數日，當請教也。若別有言，正須再勞使命耳。圖書留至兒處，令鐫報之。

右玄帖中所云琴事，不知何爲，或是前所當于時官者乎？〔一〕若尔，不妨通融，取此奇貨也。帖到時，適有玄信，亦復及此，始知之。　山頓首。

昨舍侄來，道台兄與張中丈意。此君想斷不至于我輩便作大堪輿面孔也。可同舍侄一訪之。楓仁兄。　弟山。

所聞殊不然。輜重繹絡口外，仍是故智。而從中州云云，詭聲耳。復菴詩有奇氣，再添之。餘二者卽再删去些，亦不妨也。圖晤不遠。　山。

殤婦不敢辱禮，敬此代璧，稱謝不盡。過此一事，當造百城之室，漱潤鼴飲也。客次匆匆，求恕簡義。致聲侍一，吉況當勝。　眷弟山頓首。

與楓仲書〔二〕

楓兄速構李習之、劉蜕、元微之、元次山、皮日休、陸魯望諸集細讀，弟知向此路進，必其能

〔一〕「或是」下，手稿衍一「是」字，據文意删。

〔二〕此篇據瀋陽故宮博物院藏手稿釋文，由竇元章整理。傅山全書初版本未收。

洗拾掇學史、漢之瀋。難説此諸集高過史漢，但有宿病者，用此爲藥得力耳。既洗卻宿病，而重新挈一部手眼讀史漢去，别有機杼矣。

文苑英華，唐文粹架上有之，請日點一篇。

居丈今年眞不能出門户矣。依于朋友者實多，弟與偕來，欲告急于兄丈，極知大事後一切不支。或有可代爲謀者，一勞綱紀耳。蝗食其田，官比其租，他人已不能堪，況此老哉！出門時尚無著衣，鎮紫略爲圖之始卸篩底裩也。　弟山頓首。

丹楓閣記，在平定拏得工夫寫過矣，但畫尚未暇作也。亶元託一能寫字僧，爲兄抄李洞、李咸用二詩矣。且云，此僧極閑無他事，願爲抄百家全部也。甚善。便中望再寄夤筆之費，令旋旋了此一案。　楓老仁丈。　弟山頓首。

祺翁書附覽。若初五六果來，當面理諸論。眉適過平定州，六七日即還。前文藁是他藏，不知在何所，偶撿不見也。令侄兩方當如尹所定。　弟山頓首。

舍弟果入汾，見太史先生，其中話不可知，然亦可知也。見伯渾，則疾，恨兒輩殆不可言，眞不知所底止。不謂叔之于侄，有如此狠毒殘忍之事。但告之天而已矣。善處人兄弟之間者，省中無一人焉。楓兄教我，我奈何哉！如此遭際也。　弟山又白。

保德王大哥，爲乃祖文集事，勤勤懇懇，屬弟爲遴，弟實病不能辦此矣。附致兄所一爲點簡。

從來選刻，寧嚴毋寬，慧眼自有定鑒。云兄許爲半工之費，留得兩小帖，屬致記室一則。馬令親也並寄來季通丈詩數葉，亦見託于其子侄抄付丹閣，備晉詩一二首者。楓老仁丈史侍。弟山頓首。

乞菊甚願，但須爲王九老一禮，倉皇不辦，奈何？若吾兄素與相識，或亦具薄敬，則弟一扇附之，其可？若過此期太遲，恐誤。弟山又白。

富平縣楊進士名紹武者，字式穀，是天生姑夫，陳祺老會同年，貴縣王令君鄉同年也。三兩日卽至祁，云在彼過年。是個忠厚簡靜人，與弟一再面，先此奉聞。至彼時，吾兄須一舟旋，或有可託也。弟亦與之面道過，須吾兄爲地主矣。寧厚無薄，寧厚無薄。弟山頓首。眞切，眞切。

衝暑過鴈門，勉留十餘日，卽病濕，又欲癨下。逃入柏林禪院，又十許日，忙忙還僑。今始漸涼，少可，然舊病卻不減也。詩歸敍來抄，似不可少選，還更爲細計，實不敢草草，取笑海內也。須老杜詩暫留牀頭，老病不能數日便看徧，少待時日再報。劉六茹、李天生兩奇人，慕兄爲人，急圖一晤對，候兄入代再矣。不知當幾時到彼也。書一緘付康伻奉上。弟又新得漢碑一張，仍煩楊价一經理之，與前浮山廟隸碑、天龍山石碑，可一齊動手也。楓老仁兄。弟山頓首。

鴈門陳使君再三託弟，先致意于吾兄，期一晤語，弟不欲向兄諄諄言者，嫌于弟爲使君虛致聲氣耳。胡四哥來，始知兄下部有小癤，不便騎腳力北上，似未必果。若爾，大負使君與天生之望。且有一事，欲候兄到，不知不覺爲一調入之官，須來時面告，最可笑事，不便形之帋筆也。專遣村力，敦請卽時出門。彼中不多留，不過三二日，大家都有事，卽告還也。專候兄于初十日到松僑，十一日早發。弟老矣，不能細爲周旋，須兄待我作應世菩薩，見陳使君後，弟不復致辭，自能知弟所言不妄。若兄不來，于弟有一事不大相信處，兄來自知也。千萬，千萬！　弟山頓首。

老病斷續不得脫，然四十許日矣。所存活者，只覺有一二分耳，精神氣力全不能充周四末。醴孫病又大劇，日夜痛往憂生，眞無復人世之理，情深願楛，道業兼薄，遂致爾爾。承諭尊公傅，且少停之，容或小健，當再圖斟酌也。拙文次弟且莫逕定，其中尚有不必存者。但一篇完之一葉，不必相連，好抽去耳。雜稿尚多，皆分寄各所，當漸漸取還續報也。亦欲過閣下少散，尚不堪勞頓，金明前日偶拜埽，歸，臀作腫不能平坐，過數日，當相聞。須力。　弟山頓首。

雅惠不敢辭，但有恧蹙。

文章日進、日變，所謂無盡藏也。

妙悟又一變矣，爲之解順。秋戰不遠，會當晤言。亦知丈不事此，然趁四方集鬧，亦可游戲消遣數日也。雨淖甚，弟老懷樸煩，不奈屋底寂寂，秋快尚欲一理前論，不知能否。在平定時與居實集得一日半耳。百家唐詩問之居兄，居兄又云在配公處，弟不解何故。前見架上有新尺牘一部，便人寄來一檢卽璧。復復。　楓老仁兄。　弟山頓首。

時文小序，近宋儒小注語，然要做只家貨，不得不爾，亦不必以他構爭奇矣。此是道學家文章傳來習氣，若避此嫌，便是小膽俗人。此處要自己挐得穩，當不怕人以迂腐誚我。便是不迂腐，怕人以迂腐誚我，而要文之以不迂腐之言，其可誚尤不如迂腐百倍。但簡朱、陸門戶語錄看看，亦可自信也，刻之無妨。所問諸曲雜體，皆無一定。有逕用樂府名而實不可入樂府者；有不用樂府名而適可入樂府者，全在聲調中論，不得專在本篇名色上求。樂府可編入絕句者，要知絕句原是樂府者。以其人之作，此時但拈古題，如做文章耳，非眞眞實實可譜之聲歌中者。是以今人但選詩耳，原不解樂府是何等物，故錯雜無端也。然此不過一邊說話耳。六朝以來，有逕把樂府題做成律體者極多。豈便當看見是樂府中驚策處，如今詞曲中之入破者是也。又有絕句實不可入樂府者，如宋人講理之類是也。以其重在理不重在聲調也。歌行詞篇之入與不入，無說也。如白苧歌「門有車馬客行」、「竹枝楊柳」等詞，是用古樂府名者矣。然而尤有不可入樂府名而卽以爲樂府，當如是排對無長短咿嗚者哉！此種學問淺淺，是馮惟訥編集世代沿革之攷，深之則審聲知音之聖人矣。談何容易，談何容易！卽樂府名亦何常，元小曲名儘有拈唐人詩中一句或三字者，爲之說不盡，說不盡！兄但多讀過數十百首，待因漸熟而心中有耳，後則不言而了了矣。何謂心中有耳？蓋聽有聲之唱時，要耳中有心，讀無聲有字之樂時，要心中有耳。如讀琴譜中諸操，便要待此手勢，鏗鏘然後有入。

不孝弟山稽顙。

既謂之遇，不必貪多。此老每於才名之間，必三致意焉。吾雖遇之，以此未必遇也。庶幾遇之，凡人家圈者，皆以單點點之。但炤有黑圈者，再抄一本來，好略加一二批語。良以此公詩，何不可選。若欲見博，得有全集在。弟山白。

與楓仲書〔一〕

愛我知我心，楓仲今無其倫。是以惠我者，特皆肺膈之言，正不必與人言。我亦不言諸人也。早來歆眞而已。使還，附謝。不知幾時當入省圖集聚耶？知兄不因秋試始來，然或借此一晤舊交。亦好。若尚不來，尚欲勞一使者，特負詩、書經兩注疏至松僑，弟急須有所攷也。切切！向言府中藏韻會補，若撿得，亦徑並來。秘笈亦求一撿。　楓老仁兄。　弟山頓首。

事已上本，不知本中究竟爲何等言，亦不得盡知也。承召，兒眉亦正欲于數日之内趨候，有所計議也。所須兵略，卽令持上，南、北史取來，並報命。以楊五哥入城南蘭若讀書未歸，亦當于數日之内歸耳。至卽取到矣。不知兄以何事不得出門。城中一物，欲得兄到爲闢白權宜之計。而物經人手，荆棘寔往不爲虛也。康价歸，草此數字相聞，騾驢久不走遠路，皆盡筋力奔涉，幸未過傷也。十三子書多差字，暫留村僑細閱，再璧。不盡。　楓老仁兄侍史。　弟山頓首。

多非兄不能妙有周旋耳，先此略道意。若可出門，正煩一來耶。　楓仁兄史侍。　弟山頓首。

不一月而來往二千二百餘里，多承尊价康儍左右之，不至大顛頓也。愧無厚酬，奈何？奈何？楊猶老住清化已六月，候蜀撫爲之疏，告云，不遠當上，然觀其志意，尚不決絶。復有柏鄉、眞定

〔一〕　此篇據天津市藝術博物館藏手稿釋文，由竇元章整理。傅山全書初版本未收。

兩大老，暗暗爲援留之，不知果能退步否？然病甚不小，而自處藥方嘗試之，不無聰明自用之過矣。孫徵君眞實謙和，大消人躁氣。弟此（以下缺）

與楓仲書〔二〕

遠承文誼。扇頭、字畫皆不欲作，世俗蹊逕，良足珍也。謝謝。不既。　弟山頓首。

亦不敢當，太過情矣。小字原帖旁還記室。

佳箑書畫文甚，謝謝。蘭亭二本，若能便中寄來，得一寓目何如？平生所見數種，唯河南臨本，眞足至寶，不可得也。此二種中，倘是，則亦不可輕視諸人。　山附白。

老人加瘦，針灸皆非所能任。天突膻中，皆是正治，恐不勝耳。若大深燥時，晚上可少服當歸、龍薈丸子。早間空腹，用燕荑一錢，煎濃，投熱馬溺半鍾，通口飲之。然此劫劑卽少通耳，復作其常也。若少通後，卽用竹瀝一鍾，生薑二大片，下上好人參一兩，煎濃，細細啤之。總不能全復如初。人子於此，不得不多問方藥，而所遇之人，皆老夫七上八下輩，焉能少慰孝養萬一？草復。

弟山拜手。

〔二〕此二札據蘇州博物館藏手稿釋文。由竇元章整理。傅山全書初版本未收。此二札未署與誰，但前三札均爲與楓仲書，（傅山全書初版本已收，見上一卷），故此二札暫定爲與楓仲書。

致戴楓仲二札〔一〕

文章小技，弟以方外之眼窺之，與世之所謂宗匠者極知齟齬，然亦敢謂獨有其微，只看孔子讀易曰：「通其變，遂成天地之文。」文之尚變也，非他人語，是吾先聖之言也。而今人之論文者，動曰古人如何云云，竊嘗笑之。離古人之爲文者，自然無所爲文；不離古人之文而求文，文之蕪也久矣，其中千變萬化非言論可殫。日讀日作，日删日損，眞文自來，不待弟狂瞽妄說也。足下于此可謂苦心矣，終當以操觚傳也。久久自覺厶合，厶尚未合者，緊處須把宋人靡冗之病痛掃蕩之耳。慧根之發，似得一二種方外之典開之，楞嚴其最宜三復也。來藁弟不能遽看，尚須細細讀過，有報亦不遠也。

油遠到，無以申謝，遺雪中寫得雪賦一篇，寄與三哥，令作一入門小影本可也。謝謝！弟山頓首。

原擬一造新齋，〔二〕借觀典籍之富，會雪濘輒復難之。有一遠志，圖晤對細訂，若文旆果于開春到省時，當面陳之。弟老矣，實不能岑寂枕席間，欲要吾兄畧入嵩、少，一破老悶，若得爲瞿法賜，即以足下爲吾蹭公，遂此久要，豈不大妙？太先生墓誌還請一二張。楓仲老仁兄禮亜。弟山頓首。

〔一〕此篇錄自明清名賢手札，上海書畫出版社二〇〇七年版。由葛敬生釋文整理。傅山全書初版本未收。

〔二〕「齋」，手稿作「齊」，案正韻，莊皆切，與齋同，故釋作齋。

與楓仲〔一〕

友誼如吾兄，那容俗口千稱萬？〔二〕黄可謂無今並無古矣，但有至心念佛耳。前事聞又駁下，至今亦不知的確何如。承存卽以所聞爲復。今早正得丹、陸兩兄燕中書，似無他虞者。來書亦不的言如何，亦以所傳籠統語奉聞，用慰懸心也。

小兒不及別復，臨書囑筆附候。楓兄德履不盡。弟山頓首。愼。

與楓仲書〔三〕

弟老矣，遭此小阮之痛，筋骨衰憊十倍于前。榔㮚一肩，無復遠意。欲結茅丹崖之下，送此殘年，而苦無芰蒼鑿翠之資，未免有待于我輩。而我輩之可煩者，莫過吾兄。而吾兄此時之囊政復羞澀，可當奈何！自過河西分單破梵，外境内情，逐處不堪，無聊排遣，作得絹畫數幅，煩楓仲道丈爲我作一風流頭陀，代爲韻募。然不敢卦面白抄，卽以縑素作緣疏，解衣磅礴，當偏袒禮拜也。其蘊藉之厚薄，亦任其願力之大小。若得皴墨之餘，不減米泔之河，安見丹青之財施便遜于黍園之金耶！庵成之日，當日日于佛前頌水墨功德摩訶薩，以謝風韻檀那。以吾兄之知交多豪慨文雅之大士，故造次謀之。如開緣得人，畫當奉上。時時寄語，以慰離索。不盡。期服弟山頓首。

〔一〕此篇錄自山内観編傅山の書法，日本二玄社一九九八年版。由堀川英嗣釋文整理。傅山全書初版本未收。

〔二〕「萬」字下，疑脱一「道」字。

〔三〕此篇錄自中國書畫全書刊穰梨館過眼錄，由傅珉整理。傅山全書初版本未收。

如監板史記在架頭者，求便中荷來。以此間本皆訛字，較畢卽還，不敢損污。山再白。

與戴楓仲書〔二〕

楊公之縛，自弟看之，殊不惡。明眼人加以捷足，益遠益奇。正恐安此者，不知此之爲繦戾車耳。前月十五日得自中州來書，索銅章，書末囑致意台兄，以人行急，不及專候爲辭。但不知蜀中之行當在何日。前兄與書時，亦問及不？令姪事，卽如命，但司馬不在，圖之別人，未必靈否。附候興居不盡，羢韈遠至，謝謝。

縣中有做入學者，想是過年事了，可尋一兩個穩當不可言，但非弟所需中情面有也。弟山頓首。

〔二〕此札據山西博物院藏手稿釋文，由李勇整理。傅山全書初版本置於卷二十八書札（二）中，題爲「與某書」。視札中所言事，應爲與戴廷栻書，故移至此並改題。

卷二十九 書札（三）

與魏一鰲書〔一〕

夫人方，懸處之，奉復，終屬猜度，多不中病。即合成，亦須商議，不必遽服也。古度所白事由封上，其意尚須與軍廳一稟。寫成留古度處，待見時親投之，便容謁也。張童名顊，卷子急蹙不就，但求册中一名可耳。恃知冒昧，諒不爲我。不遠圖晤矣。

昨匆匆，不多領教，又不能爲主人良軫於中，統求眞待。弟山頓首。愼。

切賢仲脈，六分病耳，喜未大數也。微察其意，以未得適理。養病亦須造適，而食息起居不時，監之以一嚴君，此中不無愛而不得其愛之法。或當别有機權于中，非我所敢知。餘圖晤盡。附候不一。弟山頓首。

岑寂蕭寺，弟不能略爲主人，會須見亮旅人也。行笥中有點書朱錠，急須一二塊，可得否？不然，且須絕高銀硃亦可。想來此時官衙亦無此佳物耳。

〔一〕此篇數札據上海圖書館藏手稿釋文。傅山全書初版本未收。札末大多未署所致何人，但據文意分析，當是與魏一鰲札，故置此題。

臬司臨去時，曾道兩院大以才望于忻守，而堅辭不已，柰何，柰何？再一字遂令致意，云去不難也。弟尚不知取詰。果尔，則署者自有人去，遲不過數日耳。所命字詒軍廳，卽當一敦也。尔楨家藏之廿一史，久已爲戴二哥買去，孫大哥要此，似難復。再道省中尚有一部，弟當圖之。賣書人既甘心作蠹魚之食，價多不得廉耳。况孫大哥要此，而弟可不切切爲圖，尚得以厚價爲蝨魚作人情哉！

有信便報。附候起居，不盡。　弟山頓首。

中弟陳嗣虞者，府上快手也。實州之民，今以府差走州，亦幾乎富貴之歸故鄉。百無他話，只是欲求臺下一看顧耳。若問如何看顧，他也不知，弟也不知，總以看顧爲主耳。本自方外，而爲此輩多羅曹丘，莫説高明掩口盧胡，卽我蝶夢亦難栩栩安隱。犯戒招愆，莫此爲甚。要知面軟之人，脂脂韋韋，不能引繩排根，是天地間沒正緊人也。然我自信，豈眞天地間沒正緊人哉？生平所怕而不敢與納交之類，而且眷屬之，而且諈諉之，莫説人笑，卽自己，笑之欲腸子斷矣。想來都是魔王，都是寃家，沒柰何，沒柰何！此人實能醫，能詩，能役于衙，而好學博聞，一能一絕，請相其面。晤時細道，不敢蔽其賢也。門新收西河紀綱，極能詩，便令此詩客與倡和，亦一奇也。

投筆噱不能下矣。　弟山頓首。愼。

本擬旦暮卽晤，而爲臬司作一畫册，不得卽就。實欲借廉署爲方丈息心數日，便尔多違惆悵，如何？前借重童生名字，承慨奬，書來時事已悞，還諸記室矣。不遠，與一石友欲衝寒入臺山碧山寺，可得果，當便道趨教。若尚多稽留，此行亦復不遂，又當別圖展款耳。

尊恙太和，問之鄉舊，皆云神明四應，絕不似有病者。乃見盂邑高生，則親炙春坐，益知鄉舊之言不虛也。

忻州寒苦，然素多佳酒。此時衙齋有留者，願爲弟存之。弟本不飲，而此時爲老親生日，人情始擬酬謝，頗需此。欲親教時，領一村力負兩罈，還不知能助瓦盆之興否？

陳十哥以年終考察來省住幾月，亦擬那工奉謁，而必竟廣文亦是官，寫望二南矣，囑筆道意。

弟山頓首。慎。

尊恙太和矣，藥無庸數數問之庸醫也。行趨謁展意尚復數日，遲遲耳。州治不足辱盤錯之才，況此中亦不當一盤錯之地手打脚踢，良無須過勞心者。家叔晉謁，付一字記室，謀面不遙，多中暫緘。伏候起居，不盡。　弟山頓首。慎。

弟爲候送臬司，而不得邀然卽去，是以遲遲前約。兼之奔馳升斗盆盎，爲兒輩薄圖，皆以命窮不偕夫，亦愈知分矣。略得安點，卽裹禮入琴幕，作避卑喧之計矣。小隱山林，大隱朝市，不小不大之間，選勝，無如大名宰官之書房耶。近以刑尊不在，有親友見託童生數名，俱不得行，而府尊格峻，極無夤緣之巧。族弟傅涵、古度郎張潁，皆荷鑪錘，得與府試矣。此關艱度，仍欲邀恩爲水源木本。若懷不肖以利起見，自不敢唐突。一族一親，無他染指，會當神炤一爲介紹，俾得與道試。卽不宜遥作，稟于府，或商之軍廳，再有道台相善者，益穩。事且在旦暮發，能不見斥，卽求賜命。古度事借重于軍衙，痛快無比。附聞。　弟山頓首。慎。

酒道人游戲宰官荊棘林中，亦可作胡旋之舞，何逕欲以小恙爲遁法脱去？不當盤錯，不見利器。前臯札大意已見，當有別答到記室耶。

忻弊種種，極欲一晤，細道究竟。年裏不得至彼，舊游而守梓邦，已幾三月，不曾專一展候，眞正疎略非情，今始令家弟策蹇一叩，正恐開歲半月中，復有不得出門蛛務，晉謁益遲耳。多所當告，皆不爲我，特以此土刁悍風著，不一妙振，受誤不淺。若得其竅，亦復易劾。蓋剛勁是其地氣使然，而不甚狡詐陰柔也。卽如小役郭連告郭虎剜補赤歷一事，極眞極確，其中証佐實繁有人。但此等事不嚴刑不得，而愚頑之人便有以命抵死者。參伍摘發，那須門外人言此。一都是西鄉最劣最刁里分。若此事情，得餘都嘖舌，亦下車之一機關也。大槪不便形諸紙筆，家弟能口悉之。徵州之積年里書之弊，不可勝數。卽寒族二三無借，作弊于糧簿，欺弄省中族人，情理不可當，而弟奉先人敦睦之訓，咬牙柰之。若除弟外，則省中七門，幾與之同舟作敵矣。究其技倆，亦未敢施之于人，正弱肉同宗耳。然無他，窮急不知義禮之常。一二名字，亦欲告之門下，使無所緣。況一州之人，皆知弟以方外疎狂，納交門下有年，而無知族人，豈不借口放肆？萬一有事琴堂，恐復急援自救，弟實不知，少不得有一副宰官面皮管待也。多中不勝親縷，正月後半可促劄詳聞矣。

火病之藥，無過平心。春肝用事，君餤易張，聽政之時，切忌暴怒。待弟至，再一切之，可斟酌一常服丸方，濟門下平和之用，萬無燥急加劇。

篝鐙草勒，一候興居，不盡。　弟山再頓首。愼。

賢仲之戚，正擬遣家弟代申一奠，行另勒致誠。家弟適入城，先此言懷。所命輓章，不得卒辦，少需數日，定有報也。以連日陪居實閑步舊所經山林，匆匆如行脚僧，不能理此事，又不欲草草塞督故尔。家弟若復晉謁時，當口致之，不盡。愛弟一旦忽焉，仁兄何以爲情？願言加餐，用慰堂上雙白頭也。眞切，眞切！　弟山頓首。愼。

衰病日浸，杜工部所謂「坐臥常多少行立」之時矣，那復能健步消散？即燈節之約，亦屬信口妄擬，殊無的意。人心之不可測，何必平定？只是自己尋一不惹人地步。古德桑下一宿即抽身，豈復慮桑能害人？正自勇于割舍，所以一瓶一鉢，形如飛鳥，便于動轉耳。况又有家累，况又作求田問舍活計，到處人睜着兩隻眼，扯開兩片沒正經軟肉口唇，看着說着，不已而生心，那裏不尔？那裏不尔？聞榮行不無中惡，此何當復得華任？未免勞勞驅馳矣。山中人何由復再圖晤？若不時有問，亦足慰離。不知行期遠近，若尚遠耶，當復有字奉讀，爲胡子丹兄一致；若即行，到彼見丹兄時，但口致此中可也。弟連日復受外侮，無法禦之，正在苦惱中，復聞舊游仳離之信，益深悒悒。金剛經寫就久矣，囑裱未就，當留數日，當能取到手邊復約也。

友人書房草草，一候起居。不恭之甚，亮亮。家弟、小兒囑筆。　弟山頓首。愼。

六月廿五之别，未忍刺刺，面墻無語，情不勝嗚，是有小詩八句，起頭則曰：「皆違老母久，吾所不忍留。」當時亦遂不敢出諸口。别三日遂大漸，不食又八日，幾死復生，至七月廿二扶病出獄，至今荏苒沈彌，不能自支，不知當如何理。總是無恥丈夫，那堪自對，是有出獄口占之句，曰「有頭朝老母，無面對神州」也。兒眉因子丹入燕，便過令道近況，用慰懸心。餘且無言也。附候興居，不一。　弟山頓首。

黄玉借家弟來，擬同候興居，而義差互。省中房子事，如一會可借鼎，仍取信兒眉輔，家弟投刺卽還，並不勞常格敦。耳目風聲，僕極能爲人以德，矧復忝辱，雲誼習此中久。眞切，眞切！前惠妙濟一憂丈夫處，此苟非頑皮癩臉，誰能作王憲周也？統令息致意，不盡。弟山頓首。愼。

故人如此念我，眞令人心脾受德，不可言說。多多少少衷曲，不知尚能得一面晤否？復之不旣，弟事絕無消息，不知竟當何如。亦屬沒柰何事，只得聽之而已。近來唯誦經外寫經，向來口業，並欲一概讖悔，永不復作，何尚以此見問耶？間有小詩，亦非昔日口語，容錄得數章奉笑。

蓮翁老兄台。弟山頓首。

昨聞命，草草作答，恐騶從惠村僑。諸凡村氣，開罪良多，特入城圖一晤。前命千萬，已云不敢勞矣。弟寓古度館，候久，虞夜禁下，春耑歸，明早再領教也。不投謁，並不勞作答拜常禮，但參謁匆煩，不知何時得閑。在僧寓，先此致款，不盡。

同人奉謁者，孟孝廉孫藎兒、昆玉、古度、張舍親、家弟止也。聞上司有酒，不能癡待，擬再來也。

僧房片紙作報，不恭，恕恕。弟山頓首。

來函卽投臬閣，隨取回字，當别有郵函奉復。今以原答奉覽。附候起居。

途以紙束不便，恕率。願且平心靜氣，馭此惡里，無大躁急，徒生心病。不惟上司不肯，卽允所請，聞此解組之意，我輩多人亦所不樂。珍重，珍重。圖晤不遙。弟山頓首。

與酒道人〔一〕

託胡子丹詒一函至州，卽得答云：「酒旗復指大鹵也。」果尔，不以官之遷否爲念。〔二〕經歷廳事，何不可坐步兵校尉也？高興見訪，濁論一晤，只愁呂徽之不堪修主人耳。蕭寺下榻可可，未免清齋數日，當令酒道人作茶博士邪！然此示元夜之約安所來，〔三〕弟無聞也。當且不出村門，此盼以待來人。匆匆索答，豈必濟？方在病家，當別不恭。草草致復，附厥起居。蛻眉亦在寓，會當領教。所聞藉藉，實過乎情。此醜須出後始定品藻耳。草復，都不寒溫。酒道人。弟山頓首。〔四〕

〔一〕此札，霜紅龕集各本與傅山全書初版本均在寄兼兄中，據白謙慎先生意見與文意，當爲與酒道人魏一鰲書，故移至此。天津市藝術博物館藏有此札手稿，據以校訂。

〔二〕「念」，傅山全書初版本據霜紅龕集作「定」，據手稿改。

〔三〕「然」，丁本空白，據手稿與王本補。

〔四〕落款四字，傅山全書與霜集各本脫，據手稿補。

致魏一鰲十八札〔一〕

一

天生一無用人，諸凡靠他不得，已自可笑；一身一口亦靠不得，棲棲三年，以口腹累人，一臆閔安道，輒汗浹背。有待爲煩，靦以待盡，乃復謬辱高誼，賁寵僑庵，益笑賣藥朽翁之浪得名。聞天地間諸事，有「馬扁」固如此。道人雖戴黄冠，實自少嚴秉僧律，一切供養，不敢妄貪肉邊之菜。權因熱竈，豈復無知，忍以土木冒饕檀惠，潤溢生死，增長無明。老親亦長年念佛人，日需鹽米，尚優胼胝。果見知容，卽求以清淨活命乞食之優婆夷及一比丘爲顧，同作蓮華眷屬。卽見波羅那須頓施朱題之寶，令出家人懷璧開罪也。對使稽首謝德，代手完函，不敢次晥。曾聞之一二石交誦吊朱菁城大章，佩雅無旣矣。草草附展宿私，餘不敢噪。伏惟台炤，不定宣。眞山稽首。愼。

二

周山人跡，貧道於山蘭冰逕，殷殷道雅。黄母唐突衙齋，在官長可嗚下交，在方外士終覺有違羯磨耳。下弟素仰台範，久擬一登龍，取貧道字爲款，因勒此奉候。尚有道人一友，宗生黄玉，其人者亦欲因道人而受教於門下，他日或一趨謁，並求惠賜芝宇。出家人蒙面爲人作曹丘，殊爲沒偈

〔一〕此篇轉錄自山西人民出版社二〇〇四年版方德楨等先生編傅山全書補編，由白謙愼先生據香港葉承耀醫師珍藏之丹崖墨翰手稿釋文整理。傅山全書初版本未收。此次收入本書時，又請白先生校對一過，改正個别文字，不再出注。

僊，然無他穢腸也。且無緣顏面。草興展不盡。　山再稽首。慎。

三

坐寂經年，長日何事，正須大哆謝藩口耳。家季敦意畫竹，雨中手嬾，一兩筆不能得志。姑道之行，綴成再報。旅人不能風化羣從，令餐松飲泉，不嫌交偏。一事相商，令家季面致，大都因姪仁爲資也。可得果遄示一音。孫長君謂且無行期，而弟自縣上來，乃知旣西矣。别意未展，殊悵。倘復有往來，正須一知耳也。家季口中事，亦半係故人，不然不莽爲關白。幸裁教，不盡。　弟山頓首。

四

切事奉謀：老親擬有平定孫婦之娶，而適丁郊壘閉之，太原縣城戒嚴不能出，謂翁臺可代爲山謀而引手也。專勞黄玉兄躬叩請教。機非在我，倘妙有籌略，求與黄玉面議之。縷縷不盡，並在黄兄口致。山但有手額，不宣，連翁先生大護法。　道弟山稽首。慎。

五

黄玉兄還，道懃懇。極感，極感！擬復造司請前命，太原縣村力侵星至傳，老親亦獲清之縣令出東村矣。前命可已之。然不匱之雅，眞眞銘之心髓矣。非復常言，非復常言。稍寧，圖晤未央，專遣力奉聞。黄兄囑筆。　道弟山稽首。慎。

六

僑汾而汾之名酒不可常得，間一沽之，村醞而已。良醖遠至，深快舊腸。酒道人者以酒遺人，眞不啻佛之舍身也。中山不知醉，此感如何？辱問近作，一年來九迴枯矣。然此中多有而無相發者，故終茹之耳。溽蒸作暍，宿疾正發，力疾草復，幸惟台炤。淄川之信無足疑。孫公子字一緘，寓中無紅箋，並須道之。　弟山頓首。愼。

七

數數承雅，無可將意，但有此中。頃見黃玉日就蕭瑟，門下俠腸，何不一爲引手？若有可乘，須煩注存也。家弟久懷仰止，未得勤接芝宇，行因黃玉修候，亮屬道人之弟，翁未甚吐棄也。臨書眞切。　道弟山稽首。愼。

八

辱惠肝膈，日眞一日。山顧方外人哉，何日忘之，篤于方内者千倍矣！此中原無可羈留，但爲刑尊寫屏子一事未完，了此即東矣。兒輩或當先往，若及台下在彼，尚欲一煩庇護耳，以婚姻皆在彼方也。所云其中相公之禮，已一一送進，尚浮于前數矣。臨時又當有以圖之。不知平定之行當在幾時？若刑尊且不來，還須丐一言于縣也。何如？餘當面傾，不一。　弟山頓首。

九

酒德遠至，那勝飲醇。昨集州友一意外事，早修一字，已託紫、古兩兄代弟申懇，而所云鄉約地方，果尔得意，報官司矣。萬懇速爲鎭結。此村鄉約素稱毒蠆，若非仗台下了此，一夥窮項乞兒友弟拖累無日矣。草草言謝，再陳前衷。心緒如焚，翹首望命。居實字到，不知寄書人去未？書中言想當悉。弟山頓首。愼。

十

無端怪事奉聞：昨州友過村僑小集，孺子之婿朱四適來貪嬉。鄰舍有鞦韆，朱四見而戲之，下即死於架下。山所僑實爲爾楨楊長兄之莊，莊鄉約與楨兄不善，恐從茲生葛藤。若事到台下總捕衙門，求即爲多人主張一批之。事雖無他，而鄉約既欲修卻，朱四之兄則無賴兇頑人也。萬一有言，凡道府縣衙門統瀆門下鼎容力持之。且縣衙無人可依，不知門下曾與交否？即交厚否？須仗台力一爲細心周旋，省一時窮友亂忙也。詳不能寫，即浼古、鎭二兄親謁口致之。若有他緣而恃愛粉飾，當唾棄我于非人。眞切，眞切！紙筆村劣，求宥。弟山頓首。餘愼。

十一

弟之蹇厄而累多人，屢承大力深心。而兇頑黨羽一時嗾射打嚇，且恃其衙門中有誰有誰（此須孺子口道），勢必饜饕而後止。適聞尊票押鄉約之說到村，其兄云「必不干休」，以人命告兩院臬司爲主，想當明日有詞矣。孺子深慮將先呈其打嚇于上司。此時渠輩無賴聞有王舍親在中，莫不欲撚指其中，良繁有徒爲之慫恿。而弟輩所恃惟在台下。若台下還用大法力杜此兇計，亦不須别用弟輩委曲；倘此輩吞詐之心不已，孺子袖中已具有呈文，將先發制之。或撫或司道，總求指示而先容之，並爲審處宜如何如何，期于鎮壓懲創此輩。此時弟等居鄉實難。无妄之災，幸遇台下在此，定當能爲我二三弟兄一揮寶杵也。匆匆紙上不悉，孺子面領德教可也。數數瀆聽，實非得已。此時世法，台下豈不知哉，豈不知哉！恃愛又懇幸炤原。不一。　弟山頓首。愼。

十二

前事兩次啓矣。聞台卽有接按君之行，恐亦出門延蔓無日矣。令弟輩焦勞，將安所圖？卽求詒陽曲令君一字，眞切眞切，求速埋葬耳。且其岳丈、孺子及其兄皆到，作主張矣。縣差一出，便有多少刁難。窮途之人無許多物力打發。懇求命一役至村，押勘施行。若縣役可以不出，方免目下須索。感德不既，再此陳情，萬惟台炤。　弟山又頓首。愼。

十三

卽此三兩夜，累人極矣。萬一台下有接按君之行，此事誠不知幾時才有結局。若孺子說行，須得借鼎一到上司講請之，仍煩威旌一臨村中，先相之，付鄉約地方看守便也。不然天熱一壞，口尚有既耶？再請尊命。　弟山頓首。

十四

孺子至村，道台意。卽骨肉自爲未必至此。但所云紅谿者，毒計當益熾，恃與滿人狎昵，謀必遂欲，深可恨也。尚有兇黨亦鎮宇者，續將從他縣至。此物素稱兇狠棍宗，聞已喚去，當來。痛求台下懲創之。且彼已有詞。陽曲前票既蒙台命已撤，若再一準，仍中彼計，郡輩立見齏粉矣。還求一查詢之。恐彼矇朧其詞，但希見準，而陽曲令君亦不細閱其詞，遂差人耳。千萬千萬。不知臬司呈子能如前所云批下否？若未批下，則其中仍有紅谿之說中之矣，又當奈何？爲人爲徹，統求裁酌施行。死者之弟慎五已到尸所，無他詞。而紅谿唆之使去，亦至今不來。若台臺下臨時。亦須及之。　弟山頓首。慎。

十五

昨事極承台愛。其兄頑劣，既已買棺裝殮矣，而忽變無賴，爲多人唆起謀告。所告者，以王舍親鵬起爲尤。事既如此，不得不先鳴之台下。村人與楊兄作敵者，又羣起而圖之。若非鼎力彈壓，妙爲區處，累舍弟不淺。且令弟無以謝舍弟矣。事本無他，而時勢至此，不良之人實多。台下至此爲令，弟輩無所爲護庇，此非弟之恥也。台下以爲何如？弟處此中，萬難于友朋兄弟之間，千祈爲我善謀之。數數字達尊銜，似乎唐突，然恃知愛，故不避嫌乃尔。　蓮翁老先生。　弟山頓首。

十六

无妄之愆，勞蓮、迂兩台臺深心大力，而不得促見一快，奈何哉！終須寶杵降魔，護諸孱懦耳。家弟道及前日促膝時語，尤屬無妄之無妄者。然亦不暇與解，仍幸台下就中調護，或當消弭耶？且須時時有聞，令弟當何方待之爲善，不知台下能委曲於中否？亦須裁奪見示。高情遠志，不能少遂。而置身叢棘中，動輒有礙。隱非隱，見非見，反之魂亭，但有嗔愧。此等心曲，焉得語諸不知我者。因前論及之，亦知台下念我之蒙袂人間也。昨詞聞又到案下，未知果否？果尔，亦求速一驗看。昨才知朱二已于隱處割破圖誣，臨時大荷包老之鏡。此中機宜，要刻刻慮及。陽曲聞縣差欲奪而逮之，先廳一審。又聞洪溪特狀將告弟及家弟于臬司，此猰狗必至窮勢也。統求鎮杜之。洪今在逃未獲。卽終不獲，亦須作案聽獲正罪，庶可懲于將來。

既恃愛有年，而此時不切切結此無端之局，復將誰賴耶？又瀆求鑒。弟山頓首。愼。

十七

前事似結耶！終始荷鼎，楊、王舍親誦義，夢寐不忘，無由自達，俾山懇懇致之。大都此事，彼此蔓縈，使一無是非之乞士卽離離卽于其間。非蓮盟累刼之，舊適游戲人間，何以得此痛快？然兇狡百端，加以此輩素習無良。復令鄉黨自好者不忍太下慘毒，自居忠厚。彼安得知兩舍親眞實爲彼哉？後須有言，當出自死者之父。然已鑄鐵案于茲矣，或當無奈何耶！可恨此輩，賢淑者皆離禍不留，而紛紛禽獸尚率而食人，使君子不欲以平常仇讎較之，誠不知當何以處此。嚮亦有一王孫爲宦者。無端一舍親以素恨告之，逕坐站徒。竊嘗懊責之。乃今復有此鞶帶之錫，又徒一王孫，使人心恧。至今楊、王舍親憐而慰之，不似當鈞兩造時也，然又不無憂計老猾之意。台下謂何以處此後也？今遣舍弟入城，躬叩道意。其中前後，俾口縷之。村鄉約十五之責，復幾以老命拼。今尚未起，其實時刻不忘情于楊舍親昆玉及舍弟，而謀吞饕之也。弟止細道，萬須一聽。不欲台下以事既結，而置後端。知爲我忠謀，故一一商之耳。

寒家原忻人，今忻尚有薄地數畝。萬歷年間曾有告除糧十餘石，其人其地皆不知所從來，花戶名字下書不開徵例已八十年矣。今爲奸胥蒙開實在糧石下，累族人去催比，累兩家弟包陪，苦不可言。今欲具呈于有司，求批下本州，查依免例，不知可否？即可，亦不知當如何作用？統求面示弟止。弟甘心作一絲不掛人矣，而此等事葛藤家口，不得了了。適有糧道查荒之言，或可就其機會一行之耶？其中關鍵，弟亦説夢耳。恃愛刺之。黄玉亦當躬謁。此子煢煢感貸。得襄其事，嘗不置口。家弟世之椎魯無用人，多所受侮于外，今始圖什一。暇中懇爲一計之。不知何日能花邊立馬，一晤圖傾耶？草草不盡，但有感激。伏惟台炤。　弟山頓首頓首。　村市紙簡可笑，覽竟即火之無留。囑囑。

十八

酒道人濱行，宗生黄玉與家弟止約我輩三五人爲屏材，而屬筆僑黄。弟素不能抽黄對白之伎，且以素辱爲方外游，遂尔走筆，幸持之無人之境，一噴其飯，决不可令一俗人見也。既寫復念静修爲上谷先儒，恐道人之芥蒂于其鄉人也。然既爲儒先，天下之所得共聞共論者。况道人特達士，豈得隙諸其孟浪之口？久而復知僑黄之非好詆毁人者也。此中鬱鬱不得肆展，幸鑒之言外。新詩日進，弟煮飯折脚鐺人耳，安所敢低昂大官府珍錯也。但有推服，有推服。與淄川作字即奉命，但題後須及尊意，不知當如何書，又不諳此君性情何如，尚求一教。一二日有事過州。文旆東發，或當圖晤。　弟山頓首。

卷三十　書札（四）

寄陳右玄

涵虚持一人字到平水投人，紆道汾西見兄，既有所賫書，〔一〕虞不穩妥，還奉謁，商其始終。知兄已離横席，不是來抽也，恐所投不遂，還就熱竈煮飯，不至半途而榻，此其大主意也。若府中有相識，加一順風之呼耳。非必欲然，防後策也。前字應達，不知濠梁之行的否？即行，當在何時，須令弟知。弟病暗劇，生平所期，都打灺心火矣。一息尚存，山林邱壑，遷延待終而已。苦無伴侣，獨我徬徨勞勞，奈何！若兄有遊興，弟當擬力疾從之。但遇尺山寸水，少豁愁苦，一旦溘焉，略勞鍬鍤，了此一場春夢，實其舊矢。行漸熱，舉動日難，或當待清秋耶？汾州之住果否？即爾，當在幾時到汾？涵虚未詳示之。虚則令郎常所經宿客也，故敢字與之。

與玄翁書〔二〕

弟以水瀉三四日，便不能弄筆墨。今始少停。容三兩日中，一總報命。弟欲過仙寓，又不能獨行。若再有一二人同造時，不知能青目生客否？附問。玄翁老仁丈先生。弟山頓首。

〔一〕「所」字下，丁本有一「費」字，據他本删。

〔二〕此篇據晉祠博物館藏手稿釋文，由任志祿整理。傅山全書初版本原題作「與右玄書」，據文意改爲此題。

弟自瘡發來，兩手兩臂腫痛，于已九十日許不見消散。不理論筆研事，亦百日餘矣。違教久，不欲負來命，滿紙敗筆，先報聯命。扇求稍寬三兩日，且弟處實無書扇之筆耳。弟無印丹，故不用名章。　玄翁道丈先生。　弟山頓首。

薄意展祝，極知不成禮，此中實不敢失敬。附候康強。十三日蔬齋奉候，路遠，幸蚤惠。　玄老仁丈先生。　弟山頓首。

又承雅惠，奈何，奈何。擬邀一過，圖我輩老漢村外臥柳光景。此月弟齋，未免見客。噉肉忍涎，須七月。枉奉發半日愁中之笑。〔二〕草復。　玄翁道丈先生。　弟山頓首。

與玄錫書〔三〕

道丈所屬畫，紙滯一年矣，今始勉作一樹爲壽，曰天泉舞柏。題意畫角，是所期于天學君子也。佐小鹽鮮，略充酒案，尚欲晤祝，貪一頓蒸羊耳。　玄老仙丈。　弟山頓首。

〔二〕「枉奉」下，傅山全書初版本衍一「共」字，據手稿刪。

〔三〕此篇據山西博物院藏手稿整理，由李勇釋文，曹玉琪重校。傅山全書初版本誤題爲「與右玄書」，據文意改爲此題。

與玄錫書〔一〕

薄祝恕眞率，恃知敢爾。小帋共十八塊。餘挼破者，不足厠之矣。八絶皆村龕寓言，淡墨花草十葉，皆老嬾不能磐礴之陋。承責草草，發一無俚之笑可耳。弟衰甚，爛眼怕風，明日若風少息，會當一叩。先此致意，急欲辟咡一聞微言也。

玄錫先生仙翁。　弟山頓首。

與玄錫帖〔二〕

恭祝錫老道兄七十壽。弟傅山拜。不成儀，另單鳴意。

寄胡子丹

尊太翁懿績，當得鉅公鋪敍之。承謬屬，亦以辱知妄諾。既揣知非分，遲遲數年。今年老，疾頓劇，一切勉强不去。復恐旦暮就溘，深負良朋求野之責。草成一藁，未足萬一之儗，然亦不敢不兢兢於三事之範，惜鑪錘不工耳。眞行原册，敬致記室，幸恕疏漏。　子丹三仁丈昆玉。　弟山頓首。〔三〕

〔一〕此篇據晉祠博物館藏手稿釋文，由任志祿整理。
〔二〕此篇據晉祠博物館藏手稿釋文，由任志祿整理。
〔三〕「子丹」以下十一字，據拾遺本補。

寄胡子丹〔一〕

子丹道丈先生足下：肝膈之眞，無論千萬里之外，總用寒温不着，故每無一言虚候。忽復有言，亦非復爲我。故人子程三哥，薄持星命，初學而直入燕市，想一俊之中，詎不謂壯哉！然此其由耳。其實能傭書，素以抄寫食力者，且少健，亦有奔走精神。至彼中，恐倀倀無東西路頭。仰借先生，有可以指點，令得營生處，當不憚勞苦聽命。須知非以此子專專託之吾子，不過爲兄台彼中久識人多。

寄于野

吾玉兄恙，聞之不眞，近有字，云漸愈矣。昨所屬刻碑，可動手否？若刻完，須速寄一張也。别有所欲問，可不言而喻。凡所欲聞，〔二〕可示一字。弟老病，日就委頓，强支大難，日夕想見吾黨英妙快事而不可得，當奈何？便寄此聲。有挽鱸丈詩亦寄示之。〔三〕三、四哥文几。弟山頓首。

澤州多百合，可爲弟搆三四斤來，不要凍了。潞安小銅鍋有耳者，便中搜一個。草復于野四兄。眉適有恙，不能作書，囑筆致意，山又白。

〔一〕此篇錄自拾遺本，他本未收。
〔二〕「聞」，丁本作「問」，據拾遺、劉、王本改。
〔三〕自此以下至末，據拾遺本補，他本無。

老人扶病抵里，疾不退，日衰一日矣。目下不待食，似瀉非瀉，甚苦。暑倦，步履不能五六十跬連抃也。　弟山附白。

昨窮日力抵村，逕大憊，始知老人之苦。四哥梗陽會語大可憐，恐我輩喜而與之，遂有失耳。眉口屬，弟山白。

與丹翁書〔三〕

丹兄病漸漸可慮，〔二〕不知此時心脈復如何耳。棘人胡亂揣摸一方塞責，實不知所要領，當從何處拏把也。四哥斟酌報之。　山拭淚屬筆。

篆隸聞命，不能頃刻辦。一二日内，可向藥肆取也。　丹翁道兄。　弟山頓首。

與居實書

六月倉皇一登北嶽，時實覺死在旦暮，唯恐今世之不得了一岳之緣。非汗漫，非消遣，實尋一死，所冀卽横尸於大林邱山間，如翟生心事。山生孝不和嶠，死孝不王戎，而直覺人無父母了，便

〔一〕此札錄自拾遺本，無題，書中「四哥」當指胡于野，故置於此。
〔二〕此篇據晉祠博物館藏手稿釋文，由任志祿整理。

是無根草，有甚依倚，有甚趣味？再理會立身揚名事，亦是大忍心不仁之言。故今日死可也，明日死可也。秋後雖病劇，似尚有兩三月人世之分。閒讀禮書，亦屬勉强，非其好也，不敢曰「此古人讀禮之時」也。〔一〕直看出「樂正子五日不食而悔之」之註，大非本義。蓋悔，不悔五日不食，是悔平生未盡情於其母之言。不知先儒何所見，而的指爲悔五日之不食也？想此情事，豈不可笑？分明是樂正子餓得著急了之言。豈有此理，豈有此理！故其悔與皐魚意同，雖與人言，難與天親子弟言也。曾子曰：「先其不復者而施之。」而今已矣！而今已矣！

入冬大冷，又且不能遠尋死所。追憶舊友，不能忘情。恐一旦溘焉，負此宿心。擬爲曹古遺作一傳，而心緒荒亂，不知當如何捉筆。此亦非作文時，而義有不及須之時日者。速求實兄寫一狀來，悉其平生，山試一鈔謄之，〔二〕申此寘良之許。而聞兄又說欲爲袁先生尸祝山中，〔三〕以今勢料之，那復能辨此堂構？或土陶亦可，此亦正經事。年來悠悠忽忽，並不知胼胝賤言。兄尚有此心否？若有時，亦須草成一小碣文，使山見之，或有所讚於其陰，〔四〕亦此生未了之一案也。山之精神志氣，一齊盡矣。時時候臘月三十日到來，粗結此不長進骨頭一局，餘都掃過不提矣。戴二哥向山取兄詩，選定五十首，近且知之矣。若成，定當先示山，山即寄記室。

〔一〕「禮」，丁本作「書」，據他本改。
〔二〕「山」，丁本作「出」，據他本改。
〔三〕「聞」，丁本作「間」，據他本改。
〔四〕「讚」，丁本作「續」，據他本改。

寄長伯〔一〕

明日，又玄老先有約，〔二〕攜燒羊至村大嚼。奈負花觴何！若花尚不全被風姨侮弄，三二日内當自往一坐，〔三〕酬此老春，不勞杯盤也。山頓首。〔四〕

寄上艾人

貧道與居實白子仳離六七月，急圖晤言。不但尋常契闊，所欲訊商者，皆亂世奔走之務。前問路牽牛山，將取次造山房促膝。麻郎梗路，輒爾伏處此中，傺侘縮地無術，先録近作四章代覯。半年來雜詩約有四五十首，面時盡呈，共當痛哭耳。州中舊稿，應爲收貯，不知此時安所穢暴。書策數部，想當無恙耶？便中欲置行笥，並及之。

寄示周程先生

亂後想見示周玉貌莫由，〔五〕而濟生能遠到，庶幾似之，略慰舊懷矣。弟之中曲，不必面傾。示

〔一〕此篇據祁縣圖書館藏拓本整理，霜紅龕集劉、丁、王本收録。
〔二〕「又玄」，傅山全書初版本誤作「文玄」，據霜紅龕集各本改。
〔三〕「三二」，霜紅龕集各本作「二一」。
〔四〕末三字，霜紅龕集各本無。
〔五〕「亂」，丁本作「飢」，據他本改。

周吾之道義友，自能信之。然成一騎虎神仙，人或謂其有逍遥之致，誰知其集蓼茹蘗也？兄攜笈館晉水，知出無奈一著，畢竟是本等生涯，面目肺肝，豈若時人之盡改也！令姪來，得近況，甚善。兼聞兩郎能讀書寫字，是足怡示周於流離之後耳。晉祠喬木雲湍，時一流覽，可歌可泣。章句訓詁之餘，當勤杖履耶！弟心活神死，天機無復鼓動。三年中集有小詩百首，急欲傾囊求教。拙口不能嫺妙語，動觸忌諱，不便郵寄。倘弟早晚死後，收錄旌評，尚少不得示周簡重之言。此非迂語，如今何日何時不可死也？言之於邑爾楨久違，示周可頻聚首否？亦吾意中識道理一友。面時，寄聲致懷。此際此情，書何能悉！

汾上之避，不必縷縷，吾兄當知其原。聞其事幸苟結，尚不至大決裂，頗爲偷安。不爾，恐汾上非容膝之區也。兒輩過晉水，渥沾德教，此固先生遇子弟之常，然吾兄所處何等寥落，數數經故人往來乎！感悚無以爲喻。望前後北還，似又當出月後矣。〔一〕言念聚首，何刻忘之。濟長兄被兒輩苦惱，日事秃筆煤墨，集書有數萬字矣，然精健不減昔，兄當爲老哥色喜也。一欲託交游，〔二〕稍稍爲圖野鴛紅鸞之喜，略振岑寂。弟觀其興，殊有臧馬、伊吾之勇，可不謂壯哉！呵呵！

〔一〕「月」，丁本空白，據王本補。
〔二〕「一」，丁本空白，據拾遺、劉本補，王本作「亦」。

寄洪宇

斗粲二酉，乞士那能消受得起！既荷檀雅，〔二〕不欲固辭，以孤第六波羅德也。〔三〕權託黄玉兄道意，面時再展，不盡。

與胡崑彝

顏師古急就章注引周禮「宏人之官」。今查周禮，無所謂「宏人之官」，師古豈别有所據耶？乞崑丈教示。

寄蒹兄

久不作楷，承蒹兄督復爾。棘手朽擘，行老顫不能自持，兼以器非犀利，未免有馬捕鼠之醜。若以楷求，開罪鍾、王，其何能逭！或遇草淺獸肥、手柔弓燥之際，無心而作，冀有可觀。然亦自解，其實技止此耳。〔三〕

〔一〕「檀」，丁本作「擅」，據拾遺本改。

〔二〕「第」，丁本無，據他本補。

〔三〕此下，霜紅龕集各本與傅山全書初版本尚有寄蒹兄的第二札，據白謙慎先生意見與文意，當爲與魏一鰲書，故移至本書卷二十九，題爲「與酒道人」。

復雪開士

從來詩僧，但以句勝，不以篇勝也。寧隘寧澀，毋甘毋滑，至于寧花柳毋瓶鉢，則脫胎换骨之法，以魔口說佛事，是大乘最上義。卽古以詩名者，亦不多得。雪峯開士，苦心高興，終當有合。如「囂塵中有地，忠孝外無天」十字，何處突此奇特！若句句如此，便當一捧打死皎然、齊已輩矣。華嚴原有捨得三昧之義。人教捨某字某句，不若自己迴復，覺不穩處卽勇捨卻，如孟生之于破甑。久久，一切俗調塵氣，到不得庵摩羅果筆底矣。

再復

李洞之「小片當吟落，空香入定聞」，非僧詩，而氣味全似僧詩。雪峯學五言近體，但于此十字中想情、想境，擬而爲之，會能到也。韻脚只求愜當，押得穩處，卽出韻，不妨爲好詩。若被韻拘莽，于韻中取一硬字押之，不顧妍媸，但稱叶韻，一字便可累一章矣。切忌之！切忌之！平處險押，險處平押，濃處淡押，淡處濃押，顛倒變幻，熟之自辨。

與曹秋岳書〔一〕

以七十四歲老病將死之人，謬充博學之薦，而地方官府卽時起解，籃輿就道，出乖弄醜，累經部驗，今幸放免，復臥板昇歸。從此以後，活一月不可知，一年不可知。先生聞之，定當大笑，乃復有此蒲輪別樣。因便敬候興居，使知此況。

來僧圓璧，其人頗解讀書。山出門時，其敦逼狼狽，不可告人，且病噎不食。璧爲煮粥、煎藥，將護之情，不能已已。乃妄聞山之病死燕市，復甁鉢來看。見山生歸，欲復南游，募書册藏一部，以其便于展閱，欲下智慧根子。山感此至誼，聞此板卽在貴府阿蘭若內，願先生憫此白學，爲之開緣。一册一函，莫非佛事，此似亦易爲力。紙筆貴賤，總難懸度，彼若至誠，或當如願。載歸之時，山若未死，當南向跪，誦金剛經一卷，以當報恩。枯木堂力疾草此，求恕不恭。寒温套語，不敢作誑。秋翁先生菩薩。　傅山頓首頓首。

〔一〕丁本注：「振玉案：此僞託，詳年譜注。茲姑仍舊本坿存。」丁譜羅振玉案：「先生此書之末，有『枯木堂力疾草』。此語先生集中有枯木堂讀杜詩一首，注『直隸崇文門外圓教寺』。」「而書中有『見山生歸』語，則又似作於返里後，已不免矛盾。而書首又有『以七十四歲老病將死之人，謬充博學之薦』語，考膺薦之年爲戊午，先生年七十二。」尹案：此書可能有錯簡與釋文錯誤，卷二十七與戴楓仲書中卽有此情形，筆者在上海圖書館見到手札原稿後方明白，已作改正。故此書是否僞作，尚不能斷定。

與段叔玉書〔一〕

勞斤運醜字，當重邀武騎之榮，面謝不盡。賤名寫來三行，大小唯擇過之。末借重芳名，禮也。叔玉文兄。　弟山頓首。

儘此字排之石上，不必輒滿，寧横勿順，在叔玉兄編排。　山拜。

與配兄書〔二〕

衙役使騾夫來問行期，弟行亦不用騾子，待兄來細説。但顧力抬一叵羅去耳，專聞配兄。　山弟。抬夫只與論曰工程途長，欲任病人作行止。但自雇甚便，求配兄處分。　山白。

與荃老書〔三〕

廓中偶爾無米，父子叔姪相對長笑，頗近清虛，未免有待，而此面亦得空易卦也。偶有小金牋十餘幅在破案，因憶唐伯虎不使人間造業錢伎倆，作小楷孝經十八章，較彼猶似不造業也。令兒持

〔一〕此篇據段帖整理，曹玉琪重校。
〔二〕此篇據潛蘇集帖整理。
〔三〕此篇録自王晉榮刊嗇廬雜著霜紅龕書札，他本未收。

入記室，換米二三斗，救月日之枵，若能慨然留而發之，又復爲大陵一場話柄矣，眞眞切切。張江陵文集若辨，可撿即令帶來。此際有書看，亦可當禪家觸食一門也。附請荃老仁兄。弟山頓首。〔二〕

致萬期書〔三〕

關情親眷，只有親丈，周旋看照，非我所得。預計昔人所謂深松茂柏，吾所知也，餘何能及？萬期老親丈。山頓首。壺中事全備鼎，幸留意。

失題〔三〕

前碑全無足存，只得一「鈍」字不失耳。無爲一字姑容一碑之理，求速磨之。且碑後原無落「蔡伯喈甫撰並書」之字，不知何故妄添此數字，大失漢碑之體。若傳之，遺笑海内，無了休矣。磨停當了，煩寄一聲，自有報也。切切。祭心老文，不必改擴，理學家正合如此，質有其文也。〔四〕並致意蒼翁先生、董翁先生。村中不能備佳帋作札子，近專自刻此爲打油箋也。弟山頓首。

〔二〕後十字，據陳監先先生抄本補。
〔三〕此篇錄自王晉榮刊嗇廬雜著霜紅龕書札，他本未收。
〔三〕此篇自「添此數字」至末，據山西博物院藏手稿整理。自「村中」至末，丁本無。
〔四〕「其」，傅山全書初版本脫，據手稿補。

失題

老人家是甚不待動，書兩三行，眵如膠矣。倒是那裏有唱三倒腔的，和村老漢都坐在板凳上，聽甚麽飛龍鬧勾欄，消遣時光，倒還使的。姚大哥說：十九日請看唱，割肉二斤，燒餅煮茄，儘足受用。不知眞個請不請。若到眼前無動靜，便過紅土溝喫盌大鍋粥也好。

與某書〔一〕

大鹵城中，治古文而讀古書者，前輩縉紳先生以至諸生，代有其人。嘉靖以前尚矣。嘉靖以後，以愚所聞所見，〔二〕可歷歷數之，然皆不欲以自表，故少所名稱。若至於山同時先後輩行，〔三〕自制舉業外，而兼能用心古學者，則尚美牛先生與其弟子崔季通丈，皆熟精春秋內外傳及公羊、穀梁者。趙鶴汀亦能雜覽多見，故其形諸言語，皆不俗俚。梁泰雲、王君範兩兄，同時以時文相摩厲，而于古學亦不廢。梁猶以其才力捃摭爲時文用，三十歲以後，不得意於場屋，始有意專致於斯，而死矣，惜哉！如崑彝丈，眞今日跫然之音，豈不可喜？又妙就直諒之千一丈，日夕稽考，亦大鹵城四十年來未有之事。俗人以此等閒視之，老夫不時感歎者，深傷其讀書人少也。有所發明，願不吝教。

〔一〕此篇原在家訓中，審文意，當是書札。今移至此。
〔二〕「愚」，丁本作「余」，據拾遺本改。
〔三〕「山」，丁本作「余」，據拾遺本改。

與某書〔二〕

如何兄便說二十五行？若高中，便須月餘，留省中還得數數領教也。盂縣之行且無期，明日兒輩詣候。

與某書〔三〕

鷟書污此佳册，付令親帶上，不足觀，牽率了事。原裹來布巾，仍裹去。幸查收也。〔三〕八日。

與某書〔四〕

般瓜甜極，今齋早粥，一掐過之，頗加碗數，謝謝。圖晤殷殷，憚數十步水，又令叫船一上下耳。

西江月興大豪，若有羊與雞獨享，似亦大寡，何不叫東山老道士共噉更好哉？東西村來往皆勞頓，〔五〕可約日于城中一面也。弟山頓首。

〔二〕此篇據山西博物院藏手稿整理，由李勇釋文。曹玉琪重校。

〔三〕此篇據晉祠博物館藏手稿整理，由任志祿釋文。

〔三〕此下，傅山全書初版本衍「山白」二字，據手稿删。

〔四〕此篇據晉祠博物館藏手稿釋文，由任志祿整理。

〔五〕「皆」，傅山全書初版本誤作「背」，據手稿改。

與某書〔一〕

遠承雅意，謝不待言。前與道翁寫得一扇，因無便人未奉，今付使代上。〔二〕眞實由中，會笑頷此意。郎君一昋，亦直質相勸勉之言，幸細覽過，見我輩老迂，無他時俗諱語耳。　弟山頓首。

與某書〔三〕

扇如旨。蘭常終爲解衣。但老嬾不知嬾在幾時纔得完信。暑熱悶不可言。若能來靖裏，〔四〕殊大快事。專候道駕不呶。　弟山頓首。

與某書〔五〕

仙誕，尊命不敢造攖，謹具粗扇貳握，小詩二章，亦非套語。皆卽道兄實行。展祝，幸笑內。石章一方，勒仙師所改尊名也。　弟山頓首。

〔一〕此篇據晉祠博物館藏手稿釋文，由任志祿整理。
〔二〕「付」，傅山全書初版本誤作「附」，據手稿改。
〔三〕此篇據晉祠博物館藏手稿釋文，由任志祿整理。
〔四〕「裏」，傅山全書初版本誤作「裹」，據手稿改。
〔五〕此篇據晉祠博物館藏手稿釋文，由任志祿整理。

與某書〔二〕

來示安和，甚慰。福德君子，兒孫滿前，斑斕笑舞，便是人間天際，不孝輩那敢倫擬？且病來百許日矣，瀕死三次。然甚無罣礙，無時不收拾行李，早叫早應，晚叫晚隨。若復寬限，亦只得悠游待之。情理如此。若陶貞白老而彌篤者，亦復似之。今月初一日，兒婦勉身，復得一雄，附聞知己。　不孝弟山頓首。

每小饑卽口流白沫，此是胃虛火動，不關甚病，亦當用白术二兩、黃連薑炒一兩，共爲細末，用烏梅肉三四個、好開口花椒一大撮，熬濃湯，和作小丸子，硃砂爲衣，每服三四十丸，食稍遠，白水下，可除此症。

車哥適在，定于正月初旬至縣奉謹也。便意脚力，還得一頭。孫兒日夕有火炮，老翁誑之無術，承惠卽推原其意而叩之，容圖別謝不盡。　不孝弟山稽首。

與某書〔三〕（殘稿）

次長榆，再得家信，□□松僑，略待老親湯液三四日，幸全安矣。

〔二〕此篇據傅青主先生眞蹟整理，谷錦秋重校。
〔三〕此篇據傅青主先生眞蹟整理，谷錦秋重校。

偶失左右，于初十日平地小蹶，傷筋，至今吟苦牀茵，不能展轉。極知神氣無方，察脈亦復調和，無他可慮，但老人不能伸縮，如（以下缺）

與某書〔一〕

醫本不濟，而加以老懶昏昧，實不能精心事此。老嫂樣，既無國醫審其寒熱，但用飲食消息靜攝，行當平復也。轂塗兩方，塞來責耳。可笑，可笑。附候春禧不盡。弟山稽首。

與某書〔二〕

紅艷豐盈，何必香勝？老眼寂寥，得此韻供，身非菩薩，那能不着？謝之不盡。山頓首。

與某書〔三〕

知伯陽亦頗有小著幾葉，吾曾見之。餘無甚關係，而詩類宋人者，須精定之，三五首不爲少也。所書有孫、段二子行實及祭西野文一篇，不可不存，〔四〕急往問之。諸人士輓詩，並抄來一看，當並

〔一〕此篇據傅青主法帖整理，由吳連城先生釋文，谷錦秋重校。
〔二〕此篇據傅青主法帖整理，由吳連城先生釋文，谷錦秋重校。
〔三〕此篇據段帖整理，霜本在雜記中，實爲書信，故移至此。由曹玉琪重校。
〔四〕「存」，霜集各本作「有」。

刻而行之。山。

與某書[一]

昨遽索老字不得，與遠友寫得葉子一片復約，不足觀也。文邑頓有此挺生少年，老夫眼爲之開。讀書自愛，不待呶呶。

與某書[二]

王四哥、李南兄之指揮呵護，足可依也，特取此字爲地也。吾病略退，大抵老憊之極，藥餌正在豪釐間作効耳。二十七日早作字。

與某書[三]

瑤華再枉，三年不報。依依知己，敢尔魯皋。右臂痛風，不能握不律者，年半矣。勉一握之，腕隨肩動，輒復跌撲敗簡。今秋稍可。十月間曾屬貴年友杜子老一箋寄聲，不知能達否？昭餘戴仲，傳文旌暫過平水，百餘里間，不得一瞻芝宇，柰何，柰何！若果尚留平水，少煥，當圖晤對。

[一] 此篇錄自拾遺本，他本未收。
[二] 此篇錄自拾遺本，他本未收。
[三] 此篇據上海圖書館藏手稿釋文。傅山全書初版本未收。

不奉雅誨，忽復四年。前箑有「添得中甜幾百篇」之句，蓋因近作者儘有篇章，違心賣弄，攬之歐歐，不知作者之甜與否，而攬者之甜，閣閣不來。此道何等性分事不得共，二三眞正不昧心人相視一笑。瞻言道情，實勞寐寤，非復常言，非復常言！艸此先候興居，不盡。眞山頓首，頓首。愼。

與某書〔二〕

承問，一一盲對，總臆說耳，不足采也。昭紆戴二哥挾天生丈一書游盂，與王令君申款，會當有合。弟有字屬之賢坦濳兄矣，應于聲氣之間大有針芥，與之快論今古，亦一快晤，即不妨鼎致。令君是文章之雅，楓仲此行不無渴轍之意，彼中或可爲升斗分潤者。惟台丈密贊之事機人情，非外來生客所知。前楓仲發時擬一字奉介，因行急不及，會使來特申少理前言，如此，統惟神炤。弟山頓首。兒眉不敢莊啓，侍研屬意。

與某書

綿山看勒有道碑，往來廿日，中熱，眼遂紅爛不能睜，苦惱特甚。初擬就穀貴縣，貴縣亦復旱歉，柰何柰何！大暑燥而不蒸，且欲在汾湄遣過此五六月。依依水鄉，肩輿之命正須且停，□切歉切。弟山力疾頓首。

〔二〕此篇與以下五篇録自中國書畫全書刊穰梨館過眼録，由傅珉整理。傅山全書初版本未收。

與某書

尊恙時作時已，總無關係，可不藥也。夫人脾證眼前如不足慮，所與方不過健脾進食輩，然率不能奏功。此病當爾，即不藥亦爾。但想到富貴尊榮、子孫科第，接知眼前快意，莫非觸食足飽百歲，何有甚病可上心者？閣下時時以此義解導之，勝索方技求諸庸劣之醫也。病眼，字不細謹，恕之。　弟|山頓首。

與某書

老病待死，不消提人事。苦惱遝至，亦不勝說。健之一字，正是業債，然徒有其表，實中乾矣。山水之興何日無之？兩腿如走綿花包上，即扶老藤不足倚也。承教，令兄病仍是昨年症，服補劑似不甚宜。但薄滋味、省煩惱，勝我輩庸大夫倒東倒西，雜毛草藥一萬服也。附候起居，不盡。借友人單帖草復，恕簡率也。　弟|山頓首。

與某書

鐘鳴漏盡之人出來弄醜，不謂後還鄉也。病日益深，面目手足不時發腫，一脛徑似濃血過損，跛痛不能三四十步。此中顛末若細細告之故人，眞可發噱。此時百節痛楚，日夜不休，且不能圖晤。三兄再|燕時曾親見病態，當先閣下矣。尚須少憩數日，徐徐理前論也。大抵季治之人即月治矣。風燭搖搖，豈復敢期時日！草此奉復，不盡。力疾不恭，恕之。　弟|山頓首。

與某書

原擬臂入五臺會里，此蘿莎周旋少停當了，當稱使到北寺住數日可耳。亦不勞安頓，即與住持分衞甚便，此淡薄唐園也。草草復，不盡。弟山頓首。

小函既緘矣，始聞臂小違和。三方大同小異，皆不差，但藥未滿分量耳。臂痛多屬風寒外逼，而内多夾痰。試以好艾褥先裹之，令發汗，看何如。一單附函外。弟山又白。

病中作字，不草不眞，即詞令亦不能修飾成章，統恃知我恕亮。山房之榻且未能幞被赴之，柰何，柰何！弟山又頓首。

與某書〔一〕

金箋方打點得一半，正擬歲杪託楓仲轉寄，金玉適至，想不多日當了此一案也。報命遲遲，先此布誠。村僑無小東矣，兩單草率。弟山頓首。

公郎恙只是血少，徐徐生之可也。尚有一商：鄧架所藏道藏，聞是抄本，不知自何得來？中有雲笈七籤，便中借得，與刻本一對，何如？弟山又頓首。

〔一〕此篇錄自嶺南美術出版社傅山書翰精選一九九五年版。傅山全書初版本未收。

與眉書〔一〕

吾渾身忽腫脹，而腹中憋懣，行臥都帶喘促，尔似不能久淹汾矣，宜速計歸。若尚堪藥餌，亦須尔來收拾也。彼處有賤價人參，可圖些些，略備無聊之用。無亦不必。

復友人〔二〕

雪峯還，接手教，知三五日内束裝。若老叟不即塡溝壑，尚領教有日也。契丈致眷眷，不另肅。

弟山頓首。

致某君書〔三〕

雲誼額感，不知所言，一一面屬孫舍親代叩陳情。兩棘人不敢以毁容拜階下，先遣至村中，累相一居亭茅屋。山有小佛事未完，五月半定圖趨教，先此東向遙拜，謝高厚不盡。

弟山頓首。

惡里恨不一步離之，兩孫但有佑護，老骨眞無處不可蜕也。心馳於皮，古有成言，切切。

〔一〕此札據上海圖書館藏手稿釋文。傅山全書初版本未收。據文意，似與其子傅眉書。

〔二〕此篇録自王本嗇廬雜著霜紅龕書札，他本未收。

〔三〕此篇録自王本嗇廬雜著霜紅龕書札，他本未收。

遺魏環溪

愚父子學莊、列，而一旦決癰潰疽矣。兩孫孱少，内外眷屬無可緩急者。羅叉外侮，寔繁有徒。特遺此書，求加護持。人心險毒，轉眼莫必。環翁知我爲我，使此兩兩孱少得安畎畝間，隔世拜惠，乃莊子所謂「死生同貫」者也。卅年前手書曾子問一卷，賫奉爲贄。弟山頓首。

遺孫長公

家門不幸，兩孫無依，内外徬徨，凌侮遝來，不可堪受。念我故人，可屬依護。孱弱無能，傭書糊口，其間苦惱，自可晤陳。一切恩怨，非我泉下人所知矣。義氣舊游，定能羽翼。丈夫遨游，何必故鄉？即塹當邱首，亦須别有顏面。各人際遇，不可豫謀，而因人起事，實難冒儍。〔二〕窮鳥入懷，定知懷之可入。翔而後集，此有成言。昆支敦厚老成，一一指示，俾此流離，不終倀倀。一段高義，會足千古也。篝燈草託，筆自此絶。大賢孫長公侍史。七十八歲老人山頓首。〔三〕

遺李約齋

當世盛德忠厚，孰有如代郡李先生者哉！私心向往者，十餘年矣。愚父子怛焉長逝，特以兩孫

〔二〕「冒」，丁本作「昌」，據張、劉本改。「儍」，傅山全書初版本誤作「傻」，據霜紅龕集改。

〔三〕自「大賢」至此，據張本補。

爲託，孱弱無依，窮鳥不能不投長者之懷也。詒環翁一字，並求轉致。手寫寓言一册奉贄。〔二〕　弟山頓首。

遺書汝翁

家門不幸，兩孫失依，内外眷屬，無可緩急者。羅叉外侮，良繁有徒，羣凌遝至，實難支禦。愚父子一旦決癰潰疽，怛焉長逝矣，特遺此書，求加護持。義氣舊游，定能羽翼。然一切恩怨，非我泉下人所知。丈夫遨游，何必故鄉？各人際遇，不可豫謀。翔而後集，此有成言。念我汝翁，知我爲我，幸惠德教，一一指示，俾此流離孱弱，傭書糊口，得安畎畝，不終倀倀，則一段高誼，會足千古。山隔世拜惠，迺卽莊子所謂「死生同貫」者也。篝燈草詒，筆自此絕。

辭世帖〔三〕

終年負贅懸疣，今乃決癰潰疽，眞返自然。禮不我設，一切俗事謝絕不行，此吾家莊列教也，不訃不弔。

〔二〕「奉」，丁本作「爲」，據他本改。

〔三〕此篇錄自王晉榮刊薔廬雜著霜紅龕書札，他本未收。

卷三十一　家訓

訓子姪〔一〕

眉、仁素日讀書，吾每嫌其駑鈍，無超越兼人之敏。間觀人有子弟讀書者，復駑鈍於爾眉、仁，吾乃復少恕爾。兩兒以中上之資，尚可與言讀書者。此時正是精神健旺之會，當不得專心致志三四年。記吾當廿上下時，讀文選京都諸賦，先辨字，再點讀，三試上口，則略能成誦矣。戊辰會卷出，子由先生爲我點定五十三篇。吾與西席馬生較記性，日能多少。馬生亦自負高資，窮日之力，四五篇耳。吾櫛沐畢誦起，至早飯成喚食，則五十三篇上口，不爽一字。馬驚，〔二〕歎服如神。自後凡書，無論今古，皆不經吾一目。然如此能記時，亦不過五六年耳。出卅則減五六，四十則減去九分，隨看隨忘，如隔世事矣。自恨以彼資性，不曾閉門十年讀經史，致令著述之志不能暢快。值今變亂，構書無復力量，〔三〕間遇之，涉獵之耳。兼以憂抑倉皇，蒿目世變，强顔俯首爲蠹魚，〔四〕終此天年。火藏敥騰，又恨呫嗶大壞人筋骨，闟强躍馬，嗚呼已矣！或復勸我著述。〔五〕著述須一副堅貞雄邁心

〔一〕此篇據晉祠博物館藏手稿釋文。霜紅龕集張、劉、丁、王本收録。山西博物院還藏有傅蓮蘇抄本。

〔二〕「馬驚」，傅山全書初版本與霜集各本作「馬生驚異」，此處依手稿。

〔三〕「構」，傅山全書初版本與霜本作「購」，此處依手稿。

〔四〕「顔」，手稿作「言」，據張震説改。

〔五〕「復」，傅山全書初版本與霜紅龕集各本脱，據手稿補。

力，始克縱横。我蕭瑟極矣。雖曰虞卿以窮愁著書，然虞卿之愁可以著書解者，我之愁，郭瑀之愁也，著書無時亦無地。或有遺編殘句，後之人誣以劉因輩賢我，我目幾時瞑也！

爾輩努力，自愛其資，讀書尚友，以待筆性老成、見識堅定之時，成吾著述之志不難也。除經書外，史記、漢書、戰國策、國語、左傳、離騷、莊子、管子，皆須細讀。其餘任其性之所喜者，略之而已。廿一史，吾已嘗言之矣：金、遼、元三書列之載記，不得作正史讀也。

文訓

貧道昔編性史，深論孝友之理，於古今常變多所發明，取廿一史應在孝友傳而不入者，與在孝友傳而不足爲經者，兼以近代所聞見者，去取軒輊之，二年而藁幾完。遭亂失矣。間有其説存之故紙者，友人家或有一二條，亦一斑也。然皆反常之論。不存此書者，天也。〔一〕

凡人養生作人，〔二〕皆有一安身立命之所，卽文章小技亦然。爾兩小子皆讀左氏春秋，其中犯教傷義大節目，一眼便知，不待講解也。至於文章之妙，大段大段，細曲細曲，鋪張組織，補緝波瀾，前人多少評論，總不能盡。爾小子若有眼色，讀之既久，自得悟入，别生機軸。依傍不依傍，熏習變化，全非我所得與爾拈出者。以後凡遇古人用此法論此義者，莫要置之，皆須留心分晰。明經處到不甚難，以其是非邪正顯然易見，而文心掂播虀謔，實鏖糟所難得窺測。爾們便將此書作一安身

〔一〕此段，傅山全書初版本脱，據霜紅龕集補。
〔二〕「生」，丁本作「性」，據拾遺、王本改。

立命之所，作人、養生、〔一〕學文，都向此中求之。每事相與辨論，所謂「奇文共欣賞，疑義相與析」也。

文者，情之動也；情者，文之機也。文乃性情之華。情動中而發於外，是故情深而文精，氣盛而化神；才摯而氣盈，〔二〕氣取盛而才見奇。

文章未有高而不簡、簡而不摯者。

詩訓

杜詩不可測之才人，振古一老，亦不得但以詩讀，其中氣化精微，極文士心手之妙，常目在之。

韋公詩多清言。李肇國史補云：「韋性高潔，鮮食無欲，所居常焚香掃地而坐。」觀其逢楊開府詩，清靜者固如此耶！公與陶公，皆知其不可柰何而安之者也。

謝道韞登山詩，如「氣象爾何物，遂令我屢遷」十字，今古詞人能有此幾句？唐之輞川翁、浣花老，往往得此妙境。偶見謝林風此首「氣象」二句，男子未必能道此句也。爾看之，可造詞入微。

輞川詩全不事鑪錘，純任天機，淡處、靜處、高處、簡處、雄渾處，皆有不多之妙道情眞語，人不能似者。以其一詩之心在無詩，〔三〕而心平氣和，不罵人，不自己占地步，不傍剛尋事，不隱刺

〔一〕「生」，丁本作「性」，據拾遺、王本改。
〔二〕「盈」，王本作「盛」。
〔三〕「無詩」下，拾遺、王本有「之心」二字。

譏，不急急怨望，不騁辨才連犿。

造語卻非一意雕琢，在理明義愜，天機適來，不刻而工。杜詩之「愜當久忘筌」最妙。「愜」當讀作上聲，楷雅切。

韻學訓

險韻在沈訂者，能有多少！須取玉篇、廣韻、今行等韻諸書，擇其純雅有義不犯複者，盡限而押之濫熟，如人用上平前數韻者用之，亦是一種功夫學問。若做詩怕險韻，難道彼韻諸字可不識耶？險之相命，亦不識字人爲之耳。若一字不識人，展卷見「東」字亦險也。呵呵！眉、仁識此，眉、仁識此！

音學訓

讀書之聲死，説話之聲活，歌曲之聲牽就。凡字書曰音，曰反切，曰讀若，皆死法。天然之口音，不在其希微之間。至於呵呀開闔，順逆輕重，同聲異意，遠近聽别，全在此之口音、彼之耳音，會通無礙，始知聲音之妙之變，由於聲前、聲中、聲後，皆有然否、直宛、平側、枝遁之氣，掂掇於中也。音切之書，焉能盡之！不過用其死法讀書可耳。

字訓

論畫人物，點睛如能左右顧者，只是點得最正，即能爾。此固然，然亦須於左右觀視之物上用情。畫視難，畫聽尤難。寫字之妙，亦不過一正。然正不是板，不是死，只是古法。且說人手作字，定是左下右高，背面看之皆然，對面不覺。若要左右最平，除非寫時令左高右下。如勒橫畫，信手畫去則一，加心要平則不一矣。難說此便是正耶！

作小楷須用大力，柱筆著紙，如以千金鐵杖拄地。〔一〕若謂小字無須重力，可以飄忽點綴而就，便於此技說夢。寫黃庭數千過了，用圓鋒筆、香象力，竭誠運腕，肩臂供筋骨之輸，久久從右天柱涌起，然後可語奇正之變。

寫字只在不放肆，一筆一畫，平平穩穩，結構得去，有甚行不得？靜光好書法，收此武拔甫數紙，皆是兢業謹慎時作，惜乎死矣。〔二〕靜光頗學此筆法，而青於藍矣。水木之源，裝而藏之，禮也。

寫字無奇巧，〔三〕只有正拙。正極奇生，歸之于大巧若拙已矣。〔四〕不信時，但於落筆時先萌一意，我要使此字爲如何一勢，〔五〕及成字後，與意之結構全乖，亦可以知此中天倪，造作不得矣。手熟爲能，邇言道破。王鐸四十年前字極力造作，四十年後無意合拍，遂能大家。

晉自晉，六朝自六朝，唐自唐，宋自宋，元自元。好好筆法，近來被一家寫壞：晉不晉，六朝不六朝，唐不唐，宋元不宋元，尚㷍㷍姝姝，自以爲集大成。有眼者一見，便窺見室家之好。〔六〕

〔一〕「拄」，丁本作「柱」，據拾遺、王本改。

〔二〕此句下，拾遺、王本尚有：「若當今日有此買賣，郡縣台省，有甚到不得，命窮人那裏說得起也。」

〔三〕此條傅山全書據霜集各本收錄。此次由葛敬生先生據北京翰海藝術品拍賣公司二〇〇〇年一月八日千禧拍賣會中國書畫圖錄所收傅山書札校勘。尹按：此圖錄所收傅山書札當爲傅眉或傅仁抄本。

〔四〕「之」，傅山全書初版本與霜集各本均脫，據圖錄補。

〔五〕此句，傅山全書初版本與霜集各本作「我要使此爲何如一勢」，此據圖錄。

〔六〕劉、丁本注：「唐林曰：此爲董文敏說法。」

予極不喜趙子昂，薄其人，遂惡其書。近細視之，亦未可厚非。熟媚綽約，自是賤態；潤秀圓轉，尚屬正脈。蓋自蘭亭内稍變而至此。與時高下，亦由氣運，不獨文章然也。吾極知書法佳境，第始欲如此而不得如此者，心手紙筆，主客互有乖左之故也。期於如此而能如此者，工也；不期如此而能如此者，天也。一行有一行之天，一字有一字之天。神至而筆至，天也；筆不至而神至，天也。至與不至，莫非天也。吾復何言？蓋難言之。

仕訓

仕不惟非其時不得輕出，即其時亦不得輕出。君臣僚友，那得皆其人也！仕本憑一「志」字，志不得行，身隨以苟，苟豈可暫處哉！不得已而用氣，到用氣之時，於國事未必有濟，而身死矣。死但云酬君之當然者，于仕之義，卻不過臨了一件耳。此中輕重經權，豈一輕生能了？吾嘗笑僧家動言「佛爲衆生」，似矣，卻不知佛爲衆生，衆生全不爲佛，教佛獨自一个忙亂个整死，臨了不知罵佛者尚有多多大少也。我此語近於沮、溺一流，背孔孟之教矣。當此時奔逐干進，泊天地下皆不屑爲沮、溺矣，豈如此即皆孔孟耶？但囫圇略道之。爾輩顧素聞大義明矣，何必我口一一誅求？運氣當爾，若不達觀，眞正憋殺幾个讀書求志之人。須知志即在讀書中尋之，不失爲門庭蕭瑟之風流也。

仕之一字，絕不可輕言。但看古來君臣之際，明良喜起，唐虞以後，可再有幾个？無論不得君，即得君者，中間忌嫉讒間，能保終始乎？若裴晉公之遇唐憲宗，亦萬一耳。

佛經訓

佛經，此家迴避不敢讀。間讀之，先早有个「闢異端」三字作難。與他耳耳戛戛去說不違背處，大有直捷妙諦。凡此家蒙籠不好問答處，彼皆粉碎說出，所以教人翻好去尋討，當下透徹，不騎兩頭馬也。爾底根地甚好，將來有个大好撒手下落，切不可作菩薩隔陰之昏也。隨論如何博學辨才，卻是沒用底，須向大易、老子尋个歸根復命處。

雜訓一〔一〕

後生輩知尺木大士堂戒：「有人無血色者，不得入。」此條我教你們，又只說个「沒耳性人，不得在我側。」有血色無血色人，還看得出。若沒耳性人，非久久磨擦，不知其人之有與無也。我把句有斤兩話告他，他一遍不覺，兩遍不覺，終年二年，以至數十年，只管沒个省悟，左來是那幾句沒長進話，只管圪嚼。只樣物件，眞正視肉。〔二〕我顛倒要拜他爲第一希有導師了。何以故？是我沒耳性，不受他點化處。我底耳朵太虛了，要借他太實耳朵醫我也。好了，好了。我底耳朵三四月來大聾了，又不用他醫了。你們說話須大高聲，不然，你們又要說我沒耳性了也。

昔人教尋孔顏樂處，此句也是平地圪垜語。讀得書久，自有樂處，便與孔顏不遠。若白白去尋

〔一〕此標題各本原無，審下文與佛經無涉，故另立一篇，姑命以「雜訓」。

〔二〕「視」，丁本作「是」，據劉、王本改。

孔顔，孔顔與你个對面不見，豈不罔過了日子也。賴天地祖宗之澤，當此亂世，不飢不寒，〔一〕破書可讀，一切齷齪人事不到眼前心上，只此享受。且道此邦，能得幾家幾人，有爾過活否？切莫將此一段因緣當作等閒，〔二〕鈍資磨去，〔三〕日知所亡，三間小屋之下，好不富貴也。自愛不自貴，自知不自見，聖經賢傳，古今載記，儘爾游衍，誰能禁之！

一生爲客不爲主，是我少時意見欲爾，故凡事頗能敝屣遺之，遂能一生無財帛之累。子弟亦須知我此意，師之可省經營煩惱。

凡過耳之言，觸之驚心者，皆吾之道師醫藥，卽須刻之於心，不可忘之。至誠格天，當下卽應，不須歲月。

無耳性人，不但諷勸著不解，卽大罵詈亦不覺，只記得个誰罵我來，卻不記罵得我是我那一椿短處。若於此有醒。罵我者是我大恩人。

名也者，響也；身也者，影也。能克己，乃能成己；能勝己，乃能成物。

有志氣無學問，至欲用學問時，往往被窮，始知志氣不可空抱。古今之興亡成敗，時事之堅瑕難易，眼明膽定，而辨才足以指畫前籌，始成得一佳士。

挺生之人，見解定有異於常人，非讀書講學之人所可至者。作文、作詩、講學，皆須造語。語旨而允，乃能傳，所謂「言之不文，不能行遠」也。

〔一〕以上八字，丁本無，據拾遺、王本補。

〔二〕自「只此享受」至此，丁本無，據拾遺、王本補。其中「爾」字，王本作「你」；「當」字，王本作「看」。

〔三〕「鈍」，丁本作「純」，據他本改。

無至性之人，不知哀樂；有至性之人，哀樂皆傷之。有至性之人，多妨於道，無至性之人，又不可人道，所以道難。

幽獨始有美人，澹泊乃見豪傑，熱鬧人畢竟俗氣。〔一〕

自貴莫如忍辱，忍辱莫如遠人，遠人莫如親書。

小人不必羣聚，但兩人共處，卽有異常之謀矣。可堪一笑。

吉凶悔吝四字，吉惟一耳。無卜筮而知之，順動而已。

不會要會固難，會了要不會尤難也。吾幾時得一概不會耶？

凡好詆毁人，於人無纖毫之損，而其奴氣，自是惹人賤厭。〔二〕

事體無論大小邪正，有同一機局者。如隋楊廣之奪宗，唐太宗之誘裴寂，下而至於李道古之欲爲官，〔三〕皆以賭博爲術，而其所謀各各不同。

君子之名何由成？亦多虧不肖者以其下流之行襯起之耳。若人人有少廉隅愧悔，君子之名何自而歸？況居下流而惡皆歸之，君子遂爲好做。惜乎！無知之人不解此旨，以不肖自居，而以君子送人。

〔一〕「熱」，傅山全書初版本誤作「熟」，據霜紅龕集改。
〔二〕此條，傅山全書初版本脱，據霜紅龕集補。
〔三〕「李道古」，丁本作「李道」，據王本改。

十六字格言

己未七月二十日書教兩孫：

靜不可輕舉妄動。此全爲讀書地，街門不輒出。

淡消除世味利欲。〔一〕

遠去人遠，無匪人之比。此有二義。又要往遠裏看，對近字求之。

藏一切小慧，不可賣弄。

忍眷屬小嫌，外來侮禦，讀孟子「三自反」章自解。

樂此字難講。如般樂飲酒，非類羣嬉，豈可謂樂？此字只在閉門讀書裏面，讀論語首章自見。

默此字只要謹言。古人戒此，多有成言矣。至于訐直惡口，排毀陰隱，不止自己不許犯之，即聞人言，掩耳急走。

謙一切有而不居，與驕傲反。吾説易謙卦有之。

重即「君子不重則不威」之重。氣岸崚嶒，不惡而嚴。

審大而出處，小而應接，慮可知難。至於日間言行，靜夜自審，又是一義。前是求不失其可，後是又改革其非。

勤讀書勿怠，凡一義一字不知者，問人檢籍，不可一「且」字放在胸中。

儉一切飯食衣服，〔二〕不飢不寒足矣。若有志，即飢寒在身，亦不得萌干求之意。

〔一〕「世味」，丁本作「世外」，據拾遺、王本改。

〔二〕「飯」，拾遺本作「飲」。

寬謂肚皮寬展，〔二〕爲容受地。窄則自隘自蹙，損性致病。

安只是對「勉」字看。「勉」豈不是好字，但不可强不能爲能、不知爲知。此病中者最多。

蜕荀子「如蜕」之蜕。君子學問，不時變化，如蟬蜕殼。若得少自錮，豈能長進！

歸謂有所歸宿，不至無所著落，即博後之約。

偶列此十六字，教蓮蘇蓮寶，觕令觸目，略有所警。載籍如此話，説不勝記。爾輩漸漸讀書尋義，自當遇之。魏收枕中篇最周匝，不可以人廢言。於元魏書中看之。

雜訓二〔三〕

昔人云：「好學而無常家。」家，似謂專家之家，如儒林毛詩、孟、易之類。我不作此解。家即家室之家。好學人那得死坐屋底！胸懷既因懷居卑劣，聞見遂不寬博。故能讀書人，亦當如行脚闍黎，瓶鉢團杖，尋山問水，既堅筋骨，亦暢心眼。若再遇師友，親之取之，大勝塞居不瀟灑也。

底著濡淫，本非好事，不但圖功名人當戒，卽學人亦當知其弊。

「學之所益者淺，體之所安者深。閑習禮度，不如式瞻儀型；諷味遺言，不如親承音旨。」吾嘗三復斯言，恆願兩郎之勤親正人，遇之莫覿面失也。

「明經取青紫」，此大俗話。苟能明經，則青紫又何足貴！修其天爵，而人爵從之。從，猶從他之從。有也可，不有也可。

〔二〕「謂」，丁本作「爲」，據王本改。

〔三〕標題爲編者所加。

「學也祿在其中」，亦非死話。對「餒」字說，則祿猶食。有食則飽，故學可作食，使充于中。聖賢之澤，潤益臟腑，自然世間滋味，聊復度命，何足貪婪者！幾本殘書，勤謹收拾在腹中，作濟生餱饘，眞不虧人也。

「改」之一字，是學問人第一精進工夫，只是要日日自己去省察。如到晚上，把者一日所言所行底想想，〔二〕今日那一句話說得不是了，那一件事做得不是了，明日便再不說如此話，不做如此事了，便是漸漸都是向上熟境。若今日想，明日又犯，此等人活一百年也沒个長進。喫緊底是小底往大裏改，短底往長裏改，窄底往寬裏改，躁底往靜里改，輕底往重裏改，虛底往實裏改，搖蕩底往堅固裏改，齷齪底往光明裏改，沒耳性底往有耳性裏改。如此去讀書行事，只有益，決無損，久久自覺受用。

「直情徑行」四字甚好，只是入道使得，若是以之家國，全使不得。所以世上人受許許委曲，以此告諸後生，非陳萬年告咸之意。讀書法古，經久自知。將四字放在榔栗頭，爲破魔軍主帥，終來用著。

老人胸中有篇文賦，只是收拾不起來編寫，衰可知矣。然亦可以不弄此伎倆。童心宿業，有何不能捨去也。

「安靜和平」，老人自圖待終之道，不過此四字而已。兒孫所以養老者，〔三〕亦惟此四字爲承顏上尊。若論文事，則儘許發揚蹈厲。

〔二〕「者」，丁本無，據張本補。
〔三〕「老」，傅眉抄本、拾遺本無。

疏略之人，動輒失計。外來事端，不必色勝而心自取也。〔一〕色極不勝，心極不取，而見役于人，皆失之疏耳。古人藏身之固，無隙可窺，蓋籌之數十年中，常變之不期也。

文章詩賦，最厭底是个「嘽」字。嘽，緩也。俗語謂行事說話，鬆沓不警曰嘽。本「灘」音，因禮記「嘽以緩之」句借用之耳。然俗語亦無正聲。或用「纏」字之去聲，最有義。凡束縛右轉欲緊者曰纏，平聲。左轉欲鬆者曰纏。去聲。即如打麪茶，先纏平之，既纏去之，聲是也。齒牙口舌手筆丁當振動，自然無此病。若興會高簡之音，不在此例。若一篇之中得三兩句警策，則精神滿紙矣。警令人驚，策令人前。不能令人驚而前，則拖耳笨驢，閒時拉磨而已，但費草料。〔二〕

楷書不自篆、隸、八分來，即奴態不足觀矣。此意老索即得，看急就大了然。所謂篆、隸、八分，不但形相，全在運筆轉折活潑處論之。俗字全用人力擺列，而天機自然之妙，竟以安頓失之。按他古篆、隸落筆，渾不知如何布置，若大散亂，而終不能代爲整理也。寫字不到變化處不見妙，然變化亦何可易到！不自正入，不能變出。此中饒有四頭八尾之道，復諳不愧而忘人，乃可與此。但能正入，自無婢賤野俗之氣。然筆不熟不靈，而又忌褻，熟則近於褻矣。志正體直，書法通於射也。陽元之射，〔三〕而鍾老竟不知。此不褻之道也，不可不知。

吾八九歲即臨元常，〔四〕不似。少長，如黃庭、曹娥、樂毅論、東方讚、十三行洛神，下及破邪論，無所不臨，而無一近似者。最後寫魯公家廟，略得其支離。又溯而臨爭坐，頗欲似之。又進而

〔一〕此句下，丁本尚有「皆色勝而心自取也」一句，據拾遺、王本刪。

〔二〕自「警令人驚」至此，丁本無，據張、王本補。

〔三〕「陽元」，丁本作「元陽」，據王本改。

〔四〕此條據山東蓬萊慕湘藏書樓藏手稿釋文，由楊愛娟整理。傅山全書初版本與霜紅龕集劉、丁、王本收録。

臨蘭亭，雖不得其神情，漸欲知此技之大概矣。老來不能作小楷，然於黄庭，日厈其微，裁欲下筆，又復千里。平水盧傳弟者，〔一〕爲黄庭法，最爲步趨之正。吾曾屬臨一扇，愛而藏之。其後盧以鄉舉從賊，爲義兵殺於薊州。其所書扇，不知失之何處，絕無思憶之時。字之不能護庇人也如此，〔二〕後輩知之，後輩知之。濁翁又題。〔三〕

六十年來，〔四〕曾見休寧名士黄朝聘上珍書札子扇頭，〔五〕極大雅，不俗氣。予家曾藏其十八羅漢讚一卷，字逕寸餘，亦眞亦行，不晉不唐，亦不宋、元，而風韻高邁。于今南士習書者，罕有其比。然此君實不以書法名，〔六〕亦能詩，有學問，能飲酒終日夜，醖藉可喜，老而讀誦不輟，復忠厚温克，更無徽之炎涼市井習，蓋前輩人也。是楚陳公志寰所學守徽時得意門人。制義之精醇，最爲先輩，而奴生多笑其陳。予尚記其「勿欺也而犯之」及「柳下惠不卑污君」一段之藝，其體裁在歐陽杲、歸有光之間。數奇不售，老而游晉，陳公適撫晉，羈此將年餘，去，尚擬挾行卷求知。與先居士善。辛酉冬，復接得一函，有七言長歌一章，皆不似今詞場中瞎倒鬼也。前庚申至此，六十一年矣。因其字常留胸中不能忘，〔七〕遂記此。

〔一〕「傳弟者」三字，傅山全書初版本據霜紅龕集各本作「某」。
〔二〕「護」，傅山全書初版本與霜紅龕集各本作「深」。
〔三〕第二個「後輩知之」與「濁翁又題」四字，傅山全書初版本與霜紅龕集各本無。
〔四〕此條據山東蓬萊慕湘藏書樓藏手稿釋文，由楊愛娟整理。傅山全書初版本與霜紅龕集劉、丁、王本收録。
〔五〕「名士」，傅山全書初版本與霜紅龕集各本無。
〔六〕「法」，傅山全書初版本與霜紅龕集各本無。
〔七〕「常」，傅山全書初版本與霜紅龕集各本無。

晉中名能書者，〔一〕大前輩無論，以予所記而親見其筆者，則葉雲谷山人、張鳳舉翔、彭世隆輝宇。三人皆晉府人。老諸生則王道行洛南，廣文則李溥雲麓，此兩人最能眞書，一筆一畫，端正可敬，不知者曰版也。宗室則新增，抑甫齊。梅峻、梅容兄弟，〔二〕二人以畫名，兼習書。諸生又有郭守謙、守訓，亦晉府人。謙猶正經，訓則惡騁矣。又宗室梅川專寫米顛，而不得顛之原本，頗熟，而俗甚。老宗室有對陽者，步趣文待詔字，上七八寸者，逕欲逼眞。此格傳之崔仲升、季通兩先生，而崔不肯以爲名。至今少年遂多以此爲事，然皆不踏實，積久稍成匡廓，〔三〕則以爲是矣，故無一成就者。此實笨事，有何巧妙？專精下苦，久久自近古人矣。先伯星履先生臨唐太宗，疏爽豪舉，以上諸人望之，則龍騰鳳舞，無所得其端倪也。惜乎其子不肖，不能收藏，於今構一二字不能得矣，惜哉！梁樂甫先生字全不用古法，率性操觚，清眞勁瘦，字如其詩，文如其人，品格在倪瓚之上三四倍，非人所知，別一地也。〔四〕

字與文不同者，〔五〕字一筆不似古人，卽不成字；文若爲古人作印板，尚得謂之文耶？此中機變，不可勝道，最難與南士言。〔六〕

字亦何與人事？〔七〕政復恐帶奴俗氣。若得無奴俗習，乃可與論風期日上耳，不惟字。

〔一〕此條據山東蓬萊慕湘藏書樓藏手稿釋文，由楊愛娟整理。傅山全書初版本與霜紅龕集劉、丁、王本收錄。

〔二〕「容」，傅山全書初版本與霜紅龕集各本作「雲」。

〔三〕「匡」，傅山全書初版本與霜紅龕集各本作「狂」，據手稿改。

〔四〕「地」字上，傅山全書初版本與霜紅龕集各本尚有一「天」字。

〔五〕此條據山東蓬萊慕湘藏書樓藏手稿釋文，由楊愛娟整理。傅山全書初版本與霜紅龕集劉、丁、王本收錄。

〔六〕「南士」，傅山全書初版本與霜紅龕集各本作「俗士」。

〔七〕此條，傅山全書初版本脫，據霜紅龕集補。

蘇讀書已有聞見，可語文事矣。寶亦不必遠求，只向蘇問之，便有進益。我家讀書種子，要在爾兩兄弟上責成。凡外事都莫與，與之徒亂讀書之意。世事精細殺，只成得个好俗人，我家不要也。血氣未定，一切喜怒不得任性，尤是急務。看此加敬，無作常言。

詩賦你都作將來了，可常讀陶先生詩。如：「山氣日夕佳，飛鳥相與還。此中有眞意，欲辯已忘言。」「此中」一作「此閒」，然不如「中」。「四體誠已疲，庶無異患干。盥濯息簷下，斗酒散襟顏。」「日入羣動息，歸鳥趨林鳴。嘯傲東軒下，聊復得此生。」其詩不使才，而句句皆高才；不見學，而無篇非學，學極博大。此等詩，眞足千古，須熟讀之。吾病至此，而猶諄諄與汝言詩者，因汝爲詩，欲汝爲詩日引月長，以續吾家文種故也。

如爾得句「白鷺朝雲下，晴天疏柳中」十字，高情朗調，遂欲登盛唐之席。「白鷺」句更好，然一連讀下爲一意，不得作對偶格看。句偶神通，物色近遠。老夫每有此撰。此撰非至思之結，正不必究其來處。

吾家自教授翁以來，七八代皆讀書解爲文，至參議翁著。下至吾，奉離垢君教，不廢此業，然大半爲舉業拘係，不曾專力，至三十四五始務博綜，亂後無所爲，益放言自恣矣。爾父秉有異才，而我教之最嚴。自七八歲以後，風期日上，至十七八遂閎肆。既遭亂，患難奔馳，實無處無時不讀書作詩。淋灕感慨，見事風生，大有「見賊惟多身始輕」之膽之識，眞橫槊才也。所爲詩文，皆可以年譜之，實吾家異人，爾親見其縱筆直書，前無强敵之概者。于今已矣！爾頗有細才，亦能爲摩研鈔撮，吾家文種，全在爾一身承之。凡我與爾父所爲文詩，無論長章大篇、一言半句，爾須收拾無遺，爲山右傅氏之文獻可也。至于爾早承吾與爾父之教，亦慧而能文，吾數有問爾，爾能記憶，議論亦有先後，切不可自棄。殘編手澤，窮年探討，益當精進自得。粗茶淡飯，布衣茅屋度日，儘可打遣。如求田問舍，非爾之才，卽當安命安分，不可妄想。人無百年不死之人，所留在天地間，可以增光岳之氣，表五行之靈者，只此文章耳。念之！念之！蒼頭小厮，供薪水之勞者，一人足也。「觀其戶，寂若無人；披其帷，其人斯在。」吾願爾爲此等人也。爾頗好酒，切不可濫醉，內而生病，外而取辱，關係不小。記之！記之！「韜精日沈飲，誰知非荒宴！」爾解此意，便再無向爾謰謱者。吾自此絕筆可也。

兩孫皆能讀書。〔二〕蘇志高心細而氣脆，當教之使純氣。〔三〕寶頗疏快，而傲慢處多，當教之使知禮。諄諄言之，皆以隱德爲家法。勢利富貴，不可毫髮根於心。老到了，自知吾言。〔三〕

〔二〕「兩孫」，丁本作「爾兩人」，據拾遺、王本改。
〔三〕「當」，丁本無，據王本補。
〔三〕劉、丁本篇末注：「訓之前後不可考。順庵本後數條作『甲子夏書示蓮蘇兩孫』。『皆能讀書』前有『再訓』二字。霈記。」

卷三十二　雜文（一）

失笑辭〔一〕

信手寫出，極知遨拙。老人野性，正得潦倒阿堵中。

天地幻無而有，有人；人幻無而有，有文。趹空亭而失笑，哇麀糟之奴論。何可之之自詡，絎祕訣於韓門。忽撟首乎高樹，攬晴霄之片雲。〔二〕峀巒樓閣，華鬘輪菌。爰詢屏翳，〔三〕誰爲繽紛？且道此雲，爲丘索墳典之雲耶，抑先秦兩漢之雲耶？蓋太虛無印版，而霻霳有才情。時非先秦兩漢矣，雲實無異于兩漢先秦；〔四〕時非典墳丘索矣，雲不全乖于丘索典墳。〔五〕氤氳變化，無古無今。無摸擬之天使，圖粉本于皇神。〔六〕何物主氣也？何物主理也？何物炤應也？何物法度也？每破蒼顔，復冷老齒。〔七〕餘且不必言，卽崆峒、大復二老，屑屑乎爭長于褊

〔一〕此篇據山西博物院藏手稿整理，由曹玉琪重校。霜紅龕集拾遺、劉、丁、王本收錄。

〔二〕「晴」，霜紅龕集各本作「青」。

〔三〕「翳」，傅山全書初版本與霜紅龕集各本均誤作「緊」，據手稿改。

〔四〕「先秦」，手稿作「三」，或爲「之」，此據霜紅龕集本。

〔五〕「雲」，霜本作「文」。

〔六〕「粉」，霜本作「彩」。

〔七〕「老」，傅山全書初版本作「若」，據手稿改。

中，各以載籍爲藩枳。〔一〕即如客難偶成，解嘲繼起，賓戲釋疑之類，亦復焉底！若以陳思七啟爲有所本，而枚生之發，可謂無所師承，不知妄作而已。奴評婢議，噂沓滿昏。嗚呼！奇書奧牒，盡灰秦焰。即左氏春秋，不爲宋儒尹焞之所焚，亦幸矣！

崢嶸乎，寥落哉！軒昂懿濞之高才之爲文也，其如黃河之水天上來，受萬川而澎湃，挾太灝之風雷。虬龍乎手，鴻鵠其眼。虛空以爲識，廣漠以爲膽。〔二〕不憚震人使之聾，豈復窒奈略以變！赤曇素雯，〔三〕瀰漫霄漢，染人丹青，不覺其黯；獅筋霹靂，衆弦皆斷。〔四〕此其倜儻豪雄之概也。

至于風流駘僾，波瀾小溢，分枝別派，或出而復入，或歧而他會。亦有希微瀺灂，沙沈澤匯，邁長往而不顧，乍迴復以縈帶。漢之潛也，江之沱也，濆于汝也，洵于濄也。筆舞漣漪，蟬蜒佗傺，〔五〕意之縹緲，妙不多也。是義也，唯太史公書中往往遇之。唐宋以來，諶杵邊幅，唱歎之微，寐不吪矣。

若夫思極而濬，沒焉如遯，尋莫測其所之，俄展轉而流映，微彰鄭重，一篇之中三致意者，蓋忠孝瓌偉之士，高深無徑，感時翫物，抑揚至性，猶涜水之三見三伏，不覺其吐，不覺其吞者也。鳥飛準繩，向背縱橫，讇充不變，頓挫反經，之楚所以之秦，〔六〕似迷復而明從。馮臆獨往，特達旉

〔一〕自「每破」至此，霜本無。
〔二〕「漠」，傅山全書初版本與霜本作「漢」，據手稿改。
〔三〕「素」，霜本作「索」。
〔四〕「衆」，傅山全書初版本與霜本作「象」，據手稿改。
〔五〕「蜒」，霜本作「蜓」。
〔六〕「之楚」，霜本作「是」。丁本注：「唐林曰：下疑有缺悞。」

夆。可以風雲月露，〔一〕亦可以處女脫兔。方楊柳而芙蓉，忽鷹揚而虎怒。靡綺者嫌其判傖，拘腐者不知其所趨步。一線漂蓬，爞然于中；孤情稠遂，連犿西東。勁不可撓，撓之不濁；糅不可渾，渾之不清。殆如河濟，既入于海，乖蠻隔夷，回互萬里，而直造乎仙檻大逢者耶！投筆盧胡，伐塚無珠，文章滿世，黼黻台輿，安所得鮐父之魚，〔二〕已老子之歐欸！

失笑二

鬱單無量，無梯而攬厥輝；剛維無色，無綆而繘厥肥。是可以髣髴文心之極高極深，縹緲洞幽，不可得而方物之微也。其間峙流光彩，飛走花樹，雲霞變幻，風雨晦冥，何莫非供給經緯之林，繚繞贈答之機？高才之人固不必徧及而有，其及之輒生動而欲飛。

乃有拘士，掉磬故紙，擬之而爲言，有本以爲期，是亦窮琱鏤之工，亦爛組織之斐。有識者視之，如以金玉錦繡厚賵璲乎枯觜，蓋徒敦篤其已能，而不知其文之夭死也。〔三〕譬諸肖影之工師，傳分寸之形，無慮帝王卿士，以至於方外之羽客僧迦，衮冕黼黻，方襟披風，亦各具厥莊嚴，金碧駢羅，而不騰之色，無神之眼，相去不遠。帖紙不叱，强而指之，曰此爲誰何。若其卦招於市者，初非肖其誰何，仍以爲不知誰何之人，追形容於登遐，有魄無魂，不中瞥涓。此無他，以其心手之際，近尸氣者多也。

〔一〕「露」，傅山全書初版本與霜本作「霧」，據手稿改。
〔二〕「鮐」，丁本作「鮉」，此據手稿。
〔三〕「夭」，丁本作「天」，據劉、王本改。

藝文古志，奇侅浩汗。名存義祕，學士慨歎。今之昭迴雲日，左國史漢而已。才人遠攬，神精冰炭，肸蠁香光，芍藥就將，殆梵書之所謂「異熟不知乎其所以醞釀」。〔一〕絪緼乎，其儲也；蓬輪乎，其與也；縱横乎，其扈也；鼓吹乎，其冶也。文章禮法之士，即而尋之，左國史漢，風影逋也。馮至思以結撰者，冷然而輕舉。臆武仲之賦舞，亂何爲兮在馬？〔二〕拚同於其所極，妙不覺夫遷化。本居鸗而鵠鶩，俄王良而造父。非馬也，其人也；何若忘也，其神也。乃可以讀書，乃可以論文也。推車蟬匱，眞無垠也。谷虛塊噫，風不陳也。

俄又笑夫讀菟園賦者，以不見刺譏於梁王，遂疑其出於皋而非乘。蓋本班書，謂其俳倡。然傳亦云：衛夫人爲皇后，曾奏賦誡令終，〔三〕但以其文不傳，總歸之以詆甚謾戲之名。自「勸百諷一」之言著，儒者執之，以論爲詩賦之經。究其疾之甚也，不但諷一勸百不中其潰洸，須極其訏譎，徵色聲於千百世之下，乃始以爲文章。嗚呼！文章必如此而後快愉，宋獼猴面辱義雲、雄根之詩，不更勝於千首之經緯宮商耶！故紫陽效陳子昂者，取史策穢事，盡力揚播，蓋儒習也。工部之「不自誅褒妹」，豈阿諂於本朝，何飾非以寬假！至於八哀，歎舊懷賢，詮次不暇，淋漓鄭重，不能欲罷。〔四〕石林老乃以晉魏之前無過十韻，評彈芥蔕，擬删削而求愜。詩之篇章，果短精粹而長土苴乎？抑若桑柔居然在雅，以閟宮輕清廟，先師何不嫌其蘿莎，略無塗抹？

大抵詩文之妙，至於窮理明道諸老先生，似可以不勞講究，亦不失擁皋比之尊崇，受門牆之掃

〔一〕「梵」，丁本作「焚」，據他本改。
〔二〕「兮」，丁本作「乎」，據他本改。
〔三〕「奏」，丁本作「奉」，據劉、王本改。
〔四〕「不能欲罷」，丁本作「欲罷不能」，據他本改。

洒，豈不又省其玩物喪志，放心野馬？孔顏樂處，靜寧陶冶，何必欲與風人爲萋菲，向文苑置侈哆？〔一〕如招魂奇肆，前無所承。「湛湛江水上有楓，目極千里傷春心」，風流淡蕩情無窮。不見所謂靈囿靈臺，曲終奏雅，邀之三王而與夫禮樂，目中道德仁義之柴遂焚。大塊小沼平澹，亟與景差；頓如直嬴穆穆，登降台階。黠哉！景大夫能於千百世之前，逢迎千百世之後誠意正心之賢，令頤解而發咍。濡豔宋玉，罔念終狂，可謂徑情而拙媒，遂不能與差同爲聖賢之儕矣，柰何哉！〔二〕

開我慧者〔三〕

楓仲要書，輒復與作。

開我慧者，卽予我癡：不用我慧，被彼慧障；凡見彼長，由我見短；卽見彼短，亦非我長。由我長短，見不除故，而況長短，非其短長。導師是恩，亦防是患：人以其著，自明所及；著所著者，遂受其隅。破隅而迼，有大導師。初我所見，都無是處，於長不長，於短不短，短中之長，長中之短，悉知悉見，而無知見。乃知向導，畢竟是恩。譬如蒙師，略教數目，我樂小乘，於彼何尤？但開一門，門皆得入，千門萬戶，合一建章，渾游建章，門戶皆是。如衆盲人，揣一象王，吹箭鼓甕，各執所臆，然亦不離，象王之身。有問居士，此何所云？無所不云，云讀詩書。長見短

〔一〕「哆」，丁本作「峪」，據他本改。
〔二〕各本注：「唐林曰：此章疑有闕悞。」
〔三〕此篇據太原渠仁甫家藏手稿整理，由李德仁釋文，渠榮籙先生重校。手稿無篇名，傅山全書初版本由李德仁加題爲「治學篇」。此次修訂，編者與渠榮籙先生商定改用此題。

見，隨性所近。甚至無性，莽依牆壁。如近代人，詩文詘折，慕何李者，膩誚三袁；妮三袁者，極譏何李。復有下士，聞誨若言：空峒之文，作人之文，非其自文。醉而吐舌，是不可訓。前輩大家，不得輕妄。我言此言，亦復不差。苟無所得，信口譏譚，終爲病狂。且道後來，得有幾個，玉茗老子？是以詩文，唯許佛觀。阿耨多羅，正見正覺：不空不假，不巾不邊，不人不我，不漢不唐，不馬不班，不韓不柳，信口信手，如所教著。古今多少，須彌山障，空遊自然，圓明如如。如讀杜詩，杜詩可喜；還杜讀李，李復可喜；再論元白，亦復如是：此非我性，因彼而彼，正爲彼性。隨我各見，切莫於中，硬立差別：别彼未得，我受彼弄；且讀之者，未必能盡；執其章句，概謂如是；似無所闕，欺心已深。我作是言，告讀書之，善知識者：如一人集，本只百首，讀九十九，一首未讀，我不敢曰，讀是已了，恐有大寶，雜衆寶中，臨好其寶，我大意過，侈口笑曰，是中無寶。如此讀書，思之實勞。若惜勞苦，陟獵玩物，莫說大寶，究竟不得，即一琉璃，光似寶者，亦未一瞥。文章小伎，丈夫恥爲；成一文人，正復不易。聰明知識，用不用間。著由於明，能者自居，柰何執著，亦復此字？有住非住，住宜急捨：如來所說，色聲香味，實不住於，色聲香味；而色其色，聲其聲者，忽與千里。衆妙之門，不可言得；得其妙者，亦復無門。樂小法者，聞之驚怖；如來於前，萬億諸佛，悉皆承事。徒相非相，世界非界，五十三餘，乃成金身。煩煩姝姝，笑任莊子，上士無爲，發塚之儒。傅山信手。

絳帖説[一]

壬午，從河東府王孫得絳帖一部。絳帖傳無之久矣。晉府寶賢堂，云是從絳帖橅勒者。韓雨公云欲得之，吾謂：「君家已藏半部眞本，不必復須此矣。」韓意塞。吾以送畢湖目先生。行國變，先生殉難，不知此帖落何處。未能忘情，追憶其妙，不能形容。今來頻陽，長源忽出此卷，視之不知爲何處本，而妙處大類吾所藏絳帖。其中數帖，句字皆與他帖迥異，眞可寶也。

贈鄭寧遠字説

古人之言曰：「字以表德。」又曰：「甫者，男子之美稱。」故於冠時，即錫以嘉名，輔以表字。然古樸而今文，古藏而今露。折衷於古今之尚，而可以知表德之用矣。吾友鄭君，以字之不文也，同人爲字之曰：「寧遠。」寧之與安，人皆知之。若夫鄭君之雅志遠懷，人不知也。武侯之言曰：「寧靜足以致遠。」是可以字吾友矣。

贈梁檀[二]

蘆鷟老老聿益矜貴，有徵輒不甚應，即應苟簡。卌前，臨摹李趙，諸精神痛懲。謂非事上帝，

[一] 此篇錄自拾遺本，他本未收。
[二] 此篇據晉祠博物館藏手稿釋文，由任志彔整理。標題爲編者所加。

學宜凡藝，能皆屏屏，即攝天堂有儼。不玩不喪，齊心陟降，須碧眼光落，知子輿之攸勉。大雅「無念爾祖」，經士窮曾高，亦夏蟲冰臆，日連羼提之牀。僑黄眼劄偕來，諸衆遝集囊道人左右，幽田時一虚閑。屋漏蒲團喈喈，爰咨爰報，爰悔爰讖，爰歎息爰默，頃復，爾乙夜而晨鐘矣。迺知臨汝之嚴，微字畫，即咏吟性情，亦復荒怠哉！

蘆鷟老老聿矜貴，不應求的是之職，避亂小東。天命四幽，俾菰蘆之臣聞之，敢曰戒在？然亦簡，惟簡乃可近天，繁斯遠矣。僑黄之人傅山題。

贈太原段孔佳

書生段增，聰慧人也。偶來搨帖，安詳連忭，日益精進。即此喻之，亦學同事，不可以技觀也。字畫淺者即爲墨深者，即不費兑那而眞朗深，似好字矣，然深亦須深之正經，不則險陷，不可謂正經也。學問之妙，莫過於深，故曰極深研幾。若臨深之深，則宵人矣。即時文小技，亦曰深入而淺出之。增既學時文，猶當深求之，無爲臭煙煤刷卻白心也。

閒過元仲〔一〕

閒過元仲，門庭蕭索，薨薨金石聲流户外。元仲善琴，豈琴耶？聲時小斷，彈到無聲處耶？然不成操。披帷，則顧戲斤，橅老夫所書石上。時午矣，問：「飯乎？」笑曰：「無米。」「饑

〔一〕　此篇據傅青主法帖整理，谷錦秋重校。霜紅龕集拾遺、劉、丁、王本收錄，並注云：「任復亨，字元仲，平定人。」

乎？」曰：「好此亦不甚饑也。」老夫笑曰：「此四食中以觸代段者也。」昔人言：心嬾手閒治迂事。鐫字，迂矣。而忍饑鐫字，迂之迂也。或有人復迂其迂，爲任生之升斗監河侯，俾斤戲稍勁，少爲老夫劣書揩抹菜色，何如？此時任公子，亦且無暇計釣大魚也。

松僑老人傅山。

不寐寱語

舊家子弟，落魄無俚，忽而爲輿儓皁隸，口中尚喃喃作有所不屑聲，皆假話也。不想卽其豫之嗚矣，一心向往於所仁義，夢寐依護，此卽食食死事之道，不待學問而安之若命。充是心也，亦人之君子矣。賢者未免芥蔕，或過責之，眞迂見也。

人生一遇合耳，當其所遇，豈暇問其可否？凶獰之狗，見人野溷，則賓賓然伺於其傍，必不蒙一噛咬之念，以其人之能食我也。故論人者，當如此設求之，〔一〕安往而不得安分知義之人！故以人望人，則賢者可知，此有成言；〔二〕以狗望人，則賢者更無數可知者矣。

明於理義而陋於知人心。若能爾知心，自然是一大乘佛子，八萬四千，〔三〕那裏容得住也，豈不快活？如所教住，金剛了義命之矣。動不爲利，不賤門隸，方内外之聖莫不然。徧心之刺，芥子著不得，況須彌哉！卅餘年所見所聞，實實如此。老夫始知今是昨非，逃斯詢厲。一切腐版不化，所

〔一〕「設」，丁本作「蒙」，據拾遺、劉本改。

〔二〕「成」，各本作「來」，據文意改。

〔三〕「八萬」，丁本作「萬八」，據劉、王本改。

謂「一受成形，〔二〕不亡待盡，人謂之不死，奚益」者也，〔三〕「與物化者一不化」者也。斯不化也，是而非耶？好耶賴耶？順受以終，益知諸來之業當爾。多多少少師友，耳提面命，不知取之，不知視之，悲哉！

賀楓仲得孫〔三〕

楓郎記不甘心帖括之不一識也，而爲祁諸生。崖翁曰：「是當賀耶！」楓蹙恧信曰：〔四〕「强子弟爲今日之諸生，罪且不勝誅，何賀之云？賀之過於誅之！」崖翁顧知其語之非僞也。司農公不仕於今，而得蕭然爲林下完人，亦由楓之以諸生爲彌縫也。且祁俗薄肺腑知交，四五望家莫不窺其隙而中之。諸生兩字，殆如臨陣袒鎧然，故不敢不爲。楓唯郎，而益覺不爲諸生之不可處祁也，是誠不足賀。未幾，郎舉一丈夫子。崖翁曰：甲申以來，君臣之義難言之矣，父子之道不可廢也。楓今年方卅九，〔五〕而即抱孫，固可喜。而司農公又得一含飴之弄，孩提宧光，足養百年喜神，樂可知也。吾且知此子必慧。何以知之？楓名士，精神不無少露，記則敦厚而寡言，福德無窮，所生之子岐嶷，父德養之也，于道何疑？　崖翁山書。

〔一〕「成」，丁本作「來」，據莊子改。
〔二〕「奚」，丁本作「定」，據莊子改。
〔三〕此篇據山西博物院藏手稿整理，由曹玉琪重校。王本收錄。
〔四〕「信」，傅山全書初版本與王本作「然」。
〔五〕「今」，傅山全書初版本與王本作「翁」。

佛經說〔二〕

海波不動，則百寶不生；心華不發，則慧光不現。究竟海水原未嘗動，慧光亦未嘗寂。三世諸佛，所說無定，猶之海波亦無定時。慧光雖有不照，其量亦未嘗不圓。故凡經教謂爲海藏海，稱潔海不受污穢，心城堅固，豈容茅塞！凡能供養比丘，令讀藏者，功德第一，蓋謂其能以智慧施人，是以福德之報，亦爲希有。我今問汝諸大比丘，藏且不說，字母何解？字母之中，阿復何在？若了一字，以至一行、一卷、一函，至大□舍寶，皆爲通達，無我法者。若是顢頇，卽頌十萬八千偈子，又徒費衆善信供養慇懃。珍珍重重，華嚴著力，此是我釋子說當如此。若是纔爲布施第一功德，多多事事，募者居士，不妨米泔成河，偏地布金，施者那須饒舌？百萬寶車，欣羨因緣。海印萬變，印吾此語。

寫經願〔三〕

貧道戴黃冠五十年，不曾奉道律，且於經典多慢易之。鐘鳴漏盡，始願寫三官經。不計其數，日百字，或幾十字，多不過三百字。有人請者，卽應。若請者不信心，徒以老夫有書名，爲字不爲經，罪業反加倍。且老眼既大花，幾瞽，老手又顫，無一筆合法者矣，何足重輕？若看經時，或有

〔二〕此篇錄自王晉榮刊霜紅龕文卷四。他本未收。
〔三〕此篇錄自拾遺本，他本未收。

一句中病，則儼然臨汝，懺悔悛過，爲不遠之復，拙書亦爲勸善小助，不負諸經之意。

雲笈九卷釋太上上皇民籍定眞玉籙〔二〕

「父母鞠養，辛苦劬勞。而我長成，學術不深，無奇方異法，令父母長生不死，同得神仙。此期未克，供養又虧，爲此慙愧，不離心中」云云。此中尚有四媿，獨此條仁惻動心。山未讀雲笈時，〔三〕每作此念：儻得一種服食草木，可以延年，先奉老親。而今已矣！而今已矣！不謂道經先樹此義。〔三〕

十二字讔〔四〕

觸得一，無勝天。音聲輪，人之神。蓋一鵲，南北通。程若始，衡中空。支籬箕，草古聞。面大道，不二門。

爲之舉燭曰身根，觸而得天之一。萬物莫勝于此天也。天籟轉，而聲音種種微妙不可思議。人之通，命之神也。藏鵲取其乾，乾斯慧矣。南北通，子午交也。物之程，由于衡。衡，平也。程如

〔二〕山西博物院藏有此篇殘稿。
〔三〕「山」，手稿作「愚」。
〔三〕「此」，手稿作「斯」。
〔四〕此篇據鄧實珊先生藏手稿釋文。

其初，衡可不用，故中空也。支離其形者，箕滋反始，自聞聞也。〔一〕從此向大道，而入于維摩不二之門也。箕滋，漢儒林傳「箕子之明夷」爲「箕滋」。〔二〕箕子者，萬物方荄如茲。木，觸也，觸地而出。解「本」者曰：一，謂其處也。亦曰：一，地也，又可曰水也。木得出而根滋，是爲「本」也。

鶡冠子曰：「所謂天者，然物而無勝者也。」陸佃曰：「然，可也。」不如作吹生之義也。是爲「然」也。

「音聲輪」，楞嚴經所謂「舌」也。

「人之神」，内經曰：「血者，人之神也。」

「蓋一鵠」，蓋，覆也，宀也。鵠，舄也，舄像鵲形也。合爲「寫」也。

「南北通」，家語：「南北爲經，東西爲緯。」才流經通，〔三〕是爲「經」也。

「程若始」，淮南子曰：「根茇生程若，程若生玄玉，玄玉生醴泉，醴泉生皇辜，皇辜生庶草。」「程若始」言其草之古也。草古，「苦」也。

「衡空其中」，「行」也。

「支籬箕」者，莊子「支離疏鼓筴播精」，謂以箕播米，是爲「精」也。

「草古聞」者，左氏郊戰，陳書曰：「吾聞鼓而已。」爲「進」也。

〔一〕「聞聞」，傅山全書初版本誤作「開聞」，據手稿改。
〔二〕後一「箕」字，傅山全書初版本誤作「其」，據手稿改。
〔三〕「通」，傅山全書初版本誤作「過」，據手稿改。

「面大道」者，凡第不由里門出，面大道者也，是爲「第」也。

「不二門」者，「二」也。

本、然、舌、血、寫、經、苦、行、精、進、第、一，十二字也。

卷三十三　雜文（二）

理字考〔一〕

一

宋儒好纏「理」字。「理」字本有義，好字，而出自儒者之口，只覺其聲容俱可笑也。如中庸注「性卽理也」，亦可笑。其辭大有漏，然其竅則自易繫「窮理盡性以至于命」來，似不背聖人之旨，不背則不背其字耳。聖人之所謂理者，圓備無漏；才落儒家之口，則疏直易尋之理可見，至于盤根錯節之理，則不可知矣。聖人窮理盡性之言，全自上觀變于陰陽、發揮于剛柔來。宋人之所謂理者，似能發明孟子「性善」之義，以爲依傍大頭顱，並不圓通四炤。理之有善有惡，猶乎性之有善有惡，不得謂理全無惡也。卽樹木之理，根株枝節，而忽有糾拏雜糅之結，斤斧所不能施者，謂此中無理耶？

老夫嘗謂氣在理先，氣蒸成者始有理，山川、人物、草木、鳥獸、蟲魚皆然。若云理在氣先，但好聽耳，實無着落。

書爲帝王治世之本，而不言「理」字，惟周官則有「燮理陰陽」一字。詩詠性情，而用「理」

〔一〕此篇據鄧實跚先生藏手稿整理，標題爲整理者所加。原稿三段不在一處，「一」、「二」、「三」三字亦爲整理者所加。

字者，但「乃疆乃理」之類，〔一〕三四見，皆不作「道理」之「理」用。豈古人不知有此字耶？看孟子「理義説心」用「理」字處，傻生動，何嘗口齦牙齬也？禮記則「理」字多矣，亦不覺甚厭人。乃知説「理」字亦顧其人何如耳。

「文理密察」之「理」，猶之乎「條理」之「理」，從玉從里，義實藴藉。

「唯于理有未窮，故其知有不盡。」不知其知果有能盡時乎？聖人有所不知，則窮理之能事，斷非鄙儒小拘者所能顢頇欺人也。笑話有大宗師亦然。三噴極似此。〔二〕

二

老子八十一章絶無「理」字，何也？妙哉！無「理」字，所以爲道經。即道亦强名之矣，況理乎！

「理」之一字，在先聖贊易初見之：「君子黄中通理。」「理」从「里」；「里」从「田」从「土」，皆屬地者。坤卦，地道也，故言理。物之文理之縝密精微者，莫過于玉，故「理」从「玉」。玉，幾于無理者也，言其細也。聖人于坤卦説理，而乾卦中無「理」字者，乾，天也，不可以「理」字概也。繫詞「窮理盡性以至命」，「下學而上達」之旨耶！韓非曰：「理者，成物之文也。」解「理」字最明切矣。「乾知大始，坤作成物」，故乾不言理而坤言理。黄中，地之德也。象曰：「黄裳元吉，文在中也。」有文而後見其理，黄中以通之。一土之色，而有青白赤黑，其色各

〔一〕「理」字上，手稿衍一「乃」字，爲「乃疆乃理」，據詩大雅文王之什綿删。

〔二〕「三」，傅山全書初版本誤作「之」並連上句，據手稿改。

有所自來，總在黄之中也。管子曰：「玉者，陽之陰也，故勝火。」「里」之加「玉」，用陰道也。

三

張茂先勵志詩，難説非正經語，但常耳。「累微以著，乃物之理」，此四字正堪買免宋儒也。厭！厭！

潘安仁關中詩「岳牧慮殊，威懷理二」，「理二」尤可厭也。

殷仲文九井作一首，起曰：「四運雖鱗次，理化各有凖。」可謂腐矣。

謝靈運往往用「理」字，曰「事爲名教用，道以神理超」，曰「慮澹物自輕，意愜理無違」，曰「沈冥豈別理，守道自不攜」，曰「孤遊非情歎，賞廢理誰通」。用法雖不腐，然終礙我眼。

本是一好字，而有最不相宜處。

不知三百篇中凡幾「理」字。

中散幽憤詩曰「理蔽患結」，亦不佳。

聖人爲惡篇〔一〕

聖人無爲善之時，而有爲惡之時；君子有爲善之時，而無爲惡之時；小人無爲惡之時，而有爲善之時。夫聖人無爲善之時，非不善也，非知其善之爲善而爲之者也，不可以時擇也；有爲惡之時者，知其爲惡而不得不爲之，卽能爲之，卽敢爲之，聖人之所以救天下，天下所以望于聖人之時

〔一〕 此篇據山西博物院藏手稿整理，由吴連城先生釋文，王愛國重校。

也。君子有爲善之時者，知善之爲善而爲之者也，可以時擇之也；無爲惡之時者，無聖人能爲惡、敢爲惡之才力，遇有所不過，歎息而已，不得已言以舒忿而已。小人無爲惡之時者，亦不知其惡之爲惡而爲之者也，與聖人無爲善之時同也；而有爲善之時，則又與君子有爲善之時異，知其爲善而爲之，急而祈免于鬼神也，而其爲善之時，即聖人爲惡之時也。

聖人者，天地之大匠也。陰陽、風雨、震雹、崩竭，天地爲之。而人心之積習無仁義，閔不畏，天地不屑屑也，乃命聖人爲之。爲之柰何？殺之而已。殺者，善之義也。聖人之才，天地之際也。爲聖人殺者，曰聖人惡也。故聖人不辭惡。

理不足以勝理，無理勝理，故理不足以平天下，而無理始足以平天下。當桀、紂爲君之時，君子者，忍而君之，理也。湯、武則最無理者，敢有南巢、牧野之快，而匹夫匹婦之怨爲之舒，故必無理而後理。

理無理無理，無理亦無理理。理無理無理者，無理，其不讀書也；無理無理理者，亦無理，其徒讀書也。讀書者聞是言也，噪之曰：「市井賤夫，無理者也，足以治天下耶？」曰：「市井賤夫，最有理者也，何得無理之！」曰：「彼爲利而已，安所得理？」曰：「販布者，不言緇糟于布之理也；販金者，不言玉精于金之理也。緇者、玉者如之，焉得不謂之理！」曰：「理，天理也。吾窮理而意必誠，心必正。彼知天理乎？意亦誠乎？心亦正乎？」曰：「適吳、越者，不肯枉于燕、齊，心奚翅正！期銷者，不折閱于銖，意奚翅誠！凡金玉布緇，物無貴賤，生之造之，莫非天也。天生之，天也。人爲之，人所共天也。所共天而精之，不翅精于記誦糟粕之鄙夫也。記誦糟粕之夫，之于其口中所謰謱天者，猶諺之所謂渾淪吞棗也。于其糟粕臭腐，猶諺所謂咬凍矢而甘之，油糍易不出也。」

天，一也。陰陽，二。陰有陰理，陽有陽理，陰不欲無陽，陽不欲無陰。分而之人者，陽之人始不欲有陰，陰之人始不欲有陽，而各有其理。陽之人似君子，陰之人似小人，故君子不能使天不生小人，小人不能使天不生君子。欲獨據而有之者，天之呲也，理之呲也。呲陰者嫉陽，呲陽者嫉陰，皆不知分諸天而同諸天也。故陰陽有理，而天無理也。何也？一，二也，分也。無理一而理二，無理單而理爭，無理强而理弱，故小人多勝。君子曰：「謂天無理，而又曰無理强，小人之用强于君子，小人其天乎？」曰：「小人得天之無理之半而敢用之君子，君子亦得天無理之半而不敢用之小人。小人以無理勝君子者，合而用力；君子不敢以無理勝小人者，分而用口。口之不敵力，分之不敵合，勢也。且君子之口，不但用之小人，並用之于其所同謂君子者，可笑也。是以百君子操觚如斧越而思誅小人，[一]不如一小人張拳而擊百君子之悍而必中也。此君子之縛於理之半，而不敵小人專用無理之半也。故以君子之有疑于天者，如天驕小人也，不知天不驕之也。何也？若君子能用無理于小人，天不偏助小人也。何也？湯，桀之所謂無理者也，而南巢之放，不聞天怒湯而助桀。武王，紂之所謂無理者也，孟津之征，不聞天怒武王而助紂。卽陳勝、吳廣，秦之所謂最無理者也，而所置侯王將相，逕以滅秦。項也，漢也，皆因陳、吳而無理者也，不聞天怒漢而助秦，使秦至今不亡也。

理，形而下也；無理，形而上也。無理生理，理不知無理，故庶人不知聖人，聖人不知若菌，若菌不知海人，海人不知叜，叜不知生叜者。先有雞耶？先有卵耶？先有男耶？先有女耶？儒者不知也，不知其化也。

〔一〕「越」，當作「鉞」。

唐、虞之書無理，而周始有理，曰「燮理」。理，用之名，非其之名。後世之理，皆其之也，其之而爲其所其也。

羲、文之易無理，而孔子讀易始有理，曰「黄中通理」，曰「暢」，曰「發」，則其所謂理者，如「理烝而屯泄」也。至于「四支」、「事業」，末也，亦非其之也。「觀變陰陽」以來，「發揮剛柔而理于義」，亦非其之也。「窮理盡性」，其之矣，而其之與世儒之其之異。聖人之窮之，將反乎剛柔陰陽之不可知者，而世儒張到其人之所共知者，而曰「我獨知之」也。

老子八十一章無理，而莊子有理。莊子之理，始于庖丁之解牛，曰：「依乎天理，批大郤，導大窾，技經肯綮之未嘗，而況大軱乎。」故善言理者，莫妙于莊子。世儒之理，則正所謂軱也，于刀則割，則折，高者良庖而已，下則族庖也。

吾前所謂張到，不到而到，諺所謂張刀也，亦曰扢張也。鄙其所居以爲聖賢者，猶五角六張，無實而口沾沾乎！其勞而無當，故扢之也。張可厭也，扢之則不足比數矣。

其張之也，喜曰：「獨得孔孟之正傳也。」夫孔孟無邪！其教之儼然貞明，仁義禮智，何人無之？即孔子命顔子也，「克己復禮，非禮勿視、聽、言、動」，命曾子曰「一以貫之」，不曾云此祕不傳之道。或舍此而有他耶？則有顔、曾之所不知，而若知之耶？祕之名，二氏有之，儒豈屑二氏之名而襲之也？

其張之也，喜曰：「以世道人心爲己任。」嗚呼！勞矣。世喪道，道喪世，爾若世道人心，世道人心不若爾也。

其張之也，曰：「儒扶陽抑陰。」陽不勞扶，陰不勞抑也。陽卦多陰，多其陰也？不多之也。能不多之，多而不多，貫厥魚也。陰卦多陽，陽自多之。自多之欲不容其少陰，故疾之已甚。又，自多之陽，不惟自多于陰，而自多于陽。陽鬬同室，覆公餗矣。故一君二民，君子，君子也；二君一民，君子不肯共爲君子，君子，小人也。天下之事不慮陰多，慮陽不一。陽卦之多陰，一陽能服多陰而用之，多陰亦服于一陽而爲之用，不敢以其多侮其一也。陰卦之多陽，二陽不能服一陰而用之，一陰亦不服于二陽而爲其所用，故敢以其少侮其多也。故扶陽抑陰，聖人不爲是説也。陰陽之運于天地者，平而或過焉。其中于人，則小人多而君子少，故君子往往不勝小人。其所以不勝者，「以世道人心爲己任」者敗之也，爲「扶陽抑陰」之説教之使勝我也。何也？聖人愛陽亦愛陰，惡陰亦惡陽。陰能殺人，陽亦能殺人，是以人有陰惡，有陽惡。聖人平陰陽而陰陽不知其平之，用陰陽而陰陽不知其用之，謂聖人毗陽無陰者，「獨得孔孟之祕」者猜之也。聖人受天下之疑謗而不辨，辨之，非聖人也。

明于禮義而陋于知人心，中國之大儒如此而已。鄙儒乎哉！搕㩧之國，一曰煩壤，菌儒居焉。各挾一不半寸之策，擬干帝王。見蹇姑，曰：虎也；見蛉窮，曰：龍也；見螢，曰：景星也；見塵埃，曰：非煙，卿雲也。蚊蚋耳耳，自紤雷霆。蚊蚋聞之，謂其類也。卽之細人也，喜而師之。無血而土酢，水也，塵也。一人之水，不足以厭一蚊，蚊亦隨死而爲塵。僬僥之人，過而蹋之，如蠅蠓拘蚤也，羣驚而散曰：「聞大人見于臨洮者，其是耶？傳聞漢以來此國不通中國，自趙宋時始有。其國志略云：通國化生也，始有人病殨泄，粃郛籍野清。久之，清鬱蒸，粃郛墳出細人焉。不知五穀，塵土是食，衣帤，羣摭清之糲，器藏而食之，以爲珍。人長七八寸，極望不過五丈，不見日月星辰。日月光及地，見之，曰：日也，月也。其國自有文，不滿數十字，讀中國唐以上之書卽不能。人抄宋人卑卑語，讀之曰：聖人之言也。知理不知氣。其名理者，亦用反法，以「來屎」反理，「終始」之「始」用「屎」字，云始自清穀面米也。其祭其先，亦用清糲，曰：理反其所自屎。

饑而食篇〔一〕

饑而食，不饑而已，不覺妙也。飽而溲，乃覺腑虚而臟靈，節通而末輕，妙翩翩失而無得而如有所得，妙洞洞如有所得而實無所得，故不學薄社。學而不溲，薄社之薄社。溲也者，棄陳惡也，學之所以尚講也。講也者，對用華也。有所庾惡，珍不忍捨，而麗而華之，猶夫搜也。火，參也，消石樸也，推陳致新也。藥不能以新予人也，推其陳，而其人之新自至也。倉公之受禁方于公乘陽慶也，必使盡去其故方而後予之。不受不易，不去不受。老子曰：「亭之毒之。」亭而不毒，茅敖然喬翳予龍虎宫闕之草，無茹地也。所謂毒者，篤也，督也，獨也。毒天下而民從之。纛之義也。小人之毒，害人；君子之毒，救人；聖人之毒，毒毒。志氣之毒，卑劣；學問之毒，鏖糟。之二毒者，習之如無害，而害及子弟，害及友生，聖人不能毒之。

醫有藏薏苡壺中，鼠嚙壺，啖薏苡，家壺。久之，薏苡盡，而鼠矢半壺。有買薏苡醫瀉，鼠矢與之。其人曰：「薏苡固類鼠矢耶？」醫曰：「他無此，此眞薏苡也。」其人睨而噂噰之，頷之曰：「今乃知薏苡大類鼠矢。」轉而語人其形色，其氣味。或有持薏苡與問之，曰：「此非薏苡也。薏苡大，此小；薏苡灰黑，此白。薏苡類如鼠矢，此不類。」

世儒之于學也，皆以鼠矢爲薏苡者也。秦坑儒有儒，莽崇儒無儒。何也？秦坑儒，儒知其爲秦也；莽崇儒，儒不知其爲莽也。知秦之爲秦而逃之：秦世，秦世也。不知莽之爲莽而甘以聖，徑而諂之：堯舜世，莽世也。故道非喪世之物，而果足以喪世，而世亦喪。世非喪道之物，而果足以

〔一〕此篇據山西博物院藏手稿整理，由吳連城先生釋文，王愛國重校。

喪道，道迷復也，世迷復也。亦有榮名，亦有富貴，亦有諫諍，亦有稱頌，以爲無時不可儒也，無時不可成名也，其敝至于無人、無禽而不知其極。〔一〕

狂解〔二〕

古人有清狂，清狂不可得矣。傅子曰：狂，病也，病於清則狂。狂不可貌，貌狂，磣。概論之，狂有數種：有眞狂，有隱狂，有佯狂，有謙謙君子狂，有輕狂，有瞎狂。眞狂，簡率岸傲人也，凡事逕行，不自欺，不欺人，人不謂之眞而謂之傲者是也。隱狂，厭人而去人遠者也。佯狂，有所避而自污者也。謙謙君子之狂，循循默默，不爭不競，人謂之謙謙君子者也，而無一人入其眼中，狂不可測者也。輕狂，少有才而沾沾焉，自貴而藐人，〔三〕靈樞所謂少陽之人者也。瞎狂，則盲然無所知見，一味搖頭擺耳，沓沓焉，妄評亂詆而蠻蠻者也。傅子曰：狂未有不知己知彼。知己則傷我無所用，有激勃，有滂湃；知彼則爲彼乎激勃，向彼乎滂湃。人睨視之，則兩瘋漢，不解其遇而狂之矣。

眞狂誰？阿螭不作爾者人也。隱狂誰？沮、溺尚矣，漢周燮、宋蘇雲卿，貧道想見之者也。佯狂，箕先生人皆知之，知其古而已矣，明夷之時、之心不可知也。謙謙君子狂誰？能涉大川者也。輕狂則不勝數其人矣。瞎狂今遍天地，無不狂，無不瞎。聖人趨而走之，無奈狂而瞎，何亦與

〔一〕手稿至此，似未完。
〔二〕此篇據晉祠博物館藏手稿整理，王本收錄。
〔三〕「貴」，傅山全書初版本與王本均作「貢」，手稿爲「貴」字。

之矜不成人而已耶！嗚呼傷哉！

瞎者見性未除，〔一〕目瞎而已；見性斬絶，心瞎矣。聾者聞性不除，耳聾而已；〔二〕聞性既絶，心聾矣。心聾心瞎，未嘗不覺痛癢；不覺痛癢，木人已耳。至於以痛爲癢，以癢爲痛，不可謂之無知覺者，而知覺與人異，斯何人也者？亦不可名之者也，然則今之人而已矣。

君子者曰：「世無賢治，似無治之者，誰賢也？」吾師曰：「天地不仁，以萬物爲芻狗；聖人不仁，以百姓爲芻狗。」不仁者，不有其仁也。忍以民物爲芻狗，則天地聖人無此心也。傅子曰：萬物可惜也，百姓不可惜也。此非不仁之言也，百姓本自安芻狗耳，非天地聖人爲之者也。然不可語於不令之百姓。百姓不令，則有眼、有耳、有心、有痛、有癢，聖人愛之敬之，天地培之植之，唯恐其人之芻狗之也。豪傑不可得，不得已而貴貞士；貞士不可得，又不得已而貴有耳而眼之人；〔三〕有耳目者不可得，則反不厭木人。木人近始，非眞始也，對之省機。苟可省機，則彼不始我亦始之而已。然終木，木近仁，然與？否與？對木人不如對眞木。松柏榆柳，蔚然而雲，翛然而風。貧道披襟曳屧，偃仰横竪，亦靈亦快，不語語，不嘯嘯，不舞舞，永日半夜，飲泉蔭陰，安大謬之命，要至人之精，庶乎，其終焉已邪？

仲長公理中高生，人皆予之。今高生誰耶？高顧非奴人也。外甥似舅，高竟本初耶？何生酷似，竟成其舅？其舅尚有不足似者，而偶一似之耳。王崇大奇。李通如寱然。其寱則一四百年中之

〔一〕「者」，手稿脱，據下文「聾者」例補。
〔二〕「耳聾而已」四字，手稿脱，據上文例與王本補。
〔三〕「已」，手稿脱，據文意補。

寱。狂哉！狂哉！通亦非瞎狂，行或使之。通，今狂，〔一〕天也。偶爾信筆，殆不知繆，姑已之。僑山書。

賈淑誼論〔二〕

賈漢臣以「壁經」名陽邑之膠，卽寢食千丈鵓鴿之堂亦帀。四旬餘，而博一豆腐湯鄉舉不能。客歲丁酉八月，集深郭，漢臣大抵掌，述闈事，文滿志。道人曰：「若中，吾作文賀若。」漢臣曰：「可。」且曰：「文須以『老沒廉恥』四字爲主，而極力形容之。」道人曰：「可。」既而又月餘，日不見漢臣面，問之，人曰：「不中，害氣也。」惡以談害？猶中而受之也，不自在，輒曰害。吾謂無此氣則仍有廉恥，壽命遂不可知矣。

又再月而當貢，貢人士多鄙之。吾謂貢眞天貢，〔三〕如何鄉舉之足擲得失，何也？〔四〕夫以明諸生汲汲于今鄉舉，〔五〕不必得鄉舉；以明鄉舉汲汲于今進士，不必成進士。唯明廩生于今，〔六〕苟非病死，必不致不貢，然後知貢眞天之所篤。故世界有變，而貢不變。貢幾金剛不壞身耶！故曰天也。若漢臣，則又天之天、篤之篤。何也？漢臣宿昔有與之爲對者，曰：「奔之，穿之。」遲八日，而穿之

〔一〕此下疑有脫文。
〔二〕此篇據山西博物院藏手稿整理，霜紅龕集劉、丁、王本收錄。標題依王本。他本在雜記中，無題。
〔三〕後一「貢」字下，霜紅龕集本尚有一「也」字。
〔四〕此句，霜紅龕集本作「何鄉貢之足擲得失何也」。
〔五〕「明」，霜本作「昔」，下同。
〔六〕「唯」，霜本作「爲」。

得之矣。故在十一、十二月之間，漢臣與穿之者，如欲相得而甘心者焉。卒之穿之，吃抗鉅異物之虧，〔一〕而漢臣公然工乎貝矣，喜而告吾曰：「我咬脱檜子矣。」曾記二十年前，漢臣告吾曰：「在考試場中，四聞打換郎之小鑼。我此時不如此打換郎也。」而今咬脱檜子，再不打換郎之欣羨，喜可知矣。

且無論他，卽如今月十五夜，渾村煙火之勝，火樹作城，流星沖霄，炮打襄陽，震天震地，二龍戲珠，九龍取水，李存孝打虎，碢子火大于寧化藩强半，裝藥三斗許，花起十丈高，過渠邊老柳，豈不陽邑十二都城裏城外之第一？正月十五也者，穰穰瞠目幾萬人，有幾諸生敢不以歲考爲兢兢而一來看者乎？餘人無論，卽如九府黨郎，漢臣平日舌端勁敵，今日那得暢然作無拘無束人？亦少不得嚼咀糟粕時文，且顧不得來攙漢臣，如遊老蘭婆之女之元元家之精神矣。不亦樂乎！不亦樂乎！人生大快意，當前若此而已矣。

漢臣遠大之志，似不屑屑于飽噉丁腸者。挾所抱者而際非常，總不可知，亦非吾之所知。漢臣又發弘誓大願，要吾方外社友僑仇猶之宮衣，〔二〕若演傳奇三日而鳴貢，〔三〕豫請看阿六者，則貧道所謂「櫻桃繞出玉蘭花」者，阿描則細水君也。度秀容之罡風，其實不在梅白山節藻梲臺之下矣。而有玉靈公子者，七歲而幻鄭恆，爲寸木馬尸巾之畫，大解人頤，是貧道小友，可列諸神童之科者也。能不使漢臣捧腹大笑曰：「有是哉！」道人之賞鑑寓寄頓如斯，〔四〕請浮大白令雜耍。灝不服老，而

〔一〕「異物」，霜本作「足揚」。
〔二〕「友」，霜本作「有」。
〔三〕「若」，霜本作「羣」。
〔四〕「寓寄」，霜本作「寄寓」。

繼之以加官進祿，惟命。

張軌李暠論〔一〕

張武公軌、李武昭暠，經術文雅，竟欲聖賢。矢誠弱晉，先後一轍。司馬家書，略生光焰，兩先生實秉炬也。葛撮先生嘗反復目在，起敬起慤，頭俯至地千餘年，後之人亦何與于晉而不能爲晉歎泣？晉既往矣，若二先生之至今在也。

從來忠臣孝子，非忠于其君，孝於其親。性情之事，不得單複究之，自忠自孝耳。自忠自孝迺所以忠，君當奈之何？不能不爾者，孝親也。故張、李不爾晉，天也。是天也，不獨張、李有之，而張、李能不昧其天也。天至如此，亦難戴矣。而後世能歷險艱而顧視者，諸葛武侯以一隅之力扶全天者也。若張、李兩公者，亦可謂于西涼見昭昭之多者矣。

張淳、謝艾皆天人，惜不在天下長生三五千年也。文昌化書載謝艾爲大帝一化。吾夢寐冀謝先生之再一降人間也。神之聽之，胡寧忍予？

丹崖老人僑黃眞山書。

杜遇餘論

既謂之遇，不必貪多。此老每於才名之間，必三致意焉。吾雖遇之，以此，未必遇也。庶幾遇

〔一〕此篇據鄧實珊藏手稿整理。原稿無題，標題爲整理者所加。

之，凡人家圈者，〔一〕此以單點點之。但炤有黑圈者再鈔一本來，好略加一二批語。良以此公詩何不可選，若欲見博，自有全集在。

譬如以杜爲迦文佛，人想要做杜，斷無鈔襲杜字句而能爲杜者。卽如僧學得經文中偈言，卽可爲佛耶？凡所内之領會，外之見聞，機緣之觸磕，莫非佛，莫非杜，莫非可以作佛、作杜者。靠學問不得；無學問不得，無知見不得，靠知見不得。如楞嚴之狂魔，由於凌率超越，而此中之狂魔，全非超越之病，與不劣易知足魔同耳。法本法無法，法尚應捨，何況非法？非法非非法。如此知，如此見，如此信解，不生法相。一切詩文之妙，與求作佛者界境最相似。

高手畫畫作寫意人，無眼鼻而神情舉止生動可愛。寫影人從爾莊點刻畫，便有幾分死人氣矣。詩文之妙亦爾。若一七八尺體面大漢，但看其背後，豈不偉然？掉過臉來，糢糢糊糊，眼不成眼，鼻不成鼻，則拙塑匠一泥人耳。微七八尺，卽十丈何爲？

韓文公五言，極力鍛鍊，誦之易見其義。杜先生五言，全不是鍛鍊，放手寫去，粗樸蕭散，極有令人不著意處，而卻難盡見其義。然予人神解不在字句中，此處正是才之所關，文公必不能也。

冠山雨十許日。〔二〕一日忽午後風雲雷電，〔三〕林薄晦冥，驚駭膈臆。蓮蘇問：「文章中得有此氣

〔一〕「圈」，丁本作「眷」，據他本改。
〔二〕自「冠山雨」至後「也要塡塞底也」三段，據鄧實珊先生藏手稿整理。霜紅龕集文漏誤較多。「冠山雨」段，霜本在「曾有老先生」段後。
〔三〕自「冠山雨」至「午後」十一字，霜本無。

象否？」〔一〕余曰：「史記中尋之，時有之也。至于杜工部七言、五言古中，〔二〕正自多尔。」眉曰：「五言排律中猶多。」余頷之。史記文記事體，〔三〕不得全無面目；詩寫胸臆間事，得以叱咤糾拏耳。然此亦僅見之工部，他詞客皆不能也。七言古中，晚唐如盧仝、馬異，亦自命雄奇矣，卻無風雲晦冥處。其所以然處，不無撐拳努肚之意，而卒非天地陰陽之轇轕也。若有老先生見吾此說，又要摘我說詩不得性情之正。吾亦知之，吾亦知之。此因論文章中有此一段氣勢耳，〔四〕豈專云詩？俱當尔耶！

曾有老先生謂我曰：「君詩不合古法。」我曰：「我亦不曾作詩，亦不知古法。即使知之，亦不用。」嗚呼！嗚呼！〔五〕古是個甚？若如此言，杜老是頭一個不知法三百篇底。

看宋葉氏論八哀詩，眞令人噴飯也。〔六〕吾嘗謂古文、古詩之不可測處，〔七〕囫圇教宋儒胡嚷鬧壞也。〔八〕然卒不可壞，〔九〕解者至今在，終不隨不解者瞎扢塔去。近來覺得畢竟是劉須溪、楊用修、鍾伯敬們好些，他原慧，他原慧。董潯陽亦不甚差。

〔一〕「得」，傅山全書初版本脫，據手稿補。「中得」，霜本作「家」。
〔二〕「七言、五言」，霜本作「五言、七言」。
〔三〕前一「記」，傅山全書初版本誤作「謂」，據手稿改。「史記」二字，霜本無。
〔四〕「段」，霜本作「要」。
〔五〕霜本無重複之「嗚呼」二字。
〔六〕「也」，霜本無。
〔七〕「古詩」，霜本作「古書」。
〔八〕「嚷」，霜本作「亂」。
〔九〕「卒」，霜本作「本」。

孫也、茅也、唐也、郝也，一夥名下瞎漢。文章中修王業者用黃鉞，當在若輩。太很，太很。從來萬事皆尔，不尔不見天地之大。盦囊貨少不得，儍大乾坤也要填塞底也。〔一〕

具隻眼人說，杜工部不會點景。我說：爾錯擡舉他了，他會那個來，只不會點景？

我老盲摸揣，只覺好，卻又醒不得。聽著又有說不好底，我又醒不得。柰何！柰何！

句有專學老杜者，卻未必合。有不學老杜，愜合。此是何故？只是才情氣味在字句橅擬之外，而内之所懷，外之所遇，直下拈出者便是。此義不但與外人說不得，卽裏邊之外人，愈說不得。

醫藥論略

藥性大綱，莫過於精讀經錄，及歷代以來續入本草。至於用藥之微，又向本草中會通性、氣、味。走注關鍵之妙，猶輪扁之斵，不可與人言也。吾每推求後代名醫認藥之性、氣、味，及用藥之法，皆各自有一話說。有使此藥貫者，有使彼藥貫者。從其貫者偏任之，偏表見之，豈無合者，豈無未全合者；豈無乖者，豈無不大乖者？〔二〕亦多坐有傅會自將之弊，不可不知其說，亦不可盡倚其說。且一藥而名醫爭論，往往矛盾。故凡歪好胡混文章子，從他妄行，不過出醜惹笑。若醫藥之道，偶爾撞著一遭，卽得意以爲聖人復出，不易吾言。留其說於人間，爲害不小。處一得意之方，亦須一味味千錘百鍊。「文章千古事，〔三〕得失寸心知。」此道亦爾。鹵莽應接，

〔一〕此段霜本無。
〔二〕此二句二「乖」字，丁本作「乘」，據他本改。
〔三〕此句丁本作「文章自古難」，據拾遺、王本改。

正非醫王救濟本旨。

奴人害奴病，自有奴醫與奴藥，高爽者不能治。胡人害胡病，自有胡醫與胡藥，正經者不能治。妙人害妙病，自有妙醫與妙藥，粗俗者不能治。奴、胡二種人無貴賤。妙人不可多得，定在慧業中，投藥者亦須在慧業中求之。若但莽問之雜愚醫工，安得其竅！故治病多不救者，非但藥之不對，亦多屬病者、醫者之人有天淵之隔也。何也？以高爽之醫治奴人，奴人不許；以正經之醫治胡人，胡人不許。所謂不許治者，不治也。吾於此經旨，最有先事之驗。

贈楓仲〔一〕

楓兄數數顧我獄祠，心言綻華，私覺靈光又加拂拭於半年前矣。三日刮目之言，楓仲眞足當之。見仲疾惡之嚴，樂善之誠，賦諸天者獨厚，最宜自愛自敦，不可稍稍涉於俗學。柳河東車說，其中方圓內外之辨，甚有益於學問。山嘗誦詩，如「鳶飛戾天，魚躍於淵。豈弟君子，遐不作人」之言，古人胸襟空闊，陶鎔萬物，何高厚也。學士安用屑屑較量人物，於人何所不容？老子曰：「善人者，不善人之師。不善人者，善人之資。」吾師，吾師，孰謂爲刻薄之學術哉？故對俗人，則學問氣佳矣。若對大賢，則學問氣又俗矣。人當少時，不能有得而不挾，漸長漸化，向之所挾皆不長俊，局量久而日虛矣。君子虛受聖人于咸象，以之咸感人之義，而乃云「受」，何也？能受斯，能感其妙，在無心有心之感，卽不能咸，蓋隘故也。山愛仲敬仲，苦口于仲，請嘗思「鳶魚」詩澤之。山虛受之象，數年後自楓兄處陶得幾人爲善士，補造物之德，醫風俗之頽，非僅僅一文章士相

〔一〕此篇據上海圖書館藏手稿釋文。傅山全書初版本未收。

期也。

偶得此箋，爲仲作楷，不敢寫空言爾。　山。

贈魏一鰲行草十二條屏〔一〕

蓮老道兄北發，眞率之言餞之。

當己丑、庚寅間，有上谷酒人以閒散官游晉，不其官而其酒，竟而酒其官，輒自號酒道人，似乎其放於酒者之言也；而酒人先刺平定，曾聞諸州人士道酒人之自述者曰：「家世耕讀，稱禮法士，當壬午舉於鄉。」椒山先生亦上谷人，講學主許衡而不主靜修。吾固皆不主之，然而椒山之所不主又異諸其吾之所不主者也。道人其無寒眞酖之盟，寧得罪于靜修可也。宗生璜囑筆曰：「道人畢竟官也，胡不言官？」僑黄之人曰：「彼不官之，而我官之，則我不但得罪道人，亦得罪酒矣。」但屬道人攷最麴部時，須以其酕醄之神一詢諸竹林之賢。當魏晉之際，果何見而逃諸酒也？又有辭復靜修矣。然時尚擇地而蹈，擇言而言，以其鄉之先民鎦靜修因爲典刑，既而乃慕竹林諸賢之爲人，酒始歙，既而大歙，無日無時不飲矣！吾誠不知其安所見而舍靜修，而遠從嵇、阮毆！顔生咏叔夜曰：「鸞翮有時鎩，龍性誰能馴。」咏嗣宗曰：「長嘯似懷人，越禮自驚衆。」顧顔生之自寓也，亦幾幾乎其中之。至于以「韜精日沈歙，誰知非荒宴」之加伯倫也，則又鏖糟齷齪爲酒人開解。吾知伯倫之不受也。伯倫且曰：「吾既同爲龍鸞越禮驚衆之人，何必不荒宴矣。」故敢爲酒人，必不屑屑求辯荒宴之名。酒道人其敢爲荒宴者矣。吾虞靜修之以禮法繩道人，然道人勿顧也。靜修無志

〔一〕此篇據美國路思客先生藏手稿照片釋文，照片由范世康先生提供，高智先生釋文整理。傅山全書初版本未收。

用世者也，講學吟詩而已矣。道人方將似尚有志用世，世難用而酒以用之，然又近於韜精，誰知之？言則亦可以謝罪於靜修矣，然而得罪於酒。酒也者，眞酏之液也，眞不容僞，酏不容糅，卽靜修惡沉湎，豈得並眞醇而斥之？吾旣取靜修始末而論辨之，頗發先賢之蒙。靜修，金人也，非宋人也。先賢區區于渡江一賦求之，卽靜修亦當笑之。靜修之詩多驚道人之酒。道人亦學詩，當誦之。

僑黃之人眞山書。

國變錄〔一〕

邦策，西蜀腐儒，讀書懷古，以撥貢自崇禎十五年入都就選。珠桂旣盡，帝鬼難通，唯杜門著書，雖旅灶無煙，意蕭如也。

三月十九日辰時，賊自齊化、東便二門入，擄掠甚酷。時傳吳三桂兵已到城外。先帝以十八日夜三更奪門欲南奔不得。闖賊入承天門射一箭，剛在「天」字上面。二十一日，聞先帝龍體在東華門外朱國公門首，用柳木棺盛破蘆席下，蓬頭跣足。聞有遺詔在胸，云：「朕已喪失天下，不敢下見先人，亦不敢終於正寢。」聖母屍擲於宮門牆外，然未忍目睹也。本日晚，百姓始言太監王德化數十人，擁打兵部尚書張縉彥，責其開門迎賊，哭求文武諸臣上先帝致墓禮。時臣民共萬人俱痛哭，求葬以帝禮，祭以王禮；聖母葬以后禮，祭以妃禮。亦有哭言求封太子大國者，亦有求京城萬民戴孝哭臨三日者。二十二日至二十五日，則諸衛遍捉士大夫拘繫，行路之人如湯雞在鍋矣。二十七日，牛金星點名會極門，用者從東華門出，送吏政府收用，列名部門外；不用者從西華門出，兵露刃兩

〔一〕此篇錄自中國嘉德拍賣公司四季第十三期拍賣會（二〇〇八年三月）圖錄所載照片，由葛敬生釋文整理。

排，五人一隊，押繫劉、李二賊私寓。二十八日，用者高冠鮮服，揚揚長安道；不用者夾逼金銀，號哭之聲慘徹街坊。四月初九日，爲劉賊繫者俱釋放，在李賊者仍幽繫。十二日，吴三桂有告示大張四門，説義兵不日入城，凡我臣民但戴孝者俱不要驚。十二夜，傳闖賊殺官三十二員，陳演爲首，餘皆勳戚。十三日早，闖賊羢帽布箭衣，挾太子、二王，皆玄色布衣，行其馬前，盡撤羣賊東行，皆哭不願去，殺之不能止，各城門止留老弱數人把守道路。

邦策目擊心傷，恐變生倉卒，若使一時鐵筆無傳，必致千秋信史失實，苦心搜訪，更告示名次私記藏之髮中，扮乞人南歸。其時李賊凌幷削髮者尚未數也，唯新進考選新進士掛漏甚多，在所臚列者皆聞見眞確，一一備陳。

先是三月十三日，闖賊踞居庸關，京師九門皆閉。十七日午，賊攻城，彼此銃俱發，如萬雷轟烈，天地震慴。十八日攻益急，銃聲益甚，城外火光四起徹天。一更，太監杜勛自宣府回，同太監王承恩吊城入見，盛言賊人馬强衆，鋒不可當，皇上當自爲計。先帝親同二人登煤山頂望，踰時回乾清宫，着進酒，連酌數金杯，將太子、二王分送二皇親訖，隨宣長公主，先手劍之，宣之宫中，皇爺動刀了。上親巡中宫，問周聖母，聖母已先縊死。又巡西宫，袁妃未有死意，仗手劍三砍，而上亦手軟。因偏召嬪妃中曾幸者，俱親殺畢，換王承恩靴穿，手持三眼銃，帶内相數十人遶城奪門，不得而歸，遂同王承恩對面縊於古樹下。宫人小内相登時紛紛奔出。十九日，太監杜勛同張縉彦開門迎賊。二十三日，授梁兆陽兵政府侍郎，召見文華殿，叩頭云：「我皇上救民水火，神武不殺，比隆堯舜。」闖賊大喜，留坐留茶。四月初十日，賊召禮部侍郎楊光觀入見，留坐留茶與兆陽同。闖賊對劉、李、牛、顧云：「各官於城破之日能死便是忠臣，不死者身體髮膚，受之父母，削髮之人，不忠不孝，留他怎得北都？」臣子狥難者二十二人。有教授同諸生十二人言曰：「此『明倫堂』三字何爲者？」相抱而哭俱觸柱死。幽囚士大夫，用夾棍逼取金銀，此古今未見之事，未有之慘。忠奸各異，人品攸分，爲幷存之。

吳君諱邦策，字殿廷，以西蜀選拔赴京候銓，覊遲數載，適值國變，種種慘傷皆所目睹。因微服星逃至晉相訪。時余客邸昭餘，徒步尋至。甫識面，議論侃侃，古貌古心，無三代以下氣息，一腔忠義，直上冲牛斗。敍談屢日，不忍暫釋。因同龍池主人三結盟焉。曾出國變錄一册，池淚讀之，此國家眞面目也。盟弟此册，不以文見，以心見，以血淚見也。龍池主人因於架上檢得小摺，囑和淚書之。册中幷注死難刑辱、潛身叛逆、受職誅戮各姓名，不及備錄，另謄一摺，存後史家一採擇焉，庶可爲傳信之一助云。　僑黃之人傅山書。

改編班固上明帝表[一]

周曆既已移，仁不以母代。秦遂直其位，呂政肆殘虐。以諸侯十三，幷兼有天下。極情而縱欲，養育彼宗親。三十有七年，兵無所不加。所制作政令，亦施於後王。得聖人之威，河神與授圖。上天距狼弧，乃復蹈參伐。佐政其驅除，距之稱始皇。始皇既獲歿，胡亥乃極愚。酈山工未畢，而復作阿房。以遂前王策，而云凡所爲，貴有天下者，在肆意極欲。大臣至欲於，罷先君所爲。誅斯刦去疾，專伍用趙高。痛哉斯言乎，人頭若畜鳴。不威不伐惡，不篤不虛亡。距之不得留，殘虐以促期。雖居形便國，勢猶不得存。子嬰次得嗣，玉冠佩華紱。乘車黃屋駕，百司謁七廟。小人乘非位，莫不怳失守。偷安日復日，能長念卻慮。父子斷作權，近取戶牖間。竟誅斬猾臣，爲君討逆賊。趙高之死後，賓婚未相

[一] 此篇錄自文物出版社傅山行草墨迹二〇〇七年版，由寶元章整理。標題爲整理者所加。傅山全書初版本未收。

勞。餐未及下咽，酒未及濡脣。楚已屠關中，眞人翔霸上。素車頸嬰組，奉其諸符璽，以歸于帝者。河決不可壅，魚爛不復全。賈誼司馬遷，曰向若使嬰，有庸主之才，僅得夫中佐。山東雖已亂，秦地可全有，廟祀未當絕。秦之積衰久，已土崩瓦解。雖有周旦材，無所復陳巧。而以責一日，之孤何誤哉！俗傳始皇起，罪惡胡亥極，斯得其理矣。復責小子云，秦地可得全。所謂不通夫，時之變者也。吾讀秦之紀，至於嬰裂高，未嘗不健決，而復憐其志。若秦子嬰者，死生義備矣。

此段極有類五言古詩者，因括而偈之，以便記憶。至于引鄭伯茅旌鸞刀，紀季以酅，春秋不名，迂遠不切，正自古奥，今人不肯。

卷三十四　雜文（三）

雲臺二十八將讚〔一〕

鄧禹太傅高密侯。〔二〕

中興元佐，南陽鄧禹。二十四歲，封侯祚土。夫可不謂，英特振古哉！分麾選禅，〔三〕獨爾不武。〔四〕河東略定，入關氣沮。栒邑損威，宜陽還馬。何乃二十七，咸居其下？蓋白衣聖作，先萬物覩。杖策渡河，業啟高祖。訏謀知人，辰告虤虎。是以眞人，帷幄獨許，夫顧不責其缺斯破斧。猗與！節義興朝，天秩敦五。雲臺首功，至孝其母。

〔一〕此篇據山西博物院藏手稿整理，由吳崇謙先生釋文。王愛國重校。霜紅龕集張、劉、丁、王本收錄。因文字差距較大，故霜本與手稿不同之處不出校註，但讚之順序依霜本。

〔二〕手稿無「太傅」二字。

〔三〕「禅」，手稿作「神」，據張、劉、丁、王本改。

〔四〕以下至此條末，手稿缺佚，據張、劉、丁、王本補。

馬成中山太守全椒侯。〔一〕

守郟棄官，步追河北。揚武將軍。〔二〕擊舒，溝壘困逼。武都西平，常山屯積。障塞代勞，代杜茂也。烽候四斥。武溪無功，全椒歸國。

吴漢大司馬廣平侯。〔三〕

忘命漁陽，不屑米鹽，龍媒奇貨，儒生爲誰？望而見之，一檄還播。于是苗曾不備，謝躬不防，幽鄴兩墮。質直少文之人，顧如是耶！所以鄧公知之，稱其勇鷙，諸將莫過。軍鋒所臨，如漳水、檀鄉賊。鄴西、河内、南陽、黄郵秦豐戰黄郵水上。及五樓、銅馬、五幡衆矣，莫不應手而破。廣樂不利，千里一蹶，傷膝以臥。椎牛饗士，裹創而起，長驅爭門，蘇茂、周建突走，而睢陽隨禍。再追五校〔四〕于箕山、清河、長直、平原、五里，皆不遺餘力。獨于鬲縣，收守長而謝五姓，又以不戰下之，亦何頓挫！隴上少衄，郡甲不遣，貪攻之錯。閒關蠶叢，豈不終奏厥功？當其輕去廣都、江北、江南，與劉尚分營，幾敗乃公之作。迄今觀攬讓勅，遥遥觀火，然後知亶聰明，爲中興元后，眞人一个。

〔一〕手稿無小注七字。

〔二〕文中小注，霜本均無。下同。

〔三〕手稿無「大司馬」三字。

〔四〕「五校」，手稿作「五較」，據後漢書中華書局一九六五年版本改。霜本作「五校」。

王梁河南尹阜城侯。〔一〕

狐奴守令，廣阿從龍。關守天井，帝曰梁功。便宜違命，惜才維宗。廣也。赤眉五校，〔二〕終奏膚庸。肥汶獨拔，齧桑杜同。〔三〕水利非長，穀渠費工。

賈復左將軍膠東侯。〔四〕

好學賈生，羽山樹纛。策干漢中，漢中王劉嘉。河北持牘。破而後食，勇見擊犢。敵輕五校，〔五〕眞定創篤。擊五校創甚，帝曰「賈復輕敵」云云。强郾有尹，更始郾王尹尊，時最強。慨往卒服。帝念深入，方面重屬。帝藏欲偃戈，儒學敦復。

陳俊瑯琊太守祝阿侯。〔六〕

陳俊之來，亦自劉嘉。前賊剏壁，五校無家。〔七〕俊既擊銅馬于清陽，與五校戰安次，〔八〕斬帥而還，建策輕騎出

〔一〕手稿無「河南尹」三字。
〔二〕「五校」，手稿作「五較」，據後漢書中華書局一九六五年版本改。霜本作「五校」。
〔三〕「桒」，霜紅龕集各本作「棄」，此據手稿。
〔四〕手稿小注祇有「膠東」二字。
〔五〕「五校」，手稿作「五較」，據後漢書中華書局一九六五年版本改。霜本作「五校」。
〔六〕手稿無題注。
〔七〕「五校」，手稿作「五較」，據後漢書中華書局一九六五年版本改。霜本作「五校」。
〔八〕「五校」，手稿作「五較」，據後漢書中華書局一九六五年版本改。霜本作「五校」。

賊前，勑百姓各自堅守，以絕其食，不戰而殄。四縣三城，攻匡賊，下四縣。擊頓丘，降三城。枯振朽拉。金門白馬，二山名，並擊破之。武陽亦麼。轉狗汝陽及項，又拔南武陽。麼，小也，猶言不足道。太山大郡，連兵實多。非俊莫定，吳公不誇。步叛不知，俊在瑯琊。

耿弇 建威大將軍好時侯。〔一〕

北道主人，連率卽弇。說況發騎，眼明才覃。盧意憮憮，初見世祖于盧奴，陳說求歸發兵以平邯鄲，世祖曰：「兒曹乃有大意。」阿來冉冉。世祖旣南馳，弇就況，說使寇恂等合軍而南，且戰且行，遂及世祖于曲阿也，遂平二十四縣。溫明首策，慫恿非諂。世祖旣拔邯鄲，更始封爲蕭王，令罷兵。亘臥溫明殿，弇入造牀下，說無罷兵。元氏安次，軍鋒烈燄。弇從世祖破銅馬等于元氏。又數日，又追至小廣陽、安次，連破。當時將精騎常爲軍鋒也。無終土垠，赤幟睒睒。世祖復遣與吳漢等十三將軍追賊至無終、土垠之間，賊散入遼東、西而盡。弘降岑遁，望都營甹。穰人杜弘從延岑，弇戰于穰，大破之。甹，傾覆也。又破望都、西山賊營。富平穫索，不足當掩。平齊料奇，苟梁豈覢。有志竟成，大言不忝。

杜茂 驃騎大將軍參蘧侯。〔二〕

中堅從征，苦陘侯于。初爲樂鄉侯，又爲苦陘侯。三郡降獲，魏郡、清河、東郡也。五校多渠。〔三〕晉陽廣

〔一〕手稿題注作「好時侯。共廿句。」

〔二〕手稿無題注。

〔三〕「五校」，手稿作「五較」，據後漢書中華書局一九六五年版本改。霜本作「五校」。

武，田屯備胡。敗入樓煩，轉車運𨏥。斷缣縱殺，修削改遽。先封修侯，後削戶邑，爲參蘧鄉侯。

寇恂〔一〕執金吾雍奴侯。

上谷功曹，中興之俊。劫使復況，漁陽約奮。河內得守，洛陽大震。輦車驪駕，咸比蕭運。賈卒殺人，戮之以狗。賈也悻悻，決疑報忿。視賈如廉，自居以藺。第一之招，又復不巽。皇甫遽斬，膽落高峻。

傅俊積弩將軍昆陽侯。〔二〕

遙遙巖裔，亭長迎軍。京密能破，邯鄲遄奔。協岑破秦，維揚侯旬。言念弟族，昆陽孤身。

岑彭征南大將軍舞陽侯。〔三〕

惜哉！首破荊門，長驅武陽。公孫大驚，是何神也？吳習步騎，荊門之事。一任征南，帝灼臣也。鄧讓守交，一書諭之。七郡乃心，金蘭誰知，會風雲也。先此下隴，殿拒東歸，子弟生全，勇之仁也。伐木開道，直圍黎丘，三年九萬，零丁秦也。母質前隊，豈念其爲，長秋起居，太夫人也。〔四〕嗚呼岑君，伯升實存。留以報弟，朱鮪不論。雖曰舉大事者不忌小怨，兄弟之仇不反兵，又

〔一〕此條手稿缺。據霜紅龕集各本補。
〔二〕手稿題注，衹「昆陽」二字。
〔三〕手稿題注「舞陽侯」。
〔四〕自「母質」至「太夫人也」，手稿無，據霜紅龕集各本加。

胡以云也？

王霸上谷太守淮陽侯。〔一〕

不樂吏職，西學長安。獨識眞人，永從不還。滹沱神冰，一言爲堅。知兵愛士，獨任有桓。不救捕虜，乘弊視覦。拮据上谷，二十餘年。

朱佑建義大將軍鬲侯。〔二〕

護軍親幸，相表日角。淯陽見獲，擊鄧奉于淯陽。降鄧復託。黎丘秦豐。惡言，儒學方略。定城遺功，辭鬲不諾。主人輟講，白蜜合藥。趣。

任光信都太守阿陵侯。〔三〕

誰殺任光，光祿劉賜。止之。阿陵當侯，誰能死之？堅守信都，尉忠。令修。以之。孤城待帝，帝來喜之。頭力有兵，帝欲倚之。光曰不可，募恣使之。作檄檐辭，力頭侈之。堂陽夜炬，天聲起之。邯鄲能拔，信都始之。

〔一〕手稿題注爲「淮陽侯」。
〔二〕手稿無題注。
〔三〕手稿無題注。

祭遵 征虜將軍潁陽侯。〔一〕

富家孝儉，結客殺吏。柔而不撓，舍中兒治。口弩流血，柏華蠻敝。滿豐二張，讖璽不濟。上隴功成，黃門樂沸。從戎雅歌，博士請謚。

李忠 豫章太守中水侯。〔二〕

好禮李忠，新博屬長。莽改信都曰新博，都尉曰屬長。語次不好。更始都尉，眞人向往。攻屬無掠，驪繡獨賞。寵弟從軍，殺之實莽。馬寵反于信都。寵弟，忠校尉。殺之。不敢內顧，豈不壯慷！母也幸全，于天有戕。丹陽乃又，汲汲禮講。

景丹 驃騎大將軍櫟陽侯。〔三〕

率調副貳，丹因況成。北州大將，來共功名。突騎追奔，䜌南䜌，郎兵也。殤從橫。錦衣歸鄉，侯邑櫟陽。壯士病瘧，弘農起強。

〔一〕手稿題注爲「潁陽侯」。
〔二〕手稿無題注。
〔三〕手稿無題注。

萬修右將軍槐里侯。〔一〕

槐里誰侯？萬修君游。功令信都，爲更始信都令。任李佐猷。與太守任光、都尉李忠。邯鄲與破，南陽早休。南陽未克而卒。豈不賁志？實命不由。

蓋延虎牙大將軍安平侯。〔二〕

虎牙蓋延，漁陽護軍。爲彭寵護軍，與吴漢同謀歸。睢陽再克，是爲厥勳。苟非天命，永亦王孫。違勑置郯，〔三〕再攻徒奔。〔四〕董憲自郯救蘭陵。勑攻郯自解。延違命救蘭，憲圍之。突出攻郯，遲矣。龐萌叵測，破舟壞津。〔五〕萌反，與憲連。油然沛廟，心傷漢臣。定沛時，先修高廟。知體。〔六〕

邳彤太常靈壽侯。〔七〕

信都邳彤，豈非莽之。和成卒正？眞人來止。不再瞻顧，舉城以應。薊還失軍，雖得二郡。西還不競，歌吟思漢。幾不終日，二郡足令。煌煌雲臺，功豈在多。一言決勝，靈壽錫爵。親屬在焉，

〔一〕手稿無題注。
〔二〕手稿題注作「安平侯」。
〔三〕「違」，傅山全書初版本誤作「建」，據手稿改。
〔四〕以上八字，霜本無。
〔五〕「壞」，傅山全書初版本與霜本作「壤」，據手稿改。
〔六〕「體」，傅山全書初版本誤作「禮」，據手稿改。
〔七〕手稿無題注。

無乃天幸！

銚期〔一〕衛尉安成侯。〔二〕

八尺二寸，潁川一異。眞人用眞，召以志義。誰閉薊門，一蹕辟易。攝幘滅郎，〔三〕河北高說。降馬逸犢，安成一位。威信在鄴，李熊失弟。

劉植驍騎將軍昌城侯。〔四〕

昌城劉植，兄弟義力。說揚何辭，揚乃肯抑？漆里擊筑，邯鄲卒克。〔五〕即封昌城，開門之德。

植說劉揚既降，世祖爲納其甥郭后，高會漆里，揚爲擊筑，乃得進兵邯鄲也。

耿純東郡太守東光侯。〔六〕爲莽納言士。

鉅鹿大姓，爰有耿純。說軼受節，有志風雲。邯鄲一謁，宗族廬焚。鄗中憚折，射犬賊奔。瘻揚靜致，兵馬無聞。四歲東郡，民靖厥文。九千歸化，再來耿君。

〔一〕「銚」，手稿與張本作「姚」，據他本與後漢書改。

〔二〕手稿題注作「安成」。

〔三〕「幘」，手稿作「幘」，據他本與後漢書改。

〔四〕手稿無題注。

〔五〕「卒」，傅山全書初版本與霜本均誤作「平」，據手稿改。

〔六〕此七字，手稿無。

臧宫城門校尉朗陵侯。〔一〕

投身下江，雲龍便假。沮酈協祭，與遵降更始之將于沮陽、酈二縣。獨狗江夏。梁濟不難，又擊梁郡、濟陰，下之。荆門力寡。彭拒述將于荆門。鋸限轉車，駱越弭野。時宫屯駱越，越人欲反從蜀，宫鋸門限，回轉運車，謂漢兵大至。涪上平曲，從涪水上平曲。降卒虞瓦。時宫率降卒五萬餘，糧運不繼，皆逃散瞻望。矯制取濟，七百其馬。時有馬七百到彭營，宫智取之，速進。延延岑褫。元王元。降，恢公孫恢。首折也。高會吳公，成都城下。伊吾有志，黄石詔報。

堅鐔左曹合肥侯。〔二〕平内黄。

主簿偏將，大槍無壘。間得洛東，武庫降鮪。走董訢。拒鄧，奉。蔬菜不餒。三創全衆，合肥報美。

馮異〔三〕征西大將軍夏陽侯。

大樹將軍方以郡掾監五縣、拒漢兵時，其無可柰何乎？及獲於巾車，乃曰：「一夫之用，不足爲强弱。老母在焉，請歸據五城以報。」豈不學無術之夫！初破鐵脛，降闔頓，偏將軍之餘耳。書

〔一〕手稿無題注。
〔二〕此五字，手稿無。
〔三〕此條手稿缺，據霜紅龕集各本補。

詒李軼，軼不爭鋒，乃得北攻天井，南下成皋以東。而聖人以毒，〔一〕故露軼書，見刺於朱，何不顧將軍之於義？幸也！三輔擾亂，若非將軍，「始雖垂翅回溪，終能奮翼黽池」，不幾乎蘁磋乎司徒！〔二〕關中至陳倉，割據者十有二枝。雖皆非勁敵，維時道路隔絕，黃金一斤，易豆五升。美哉乎！上林之成都也。移軍栒邑，一著爭先。行巡不意，而北地諸豪，咸畔隗來歸者，逸勞殊也。自此進義渠也，降青山胡也，賈覽瞿也，莫犍日逐斯也。上郡安定，循來甯也。行守天水，攻落門未拔。嗚呼！將軍痛也。史稱其與諸將相逢，輒引車避道，是何儒也？道人曰：功名之際，爭變不測。防微杜漸之道，顧不當如此甚深慮而遠圖邪？妙哉乎！最初勸帝結納曹詡父子，肯綮中虛，遂得龍飛河北，尤二十八將之功之所無也。

馬武 捕虜將軍陽虛侯。〔三〕

綠林子張，更始侍郎。眞人莪臺，漁谷許將。勞饗酌前，殿後廣陽。成楚成武、楚丘。別下，桃城走龐。龐萌反，攻桃城。精騎下隴，甲戟孔揚。浩亹枹川，羌敗敗羌。嗜酒闊達，縱樂御旁。

劉隆 驃騎將軍愼侯。〔四〕亢父、竟陵、扶樂鄉、長平、愼。

是爲舉義，劉禮之子。雲臺四七，宗臣一耳。射犬扳龍，禍及妻子。平舒守南，南郡太守。軍印

〔一〕「聖人」，疑爲「眞人」，指漢光武帝。
〔二〕「蘁磋」，各本均作「蘁傞」，據文意改。
〔三〕手稿題注作「陽虛候」。
〔四〕此六字手稿無。

解止。史牘有書，坐徵壑理。中興不私，帝治如此。交趾副勳，侯愼愼矢。

附：抄後漢書贊辭〔二〕

鄧禹　寇恂贊

元侯淵謨，乃作司徒。明啟帝略，肇定秦都。勳成智隱，靜其如愚。子翼守温，蕭公是埒。係兵轉食，以集鴻烈。誅文屈賈，有剛有折。

馮異　岑彭　賈復贊

陽夏馮。師克，實在和德。膠東賈。鹽吏，征南岑，舞陽侯。宛賊。奇鋒震敵，遠圖謀國。

吴漢　蓋延　陳俊　臧宫

吴公鷙强，實爲龍驤。廣平。電埽羣孽，風行巴梁。虎牙猛力，功立睢陽。延爲虎牙將軍，封安平。宫朗陵。俊祝阿。休休，是亦鷹揚。

〔二〕此附録，霜集各本無，據手稿補。

耿弇

好畤經武，弇封好畤。能畫能兵，往收燕卒，來集漢營。請間趙殿，釃酒齊城。況舒率從，亦既有成。國圖久策，分此凶狄。秉洽胡情，夔單虜迹。慊慊伯宗，枯泉飛液。

姚期　王霸　祭遵

期啟燕門，安成。霸冰滹沱。淮陽。祭遵好禮，臨戎雅歌。潁陽。彤抗遼左，邊庭懷和。

任光　李忠中水。**萬修**槐里。**邳彤　劉植　耿純**

任阿陵。邳靈壽。識幾，嚴城解扉。委佗還旅，二守焉依。純東光。植昌成。義發，奉兵佐威。不及李忠、萬修何也。

朱佑、鬲。景丹、櫟陽、王梁、阜成。杜茂、蘧。馬成、全椒。劉隆、慎。傅俊、昆陽。堅鐔、合肥。馬武楊虛。九人無贊何也？

歷代名臣像贊〔一〕

王右軍

羲之字逸少，系郎邪。年十三，見周顗，奇之。郗鑒遣門生問壻從父導，導令徧觀子弟。子弟聞之，皆矜持。羲之獨于東牀坦腹食，如不聞。郗以女妻之。起家祕書郎，參庾亮征西軍，遷長史，召侍中、吏部尚書，不就。授護軍將軍，〔二〕辭。頃受護軍，以爲右軍將軍、會稽内史。與王述不能。會述爲揚州，恥屬述，稱病歸。誓墓不出，放情山水間。先未受會稽時，詒書殷浩，請使關、蜀、巴、隴，宣天子威德，不遂所志。既與浩及謝公安論征伐、賦役事，亹亹君國。蓋有晉忠孝名賢也，而至今迺徒以書法傳。

陶靖節

陶淵明字元亮，侃曾孫。高才嗜酒，薄令彭澤，賦歸去來。晉亡，以先世功勳大臣，恥復事人，更名潛。著文示志，率澹磊而情。集有夷齊、箕子贊、詠荆卿詩也。

〔一〕此篇據山西博物院藏手稿整理，王愛國重校。霜紅龕集劉、丁、王本收錄。
〔二〕「護軍」，手稿與霜紅龕集本均誤作「護國」，據中華書局標點本晉書改。

文中子

仇璋曰：「顙，頯如也，重而不亢。目，燦如也，澈而不瞬。口，敦如也，闞而不張。鳳頸龜背，須垂至腰，參如也。」他可不論，惟須不可以短誑爲長。此影大不然，何也？

杜淹作通世家，「開皇四年，子始生」。既又曰：「開皇九年，文中子十歲。」以始生四年推之，是年甲辰。以九年十歲，則生當屬周靖帝大象二年庚子矣。〔一〕元經隋大業十二年，〔二〕係以李淵義寧元年，子于是年卒，歲在丁丑，注云卅八歲，與庚子合。乃闞朗事中，亦曰開皇四年生文中，先丙午二載爾。然則通卒卅四歲耳，注「八」字譌矣。世家「九年十歲」，亦與四年始生之言自爽。

虞文懿公

餘姚人，字伯施，仕唐，終弘文館學士。先封永興縣公。〔三〕太宗稱其五絶：一德行，二忠直，三博學，四文詞，五書翰。

魏鄭公

徵對二郎曰：「守成難。」二郎亦曰：「貞觀以前，從定天下，間關草昧，玄齡也。貞觀之後，

〔一〕「大象」，手蹟誤作「大定」，據霜紅龕集各本改。
〔二〕「隋」，手稿作「隨」，據文意改。
〔三〕「公」，舊唐書本傳作「子」。

納忠諫，正朕違，爲國家長利，徽而已。」史稱貌不過中人，有志膽，不言，其如老嫗也。漢蔡嫗，眞嫗。唐魏嫗，〔一〕獨倔彊勝似男子者。然自今觀之，良古怪矣。隋亂，〔二〕詭爲道士，既而事密，事建德，又事建成，乃始至二郎，責木而棲，鳥何容易！世多稱其十漸，然復而繁，顧不如姚崇之先相而白三郎之「十事」也。

杜蔡公

隋高孝基稱如晦曰：〔三〕「君當爲棟梁用，願保令德。」補滏陽尉，棄去。入唐而參秦王府軍。房公以「王佐」稱于二郎，〔四〕留府。從戎，每議事，房始謀而公決之。共房理政，爲吏部領選，賢不肖皆得職，至今房杜並稱也。

房文昭公

玄齡字喬，臨淄人。李二郎徇渭北，杖策謁軍門，行佐。建成變，功第一。爲宰相幾廿年。史稱夙夜勤彊，任公竭節，是非難；無媢忌，聞人善若己有之，斯難矣。朱衣山曰：公於開皇混一時，即謂堅無功德，周近親，妄誅殺，攘神器，其亡可跬須之也。爲興唐名輔，豈偶然哉！豈偶然哉！受業文中。

〔一〕「魏嫗」，傅山全書初版本與霜紅龕集本均誤作「鄭嫗」，據手稿改。
〔二〕「隋」，手稿作「隨」，據文意改。
〔三〕「隋」，手稿作「隨」，據文意改。
〔四〕「以」，手稿脫，據霜紅龕集補。

李衛公

史稱藥師，姿貌魁秀。又嘗所云：「丈夫遭遇，要當以功名取富貴，何至作章句儒！」乃今遺相，不無腐氣，何耶？其大功則江陵、丹陽、突厥、吐谷渾皆是也。龍門稱之，曰「慧而斷」矣。世多豔稱小說家記，與張美人偕入太原，遇虯髯客事。道學先生多不言之，以其從游文中也。而告西嶽碑版雄傑駭人，顧至今在也。文中若見之，其謂之何？以其言與行求之，相之腐，非眞的也。以告變而幾死于李淵老傭者再。天下事無二郎時，何不可！何不可！英雄無命，往往然。可嘆哉！然二郎救藥師得，救文靜不得。老傭仗兒子爲皇帝，私氣不除，殊悵人腸矣。

狄梁公

梁公，吾太原人。至今城南十里狄村，傳公故里。公忠勳在有唐，多微用。而宋祁新書殊略不錄，乃知舊書之不可廢也。

公薨五年，而五龍夾日之功成。使公若在，武三思安所貽慼于桓彥範、柬之五王哉！裴炎廢中宗，吾終不以爲非。公眷眷復廬陵，豈不知其不足與有爲者？要之正名而已，爲唐不爲中宗矣。旣爲唐，焉得不爲中宗邪？當時若有告公者曰：「中宗旣廢矣，再立之，亦無補于有唐，還之宮中，徑立相王爲天子，使以帝兄終天年，武、韋之禍不弭而靖。公能行之否耶？」公定不允。然公在，三思無生理，無用是也。若以此事告五王，五王且以爲反矣。而此事至今惟可語公。

陸宣公

宣公之言，亹亹於德宗，顧未用十之二三，然不死，亦幸矣。至如竇參、吳通玄交構時，〔一〕德宗又何其明也。〔二〕終不能不移於裴延齡，而陽城之諫，僅得貶忠州，卒死於貶所。且道以推誠爲致禍之由之主，而能容一數諫之臣哉！至今言奏議，則尊宣公，亦以其言之不甚取人主震怒耳。以孝經賜於公異，廢棄終身。公異之孝與否不可知，而其事出自公，不謂之傷德耶？且其聞德宗喜公異露布之語而銜之。〔三〕果爾，是何心哉？是何心哉？〔四〕若其因李懷光之言，而順雄彊之，〔五〕使不得有辭於李西平之移屯。吾於宣公生平，以此一節爲有用之才。

韓文公

北斗泰山，起衰八代，人無間然，知公者以文論諸道，〔六〕兵弱不堪用。〔七〕佐晉公時，入汴說韓弘協力；廷湊之變，慨然入鎮，數語動悍藩，復使命。可僅目以文章士乎？膚論之士，輒與揚雄並稱，殊非倫。卽公亦每稱雄，何也？世之人不知文章生于氣節，見名雕蟲者多敗行，至以爲文、行

〔一〕「玄」，傅山全書初版本與霜紅龕集本均誤作「元」，據手稿改。
〔二〕「也」，傅山全書初版本與霜紅龕集本均誤作「矣」，據手稿改。
〔三〕「且」，傅山全書初版本與霜紅龕集各本均脱，據手稿補。
〔四〕後「是何心哉」四字，傅山全書初版本與霜紅龕集各本均脱，據手稿補。
〔五〕「順」，傅山全書初版本與霜紅龕集各本均誤作「卽」，據手稿改。
〔六〕「者」，傅山全書初版本誤作「徒」，據手稿改。
〔七〕「弱」，傅山全書初版本與霜紅龕集各本均脱，據手稿補。

爲兩，不知彼其之所謂文，非其文也。

白文公

僑黄之人讀昌黎文公之文，而想見其人巖巖毅毅之不可奪也。讀晉陽文公之文，而未嘗想其爲巖巖毅毅不可奪之人也。而其爭河東王鍔之加平章，諫吐突承璀之監軍，奇氣危言，未遜韓先生也。河朔再亂，言兵多將衆，費侈無功，請澤潞、魏博、定、滄四節度，各出兵三千，隸光，還晉公招討使，悉太原兵西壓境，乘隙趨利，又何其精于談兵制勝，似韓先生之論取淮蔡也！然性頗似淡于韓，故得以優游香山，醉吟而物化。

裴晉公

公被傷時，騶王義護之，斷手，而公得墮溝中。誦公牿揚之功，義何忠也！救晉公，義亦當傳。況公若胡生之觥三酥，〔一〕而鐵檠横于膝上。吾爲公敬之快之，嘗不忘。

朱衣道士崖略乩：晉公五十三歲而相于元和十年乙未，一相而淮蔡平。既用其策，禽師道。穆立，則用寢疏，故不得奏顯功，史臣能言之矣。七十六歲以功名終，謚文忠。身關有唐安危廿年，類郭令公，是不可無年譜。前相五年而爲員外郎，知制誥，已卅九歲矣。史稱擢進士于貞元初，其時當不及廿五六歲。中頗歷官，未知龍鍾相戲之異在何時。傳云貌纔中人，皆類語可笑。憶龍鍾之語，其相定有異于常人者。乃今髣髴面深紫，頤舒頷遠如龍，齒雙粲脣外，頭骨覺嶔岑紗帽中，帽

〔一〕「酥」，傅山全書初版本與霜紅龕集各本均誤作「酌」，據手稿改。

迺巉而前，如不宜于頭者。奇古無倫，俗客醜之。

郭景純菊花圖贊〔一〕

郭景純圖贊：

曰：何憂玄髮？頌之增益道心。

「味貌復何奇，能令君傾倒？」寫明遠句。想此僧亦自不凡，「爲君慨此秋」，愈益淡香。山。

詠菊者多説能霜敵雪，而梁簡文乃曰：「月精麗草散秋株，洛陽少婦絶妍姝。」覺更嫵媚，似脱習氣，爲僊薹改色。「朝起露濕沾羅襦」，寒豔情至。「擢影陵寒飈」，袁山松之句。若夫「春露不染色，秋霜不改條」十字，正不須以此訣更生君也。幸而無黄金字様。

橫塗順抹，濁戇無似。落英遇我，乃爾遭際。筆墨浩蕩，菲芳根蒂。老枝倔强，不屑拘細。自以神行，何迺使氣？脱略工拙，殊分鈍利。

「抱一應元貞」，王筠之句，正自別抒。

陶先生句：「悠然見南山。」藭。

〔一〕此篇據山西省聞喜縣檔案館藏手稿釋文，原件爲手卷，有四幅菊花圖與多段文字。由王澤慶整理。標題爲編者所加。

因人私記〔一〕

崇禎九年丙子四月初，袁山先生錄科試甫畢，注：先生諱繼咸，江西宜春人。乙丑進士。以御史外遷山西提學僉事。而巡按御史張孫振來。孫振，廬州府人。袁先生語山曰：「張古岳是來，其不無意于我乎？」〔二〕是時溫體仁當國也。孫振三日謁廟講書畢，謂袁先生曰：「兩學諸生通不會講書如此？」袁先生曰：「此皆代講者，舊規惟本道講書。始皆本生講之，然好秀才多不肯出來代講。」張少作色，曰：「貴道有欽件數案至今未結，〔三〕何逡巡也？」袁先生曰：「有之，皆前道張時事，待下官申來詳到本道，本道自轉之矣。」詞色殊不和，各罷去。袁先生語山曰：「果然張古岳相尋我矣。」

孫振遂出巡。袁先生督課全晉諸生三立書院。取錄科高等者二百五十餘人。先生于書院中脩三立名賢傳，謂諸生曰：「此我他日謗書也。」課法：月大會三，皆至書院，日饌饌。午後文完飲酒，各從其知爲羣。小會六，皆在各寓中。寓多在崇善寺。每生月用米麵菜錢，取足于學租，皆豐厚有餘用。不時至崇善寺講藝，有病者親至其寓所，與藥餌調養之。

〔一〕此篇據山西博物院藏手稿整理，由李勇釋文，李勇重校。霜紅龕集劉、丁、王本收錄。因各本與手稿異文較多，當是傅山幾次修改所致，故將他本全文附錄於後，以備查考。
〔二〕「于我」二字，手稿已殘缺。
〔三〕「數」，手稿已殘缺。

至七月末，孫振自平陽歸，復謁廟講書。講畢，既起，〔一〕忽一絳州老生姓孫者名有守。闖然上堂，跽告孫振曰：「生員某頗究書旨，願在大宗師上領教。」孫振遂復坐，令講，講久之。孫振向先生曰：「此生大會講，兩學無此人。」厚賞之。問：「爾錄科耶？」對曰：「在此候考，遺才尚未錄名也。」孫振即屬袁先生曰：「貴道可與一名入場。」先生曰：「試過文字，好即錄之。」孫振起行，兩司各散去。先生獨留，復坐明倫堂，呼孫生上，大詈之曰：「太原、陽曲兩學，少你一老劣生講書耶？」迴道即考，考畢大抹其卷，批不通者無數，〔二〕與六等，帖考院牆示諸生。由是，與孫振顯然構矣。

先是七月間，巡撫吳公甡來，晉人士感頌袁先生教義，特疏薦袁先生引例學臣稱職得升京堂。而是年當大計，孫振會吳公，欲重申之。吳公亦知孫振意，曰：「是可坐浮躁耳。」八月科畢，孫振遂先大計露章劾之，而款則取之陽曲知縣李雲鴻、雲鴻，齷齪小人也，通許人。太原府推官袁楷、聊城人。太原府同知蔡如蘅，貴州人。大半皆前道張公弘襟事。公鄆縣人，山亦受公知。袁歸依吳公，稱門士。蔡黠士，一二款皆微事。獨李雲鴻阿意孫振，風影那借十餘款，惟恐不多不毒，謂按臣參一提學何有。孫振疏既上，十月中得旨：「着山西撫臣戒送來京勘問。」遂羈候先生于書院中。山時左右之。先生鐙下爲辨牘口占，山書之。李雲鴻偵伺甚密，令侯主簿巡儌窗外，〔三〕諸生有問望者，出入甚難，有入者即以其名字密報孫振。主簿，楚人。適代巡捕撫院。門下諸生忿忿，嗚之吳公。吳公傳入，立杖卅

〔一〕「既」，傅山全書初版本誤作「即」，據手稿改。

〔二〕「通」，手稿已殘缺。

〔三〕「主」，手稿已殘缺。

逐之，諸生大快。時陽曲縣諸生梁雲輝，字泰雲，爲撫臺聘西席，凡諸生有所鳴于吳公，梁從中贊成之。

山與汾州府諸生薛宗周倡伏闕訟先生寃。山移書四府諸同筆硯生，令陸續來京。十月廿日，山與宗周隨先生行，留家兄庚在家催促諸後來者。時平定生白孕彩聞風從平定先入京矣。後山許來者，有陽曲李開馨、王志增、〔一〕太原府學宗生新甄。適乙亥拔貢坐監者未散，山與宗周沿路尋問之。出固關，卽遇介休史詒，詒云：「離家近矣，去當復來。」然山亦謂詒不足爲輕重者，亦不苦要之。至伏城驛，遇襄陵秦植，植與山先有分，實平水制藝名士也。山與宗周買酒就其寓，與之言上疏事。植慨然勇往，云：「弟在都卽聞兩兄此意，弟卽欲與同貢者先拜一疏，而王錫公再三阻之，弟是以來歸也。錫公者，名予珪，亦與山先有分。適相隨者是一舍親老中官，明早卽令獨坐騾轎迴家，弟與兩兄明早卽同北上也。」植能大飲不醉，大口厚脣而長。山與宗周大叫：「爾參爾參，植字也。眞我輩人也。」寒夜飲至三鼓，歸寓喜而不寐。宗周謂山曰：「卽爾參脣吻，亦非常人，是當貴。」稱之不置口，「候鷄鳴卽呼之上征鞍耳」。山與宗周才起，將往呼之，忽一人叩門云：「秦相公多拜，家中有事不能上京矣，請二位相公行，渠當續趕來也。」山大笑，宗周且行且罵：「秦植是何物名士也？卽其口脣，正如豬耳！」遂从此皆呼植爲「秦豬」。

山與宗周、程某入京，僑琉璃廠伏魔祠，就太原府諸生張凝种之寓，凝种亦以此公義，先山等來半月許，又三四日，新甄乃來。而實依丁時學天心爲主人。時學本紹興人，爲順天籍，家于京師竇子街，時以諸生保舉矣。時學之兄天行乾學，卽袁先生甲子鄉試之座師也。以首犯崔、魏事死，得蔭一子。時學有手眼人，一時人士多向往之。

〔一〕「增」，此處手稿作「曾」，後文又作「增」，未知何確，姑統一爲「增」。

十月末，先生入刑部獄。山與宗周拜謁諸拔貢在京者，會同上疏。皆無異詞，而實予珪一人主張之。山一見予珪，予珪即問：「曾遇爾參否？」山語伏城相遇云云。予珪云：「可恨！是我欲與同人先拜一疏，而彼苦撓之，不行，遂去。彼尚敢爾造語耶！待其來質白之。」予珪屬草疏藁，〔二〕山屬時學脩飾合式，列諸名百餘人，則予珪與山爲本頭，投通政司。時通政無使，參議爲袁鯨。鯨，楚人，與孫振善，故指疏中不合式者數字，令改寫再封，而以副本密致孫振矣。隔數日再投，再駁。數日，又投之，鯨大怒，指諸生：「皆頂名不實，是爲欺君之罪，當誰任！」山與予珪進而言：「生等草野，不知大體則有之，至于欺君則豈敢。請一一唱名問之，有頂替者，生等甘罪。」鯨見敢承任，又駁一字曰：「再來與爾封進。」隔日又投，鯨恐嚇之曰：「本與爾上，但上本後要人人在，若皇上怒，爾輩無悔。」山進曰：「大宗師不用如此爲生等慮。本上之後，皇上若問貢生，予珪敢承之；問生員，山敢承之。」鯨不言。會冬至，又託以禁封不上。

臘月中，大家正議于襄陵會館，植闖然入。予珪望見，迎□□□語之曰：「是爾欲拜疏，我阻爾耶？」連連質之，植無語。山刻揭帖未出，是科陽曲舉人王志旦會試到。前云李開馨、王志增者，與偕來。志旦即李雲鴻門生，來即語諸人云：「來時親辭孫振，孫振屬云：到京不可與厶厶共事，知厶厶妄舉上本，本院已與廠衛有字，會拏治之矣。」厶厶者，指山也。諸人既列名疏中者，慌懼不知所爲，咸相驚恫，欲散去。凝种、新甄密顧脚先行。清源丁卯拔貢生王象極者，〔三〕山西科畢即奔北闈試。是年北闈改期九月。靜樂縣貢生袁九緒亦在京，聞山等來上疏，皆勇于列名，既而恐怖，求去其名。

〔二〕「予珪」，手稿已殘缺。
〔三〕「極」，手稿無，據下文與他本補。

象極尤在諸拔貢中造散言，孕彩同寓，孕彩怒，大罵一夜，快甚，都去其名。會會試舉人漸到，曹良直古遺。又慫恿諸同年上疏，而解元衞周祚畏懦不敢。適芑山張自烈爾公從江西來看袁先生，良直、宗周屬自烈慫恿，而良直從中周旋之。疏且上，通政又難之。

山等出揭帖，亂投在京各大小衙門。河南掌道則浙人宋賢，屢投不接，生等抱揭，日候其出。忽遇之長安街西，馬頗快，山等飛趕，兩人先攏其馬，不令行。宋驚問何人，欲何爲，山从後定喘與言：「山西通省諸生爲袁學道訟寃，各衙門都有揭矣，候宗師半月不得見，今始遇宗師，慌忙失禮得罪，直求接揭帖一覽之，[二]終借重宗師，主持公議也。」遂接揭去，于馬上看之。當時人傳賢有言爲孫振同御史，袒之。

山等因孫振「廠衞」之語，每日儒巾青衣，隨僮僕多抱揭帖數十百本，凡遇老小中官，穿倚撒白靴廠衞緝訪之人，卽與一册而告其故。皆瑣細問之，殊不鷹鸇可畏也。不謂揭帖不知是廠、是衞、是中官，逕達御前矣。忽上傳：「舊例本先進御，然後揭帖公行，近來有本未進御而揭帖公行者，有無通政壅蔽之情？今後不得先行揭帖。」丁時學語山曰：「諸兄揭帖濟事矣。然後舉人本乘而上之，通政不得似前阻之矣。」但閣中揭帖甚難，山等候月餘，不得見。

孫振在山西欲甘心于山不得，又一疏特參山弟止以威之。會臘月，吳公甡糾孫振贓私疏上。部議未復，而都察院僉都薛公國觀時無左都，薛公掌堂印也。自陳任罪差御史不職一疏。得旨，卽于公疏批：「令錦衣衞差得當官旗前往山西，[三]拏戒張孫振來京究問。」此是丁丑正月十五後事也。差官包

[二]「接」，傅山全書初版本脫，據手稿補。
[三]「得」，手稿已殘缺。

姓，忘其名。二月中鞏孫振到，下刑部。時孫振參疏干連山西通省百餘人，〔一〕散寄刑部及五城兵馬司監，有瘐死者、病者、乞食于監中者，山等稍稍義分米麵供給之，而刑部不問。

山等每夜往朝房門外候閣老投揭，候數日不得。一日天尚冷，山等在象南栅欄外煬火，而從西遠遠有喝道上來，云温閣老來矣。山等約向西，如牆而跪，不得令彼逕過之。時天未明，衣巾擁塞長安門栅左右者尚百許人，〔二〕見温轎來，亂嚷。温下轎，向長安門東向立。南朝房中三閣老出，迎揖之，〔三〕一黄公，士俊，廣東人，秀長白皙，甚和易。一賀公，逢聖，江夏人，豐頤而笑。一張公，志發，淄川人，頎龐大，多須而面紫，獨在後立。諸生又亂嚷，挨擠而前。黄公先問曰：「是何人，爲何事？」衆又亂語不辨。温徐徐曰：「不須亂說，着一二人前來語之。」山趨而前曰：「生員等是山西通省諸生，爲袁學道訟寃者。山等有本投通政，通政四五次阻格之，不得上，因投揭帖在京大小衙門，皆有之矣，獨候大宗師兩三月不得見，專在此候投揭。」黄公從傍微語曰：「此他山西諸生師生之公義也。」温曰：「朝廷自有處分，諸生呶呶，意欲何爲！」山曰：「袁學道之被誣，上有朝廷聖明，下有大宗師輩主持公道。前月生等五上銀臺，〔四〕銀臺五駁之，不準封進。不日昭雪不待言，〔五〕生員急急請者，爲山西干連無辜之人百餘人，皆散寄諸五城監中，已有死者，有瘐而待死者，有乞食監中者，只懇大宗

〔一〕「孫」，手稿已殘缺。
〔二〕「左右」，手稿誤作「右左」，據文意改。
〔三〕「迎」，傅山全書初版本誤作「近」，據手稿改。
〔四〕「前」，手稿已殘缺。
〔五〕「不日」，傅山全書初版本誤作「來日」，據手稿改。

師與刑部一言，令早問一日，□此無辜者尚有生還之日。〔二〕方今陽春布令，是大宗師調元贊化之第一仁政。生員等還有疏伏闕也，總望大宗師主持公道。」温頷之云：「知道了。」黄公云：「朝廷自有鑒裁，諸生不必復上瀆，但靜聽處分。行卽與刑部言之也。」令接揭來。諸生羣起而投之，接者亦不知是何人。揭帖從後亂下，撲閣老面。長班接得一本與温，温接一本與黄公，舉火把且入朝門且看。山等各散去。時學隨得密信，語山曰：「温既看揭了，語黄公曰：張御史此番亦少孟浪。」是後候上本諸人漸漸散去，山留候對簿。山非參疏中人，以事係太原府，山皆能言之，且因疏中家弟有名。

二月中，山西通知孫振既拏矣，平陽諸生盧傳第乃來。傳第是周鍾門人，與予珪同習制舉于金壇，鍾有書詒袁先生，先生留衙齋讀書者。山責之曰：「山與平陽公書在十月杪，如何今始來也？」傳第曰：「顧聞有公書至，洪洞晉露盤接之不郵，且有洶洶之言，恐諸同人，是以約諸人不起，至今乃獨來望先生也。」又數日，洪洞貢士晉承露以考職來，承露卽前露盤也。山頗以盧語質承露，承露云：「有此言，然非弟，久之自明，弟不辨也。」又一二日，洪洞諸生郭新自武安縣來。新卽九子也，與露盤莫逆，皆見先生于獄中。留十餘日去。

三月初，蒲州癸酉舉人韓垍來訪山，山適不在寓中。先臘月間，家兄有字來云：「韓心和卽垍字也。會試從省中過，大房賫兄往拜之，不見，當時垍未中，在省中，日日與愚兄弟修年誼，潦倒似好友。且有許多恐嚇之言，云弟妄舉，與巡按作敵，今已如何，傅氏兄弟豈復敢與一面耶？」山既聞此語，因遂不復答拜。日忽至手帕衚衕而撞見垍，垍一見，修前好問訊，贊諭甚口，拉至僻處低語云：「兄知弟何如人，恨早中一科，不得與兄共此義事。弟亦山西人，不得遊袁先生之門，實可恥。有家相公詒

〔二〕「□」，手稿已殘缺，傅山全書初版本作「令」。

袁先生一書，無人轉致，須兄致之，並引弟入請室，一見先生之面，慰弟仰止之意，家相公書中亦亹亹中弟意矣。」山因問過省時曾見愚羣兄弟否，垍笑曰：「實不曾見，是玄平宋老師問弟，曰：『見傅家兄弟來？』弟曰：『尚未。』宋玄平卽權，時爲山西守道。宋老師曰：『快莫要見。快莫要見。』案上寫兄名字，曰：『此人妄入京上疏，與巡按作敵，怎了得，怎了得。兄速上公車，不必見之惹禍』云云。弟因匆匆來京，不暇見昆玉也。來尋兄多日不見，昨專拜之。」卽出韓閣老書一函，約山明日同往獄中見之。次日如約，山先入，道垍意，先生笑曰：「此人胡爲乎來？」許見之。垍見，稱門生，致向往之誠。既去，先生始告山：「渠弟拔貢韓莊曾有一揭帖與我，揭兄在都中諸不謹事，予知其無，亦不欲令兄見，今因垍來，始告兄，可笑也。」出示之，細字數百言，皆數山輕薄罵人云云。後再見垍，略道及家兄書中語，云此何自來，垍笑曰：「有之，皆我弟豬奴才語也。」垍素罵莊爲豬奴才，莊肥短而黑。因附之一笑而別。山時心少閑，是有喻都小賦一篇。因野遊西山，半月餘未至獄中候先生，歸而聞刑部問理有日矣。

四月初，問于都城隍神廟。問之日，設公案東西二座前，公案後東西各設屏一，每屏北折二扇于神案前，特不蔽神貌，儼然臨之。緊帖屏後，各設長案三四張，皆廠衛緝訪人各五六人，先來，置帋筆長案上，聽審詞。屏前刑部掾書之，屏後廠衛人聽而記之，每款細開，各報本衙門。問官，東則刑部員外董承嗣，〔二〕山東人。西則刑部主事熊經，江西人。山生巾青衣，立于司官傍，系太原府事，卽前辨之。問至舍弟止，止不到，先生曰：「傅山卽其胞兄，可問之。」山前對，司官見山前，頷之曰：「罷了。」亦不問所以然。問至一教官姓薛，孫振參疏中名與此戒到教官名不對，使獄中問

〔二〕「刑部」，手稿誤作「刑郎」，據文意改。

孫振，孫振回云：「薛么卽薛么也。」教官痛哭，大言孫振欺君無禮，亦至于此。奈教官皓首窮經，選得寒官，到任三月卽捏，可憐七十餘歲，待瘐獄中，遂大叫：「聖明皇帝！城隍尊神！」而又大哭。廠衛人于屏後擲筆掩淚矣。問及陽曲縣一事，是李雲鴻臨入京時以鉗印空頭手本送孫振，〔一〕不知孫振誣塡何事封呈御覽者。先生曰：「此須李雲鴻來面質。」司官問李雲鴻是誰，在何處，先生曰：「李雲鴻是陽曲知縣，見今朝覲在此。」司官卽寫一提牌云，卽拏李雲鴻來對審。時雲鴻實圖行取，不曾提來。亦不知當時何以不到之故。審竟一日不了，候日又審。

李雲鴻使一高姓者，本晉撫書史，在京周旋于李。連尋山云：「某某請說話。」山問先生曰：「雲鴻使人來，要見山，山可往否？」先生曰：「弟往見之。」〔二〕山遂往。雲鴻寓西臬河。雲鴻一見之，爲不情，寒温執禮甚恭。坐定，告山曰：「知張古岳否？」山曰：「不知。」雲鴻笑作河南聲曰：「連日只嗑口水兒了。」卽而曰：「請兄來，懇在袁老大人上一言，袁老大人培植某一場，今幸在行取之列，前有刑部一提，恐害么行取，萬懇轉致袁老大人，始終培植，再不語及么么，免刑部提問，〔三〕感佩高厚豈能言。」山卽以此事告之先生，先生笑問曰：「王志旦在否？」先生曰：「渠要說此，當令渠門生志旦在此說之。渠故令渠門生去，而特以此事屬兄者，脇兄也，使我不得不依耳。事已大白，卽因兄來，饒此奴可也。」遂不再提。雲鴻後僅得一刑部主事，既而夤緣别遷得御史。先生初亦不甚大難天雲鴻，及空頭手本下部，乃從獄中撿得孫振私屬雲鴻以手本關白學道者數册，亦封呈御覽。中一册，

〔一〕「以」，傅山全書初版本脫，據手稿補。
〔二〕「弟」，傅山全書初版本誤作「地」，據手稿改。
〔三〕「免」，傅山全書初版本誤作「勉」，據手稿改。

是送錄科洪洞生員宋□□者。宋厶是科中式矣，先生獨去此册，云：「此生新中，若呈御覽，恐遂壞其科名耳。」先生于患難時忠厚作人之意如此。

再審一日餘，事皆誣，遂大白。部爰書上，先生得賜環。〔一〕閏四月末，山辭先生歸。隨得旨，先生以原官起爲武昌道。山五月抵里，先生有書來，要往武昌，一覽黄鶴之勝。山謝以違老母久，不也。即武昌□□府王孫□□刻馬素脩太史所著山右二義士記爲山與宗周也。寄來，山讀之，愧汗浹背。蓋山辭先生行後，先生以此始末屬馬太史記之，而楚王孫梓行之。擬山裴瑜、魏劭，〔二〕實過情也。時學于國門立留社，皆當時詞客贈山等古近體數十篇，時學集爲一册，而以馬太史記冠于端。

秋，慈波桂公一章督山西學。歲試畢，發落日，先唱山名，動鼓樂，且以花紅旌山之行，云：「事師行義如子，當求之古人。府學原舉有行優科二人，本道格不行，謂行義有過于子者乎？故特旌子，〔三〕令諸生知千古師生義。」山愧沮不知所來，長跽大言曰：「即此一事，是山西通省公義，幸而天子聖明，前道宗師得白，山不過從衆奔走，所謂因人成事者也，豈敢貪公義以樹私名乎！宗師必以此謬旌，而山詎以此謬當？山不得以此自待，亦非宗師所以待山之意。花紅才及生身，生必裂冠褫衿而後已。」桂公頗作色，已之。歸，因别記始末，題曰「因人私記」，以示後代。不敢粉飾一字，欺人要名。一時人情反覆，炎涼向背，瑣屑笑人，不勝載亦不載也。

〔一〕「環」，傅山全書初版本誤作「還」，據手稿改。
〔二〕「劭」，手稿誤作「邵」，據文意改。
〔三〕「子」，傅山全書初版本誤作「之」，據手稿改。

附：因人私記（劉、丁本）

崇禎九年四月初，袁先生錄科試甫畢，先生諱繼咸，字臨侯，江西袁州府宜春人。天啟甲子、乙丑聯捷進士。以御史外遷山西提學僉事。而巡按御史張孫振來。松江廬州府人。袁先生語山曰：「張古岳是來，其不無意於我乎？」是時溫體仁當國也。孫振三日謁廟講書畢，謂袁先生曰：「兩學諸生通不會講書如此？」袁先生曰：「此皆代講者，舊規惟本道講書。始皆本生講之，然好秀才多不肯出來代講。」張少作色，曰：「貴道有欽件數案至今未結，何逡巡也？」袁先生曰：「有之，皆前道張時事，山亦受知張公。待下官申來詳到本道，本道自轉之矣。」詞色殊不和，各罷去。袁先生語山曰：「果然張古岳相尋我矣。」

孫振遂出巡。袁先生課全晉諸生三立書院。錄科高等者，取二百五十餘人。先生於書院修三立名賢傳，謂諸生曰：「此我他日謗書也。」課法：每月大會三，皆至書院，日有饌。午後文完飲酒，各從其知爲羣。小會六，皆在各寓中。寓多在崇善寺。每生日用米麪菜錢，取足於學租，皆豐厚有餘用。不時至崇善寺講藝，即新寺。有病者親至其寓所，與藥餌調養之。

至七月末，孫振自平陽歸，復謁文廟講書。講畢，即起，忽一絳州老生姓孫名有守者，闖然上堂，跪告孫振曰：「生員孫有守頗得書旨，願在大宗師上領教。」孫振遂復坐，令講，講久之。孫振向先生曰：「此生大會講，兩學無此人。」厚賞之。問：「爾錄科耶？」對曰：「在此候考，遺尚未錄名也。」孫振即屬袁先生曰：「貴道可與一名入場。」先生曰：「試過文字，好即錄之。」孫振起行，兩司各散去。先生獨留，復坐明倫堂，呼孫生上，大罵之曰：「太原、陽曲兩學，少你一老劣生講學耶？」回道銜卽考，考畢大抹其卷，批不通者無數，與六等，貼考院牆示諸生。由是，與孫振顯然搆矣。

先是七月間，巡撫吳公甡字鹿友，後入閣。來，晉人士感頌袁先生教義，特疏薦袁先生引例學臣稱職得陞京堂。而是年當大計，孫振會吳公，欲重申之。吳公亦知孫振意，曰：「是可坐浮躁耳。」八月科畢，孫振遂先大計露章劾之，而款則取之陽曲知縣李雲鴻、通許人，齷齪小人也。太原府推官袁楷、山東東昌府聊城人。太原府同知蔡如蘅，貴州人。大半皆前道張公宏襟事。鄠縣人。袁楷歸依吳公，稱門下士。蔡黠士，一二款皆微事。獨李雲鴻阿意孫振，風影挪借十餘款，惟恐不多不毒，謂按臣參一提學何有。

孫振疏既上，十月中得旨：「著山西撫臣械送來京勘問。」遂羈候先生三立書院中。山時左右之。李雲鴻偵伺甚密。先生燈下爲〔一〕辨牘口占，山書之。令侯主簿巡綽窗外，諸生有問望者，出入甚難，有入者卽以其名字密報孫振。主簿，楚人。適代巡捕撫院。門下諸生忿忿，鳴之吳公。吳公傳入，立杖三十逐之，諸生大快。時諸生梁雲輝爲吳撫台聘西席，諸生有所鳴於吳公，梁從中贊成之。梁生，省城人。

山與汾州府諸生薛宗周字文伯。倡伏闕訟先生冤。山移書四府諸同筆硯生，令陸續來京。十月二十日，山與宗周隨先生行，留家兄庚字子由，府廪生。在家催促諸後來者。時平定生白孕彩聞風從平定州先入京矣。後山許來者，有陽曲李開馨、王志曾、太原府學宗生新甄。適乙亥拔貢坐監者未散，山與宗周沿路尋問之。出固關，卽遇介休史諭，諭云：「離家近矣，去當復來。」然山亦謂諭不足

〔一〕劉、丁本注：「十一字小字。」此注不明，查手稿，自「先生」至「書之」十二字爲小字，實爲補入正文，應在「山時左右之」後。

爲輕重者，亦不苦要之。至伏城驛，遇襄陵秦植，植與山先有分，實平水制藝名士也。山與宗周買酒就其寓，與之言上疏事。慨然勇往，云：「弟在都中卽聞兩兄此意，弟卽欲同貢者先拜一疏，而王錫公再三阻之，弟是以來歸也。適相隨者，是一舍親老中官，明早卽令獨坐騾轎回家，弟與兩兄明早卽同北上也。」植能大飲不醉，大口，厚脣而長。山與宗周大叫：「爾參，植之字。我輩人也。」寒夜飲至三鼓，歸寓喜而不寐。宗周謂山曰：「卽爾參脣吻，亦非常人，是當貴。」稱之不置口，「候鷄鳴卽往呼之上征鞍耳」。山與宗周纔起，將往呼之，忽一人叩門云：「秦相公多拜，家中有事不能上京矣，謂二位相公先行，渠當續趕來也。」山大笑，宗周且行且罵：「秦植是何物名士？〔二〕卽其口脣，正如豬耳！」遂以此皆呼植爲「秦豬」。

山與宗周、程某入京，僑琉璃廠伏魔祠，就太原府諸生張凝种之寓，凝种亦以此公義，先山等來。又四日，新甄乃來。而實依丁時學天心爲主人。時學本紹興人，爲順天籍，家於京師寶子街，時以諸生保舉矣。時學之兄天行乾學，袁先生甲子鄉試之座師也，天啟四年甲子科。以首犯崔魏事死，得廕一子。時學有手眼人，一時人士多向往之。

十月末，先生入刑部獄。山與宗周拜諸拔貢在京者，會同上疏。皆無異詞，而實王予珪一人主張之。一見予珪，予珪卽問：「曾見爾參否？」山語伏城驛相遇云云，予珪云：「可恨！是我欲與同人先拜一疏，而彼苦撓之，不行，遂去。彼尚敢爾造話耶！待其來質白之。」予珪囑山疏草稿，山屬時學修飾合式，列諸名百餘人，揭帖共一百三人。則山與予珪爲本頭，投通政司。時通政無使，參議爲袁鯨。鯨，楚人，與孫振善，故指疏中不合式者數字，令改寫再封，而以副本密致孫振矣。隔

〔二〕「士」字下，劉本有一「也」字。

數日再投，再駁。數日，又投之，鯨大怒，指「諸生皆頂名不實，是爲欺君之罪，當誰任之！」山與予珪進而言：「生等草野，不知大體則有之，至於欺君則豈敢。請一一唱名問之，有頂替者，生等甘罪。」鯨見敢承任，又駁一字曰：「再來與你封進。」隔日又投，鯨恐嚇之曰：「本與爾上，但上本後要人人在，若皇上怒，爾輩無悔。」山進曰：「大宗師不用如此爲生等慮。本上之後，皇上若問貢生，予珪敢承之；問生員，山敢承之。」鯨不言。會冬至，又託以禁封不上。

臘月中，大家正議於襄陵會館，秦植闖入。予珪望見，迎詰之曰：「是爾欲拜疏，我阻爾耶？」連連質之，植無語。山刻揭帖未出，是科陽曲舉人王志旦，（前云李開馨、王志曾者與偕來。）志旦卽李雲鴻門生，來卽語諸人曰：「來時親辭孫振，孫振屬云：到京不可與某某共事，知某某妄舉上本，本院已與廠衛有字，令拿治之矣。」某某者，指山也。諸人旣列名疏中者，慌懼不知所爲，咸相驚恫，欲散去。凝种、新甄密僱脚先行。清源丁卯拔貢生王象極者，山西科畢卽奔北闈試。（是年北闈改期九月。）靜樂縣貢生袁九緒亦在京，聞山等來上疏，皆勇於列名，旣而恐怖，求去其名。象極尤在諸拔貢中先撓散之。與孕彩同寓，孕彩怒，大罵一夜，快甚，都去其名。會試舉人漸到，汾州府曹良直古遺又慫恿諸同年上疏，而解元衞周祚畏懦不敢。適芑山張自烈爾公從江西來看袁先生，良直、宗周屬自烈慫恿，而良直從中周旋之。疏且上，通政又難之。

山等出揭帖，亂投在京各大小衙門。河南掌道則浙人宋賢，屢投不接，山等抱揭，日候其出。忽遇之長安街西，馬頗快，山等飛趕，兩人先攏其馬，不令行。宋驚問何人，欲何爲，山從後定喘與言：「山西通省諸生爲袁學道訟冤，各衙門都有揭矣，候宗師半月不得見，今始遇宗師，慌忙失禮得罪，直求接揭帖一覽之，終借重宗師，主持公義也。」遂接揭，〔二〕於馬上看之。當時人傳賢，有言爲孫振同御史，袒之。

山等因孫振「廠衛」之語，每日儒巾青衣，隨童僕多抱揭帖數十百本，凡遇老小中官，穿倚撒白靴廠衛緝訪之人，卽與一冊而告其故。皆瑣細問之，殊不鷹鸇可畏也。不謂揭帖不知是廠、是衛、是中官，徑達御前矣。忽上傳：「舊例本先進御，然後揭帖公行，近來有本未進御而揭帖公行者，有無通政壅蔽之情？今後不得先行揭帖。」丁時學語山曰：「諸兄揭帖濟事矣。然後舉人本乘而上之，通政不得似前阻之矣。」但閣中揭帖甚難，山等候月餘，不得見。

孫振在山西欲甘心於山不得，又一疏特參山弟止以威之。弟名止，字行可。會臘月，吳公甡糾孫振贓私疏上。部議未復，時閣下票擬復命日究。而都察院僉都薛公國觀時無左都，薛公掌堂印也。自陳任罪差御史不職一疏。得旨，卽於公疏批：「錦衣衛差得當官旗前往山西，拏械張孫振來京究問。」此是丁丑正月十五後事也。〔三〕差使包姓，忘其名。二月中拏孫振到京，下刑部獄囚。及先五城兵馬司監，有瘐死者、病者、乞食於監中者，山等稍稍義分米粥供給之，而刑部不問。

山等每夜往朝房門外候閣老投揭，數日候不得。一日天尚冷，山等在象房南柵欄外煬火，而從西遠遠有喝道上來，云温閣老來矣。山等約向西，如牆而跪，不得令彼徑過之。時天未明，衣巾壅塞長安門柵左者尚百餘人，見温轎來，亂嚷。温下轎，向長安門東向立。南朝房中三閣老出，迎揖之，一黃公，士俊，廣東人，秀長白皙，甚和易。一賀公，逢聖，江夏人，豐頤而笑。一張公。志發，淄川人，頗龐大，

〔二〕「揭」字下，劉本有一「去」字。
〔三〕「是」，丁本作「事」，據劉本改。

多鬚而面紫，獨在後立。諸生又亂嚷，挨擠而前。黃公先問曰：「是何人，爲何事？」衆又亂語不辨。温徐徐曰：「不須亂説，著一二人前來語之。」山趨而前曰：「生員等是山西通省諸生，爲學道訟冤者。山等有本投通政，通政四五次阻隔之，不得上，因投揭帖在京大小衙門，皆有之矣，獨候大宗師兩三月不得見，專在此候投揭。」黃公從旁微語：「此他山西諸生師生之公義也。」温曰：「朝廷自有處分，諸生呶呶，意欲何爲！」山曰：「袁學道之被誣，上有朝廷聖明，下有大宗師主持公道。前月生等五上銀臺，銀臺五駁之，不以封進。異日昭雪不待言，生等急急請者，爲山西干連無辜之人百餘人，皆散寄諸五城刑部監中，已有死者，有瘐而待死者，有乞食監中者，只懇大宗師與刑部一言，令早問一日，則此無辜者尚有生還之日。方今陽春布令，是大宗師調元贊化之第一仁政。生員等還有疏伏闕也，總望大宗師主持公道。」温頷之云：「知道了。」黃公云：「朝廷自有鑒裁，諸生不必復上瀆，但靜聽處分。行卽與刑部言之也。」令接揭來。諸生羣起而投之，接者亦不知是何人。揭帖從後亂下，撲閣老面。長班接得一本與温，温接一本與黃公，舉火把且入朝門且看。山等各散去。丁時學隨得密信，語山曰：「温既看揭了，語黃公：張御簿〔一〕山非參疏中人，以事係山西太原府，山皆能言之，且因疏中家弟有名也。

二月中，山西通知孫振既拿矣，平陽諸生盧傳第乃來。傳第是周鍾門人，與予珪同習制舉於金壇，鍾有書貽袁先生，先生留衙齋讀書者。山責之曰：「與平陽公書在十月杪，如何今始來也？」傳第曰：「固聞有公書至，洪洞晉露盤按之不郵，且有洶洶之言，恐諸同人，是以約諸同人不起，至今乃獨來望先生也。」又數日，洪洞貢士晉承露以考職來，承露卽前露盤也。山頗以盧語質承露，承露

〔一〕「簿」下有脱文，參看手稿與王本。

云：「有此言，然非弟，久之自明，弟不辨也。」又一二日，洪洞諸生郭新自武安縣來。新即九子也，與露盤莫逆，皆見先生於獄中。留十餘日去。

三月初，蒲州癸酉舉人韓垍來訪山，山適不在寓中。先臘月間，家兄有字來云：「韓心知垍字。會試從省中過，大房賚兄往拜之，〔二〕不見，當時垍在省中與愚兄弟修年誼，潦倒似好友。且有許多恐嚇之言，云弟妄舉，與巡按作敵，今已如何，傅氏兄弟豈復敢與一面耶？」山既聞此語，因遂不復答拜。日忽到手帕衚衕，見垍，垍一見，問訊修前好，贊論甚口，〔三〕拉至僻處低語云：「兄知弟何如人，恨早中一科，不得與兄共此義事。弟亦山西人，不得游袁先生之門，實可恥。有家相公貽袁先生一書，無人轉致，須兄致之，並引弟入室，一見先生之面，慰弟仰止之意，家相公書中亦亹亹申弟意矣。」山因問過省時曾見愚兄弟否，垍笑曰：「實不曾見，是玄平宋老師問弟，曰：『見傅家兄弟未？』弟曰：『尚未。』宋玄平即權，時爲山西守道。宋老師曰：『快莫要見。』案上寫兄名字，曰：『此人妄入京上疏，與巡按作敵，怎了得。兄速上公車，不必見之惹禍』云云。弟因匆匆來京，不暇見崑玉也。適來尋兄，多日不見，昨峕拜之。」即出韓閣老書一函，約山明日同往獄中見之。次日如約，山先入，道垍意，先生曰：「此人胡爲乎來？」許見之。垍見，稱門生，致向往之誠。既去，先生始告山：「渠弟拔貢韓莊曾有一揭帖與我，揭兄在都中不謹事，予知其無，亦不欲令兄見，今因垍來，始告兄，可笑也。」出示之，細字數百言，皆數山輕薄罵人云云。後復再見垍，略道及家兄書中語，云：「此何自來，皆我弟豬奴才語也。」垍素罵莊爲豬奴才，莊肥短而黑。因付之一笑而別。山時

〔二〕「大房」下，霜集各本衍一「帝」字，據文意與手稿刪。
〔三〕「口」，丁本作「且」，據劉本、王本、手稿本改。

心少間，時有喻都小賦一篇。因登游西山，半月餘未至獄中候先生，歸而聞刑部問理有日矣。

四月初，問於都城隍廟問之。設公案二座於神座前，〔一〕公案後各設屏一，每屏北折二扇於神案前，特不蔽神貌，儼然臨之。緊帖屏後，各設長案三四張，皆廠衛緝訪人各五六人，先來，置紙筆長案上，聽審辭。屏前刑部掾書之，屏後廠衛人聽而記之，每款細開，各報本衙門。問官，東則刑部員外董承嗣，山東人。西則刑部主司熊經。江西人。山生巾青衣，立於司官旁，係太原府事，即前辨之。〔二〕問至舍弟止，止不到，先生曰：「傅山即其胞兄，可問之。」山前對，司官見山前，頷之曰：「罷了。」亦不問所以然。至教官姓薛，孫振參疏中名與此械到教官名不對，使獄中問孫振，孫振回云：「薛某即薛某也。」教官痛哭，大言孫振欺君無禮，一至於此。奈教官皓首窮經，選得寒官，到任三月即硬捏，可憐七十餘歲，待瘐獄中，遂大叫：「聖明皇帝！城隍尊神！」而又大哭。廠衛人於屏後擲筆掩淚矣。問及陽曲縣一事，是李雲鴻臨入京時以鈕印空頭手本投送孫振，不知孫振誣塡何事封呈御覽者。先生曰：「此須李雲鴻來面質。」司官問李雲鴻是誰，在何處，先生曰：「李雲鴻是陽曲縣知縣，現今朝覲在此。」司官即寫一提牌云，即拿李雲鴻來對審。時雲鴻實圖行取，不曾提來。亦不知當時何以不到之故。竟審一日不了，後日又審。

李雲鴻使一高姓者，本晉撫書吏，在京周旋於李。連尋山云：「某某請說話。」山問先生：「雲鴻使人來，要見山，山可往否？」先生曰：「第往見之。」山遂往。雲鴻寓西臯河。雲鴻一見之，爲不情，寒溫執禮甚恭。坐定，告山曰：「知張古岳否？」山曰：「不知。」雲鴻笑作河南聲曰：「連日只嗑

〔一〕兩「座」字，丁本作「坐」，據劉本改。
〔二〕「辨」，劉本作「辯」。

口水兒了。」既而曰：「請兄來，懇在袁老大人上一言，袁老大人培植某一場，今幸在行取之列，前有刑部一提，恐害某行取，萬懇轉致袁老大人，始終培植，再不語及雲鴻，免刑部提問，感佩高厚豈能言。」山即以此事告之先生，先生笑問曰：「王志旦在否？」渠要説此，當令渠門生王志旦在此説之。渠告之渠門生去，而特以此事囑兄者，脇兄也，使我不得不依耳。事已大白，即因兄來，饒此奴可也。」遂不再提。雲鴻後僅得一刑部主事，既而夤緣别徑得御史。先生初亦不甚大難，後雲鴻及空頭手本下部，乃從獄中撿得孫振私囑雲鴻以手本關白學道者數書，亦封呈御覽。中一册，是送錄科洪洞生員宋某者。宋是科中式矣，先生獨去此册云：「此生新中，若呈御覽，恐遂壞其科名耳。」先生於患難時忠厚作人之意如此。

再審一日餘，事皆誣，遂大白，部爰書上，先生得賜還。閏四月末，山辭先生歸。隨得旨，先生以原官起爲湖廣武昌道。山五月抵里，先生有書來請，邀往武昌一覽黃鶴之勝。山謝以違老母久，不能去也。既武昌府王孫某刻馬世奇素修太史所著山右二義士記謂山與薛宗周也。寄來，山讀之，愧汗浹背。蓋山辭先生行後，先生以此始末囑馬太史記之，而楚王孫梓行之。擬山裴瑜、魏邵，實過情也。時學於國門立留社，皆當時詞客贈山等古近體數十篇，時學集爲一册，時學字天心，爲霍州知州。兄乾學，字天行，順天宛平人，萬歷己未進士，翰林院檢討，江西主考。而以馬太史素修記冠於端。

秋，慈波桂公一章督山西學。歲試畢，發落日，先唱山名，動鼓樂，且以花紅旌山之行，云：「事師行義如子，當求之古人。府學原舉有行優科二人，本道格不行，謂行義尚有過於子者乎？故特旌子，令諸生知千古師生之義。」山愧沮不知所來，長跪大言曰：「即此一事，是山西通省公義，幸而天子聖明，前道宗師事得白，山不過從衆奔走，所謂因人成事者也，豈敢貪公義以樹私名。宗師必欲以此謬旌，而山以此謬當，山不得以此自待，亦非宗師所以待山之意。花紅纔及生身，生必裂冠褫衿而後已。」桂公頗作色，已之。歸，因草記始末，題曰「因人私記」。不敢粉飾一字，欺人要名。一時人情反復，炎涼向背，瑣屑笑人，不勝載亦不載也。

附：因人私記（王本）

丙子崇禎九年。四月，袁山先生錄科試甫畢，而巡按御史張孫振來。先生語山曰：「張古岳此來，殆不無意於我乎？」孫振三日謁廟講書畢，向先生語曰：「兩學諸生何不會講書如此？」先生曰：「此皆代講者，舊例惟本道講書。始皆本生身講之，然好秀才亦不肯充代講者。」張少作色，既曰：「貴道有欽案幾件未結，何逡巡也？」先生曰：「有之，皆前道時事，待下司申詳報來，卽與轉之，非逡巡也。」詞色殊贛，各罷去。先生語山曰：「張古岳果相尋於我矣。」

孫振出巡。先生錄全晉高等諸生督課於三立書院，凡二百餘人。月大會三，皆至書院；小會六，皆在各寓中。寓皆在寺觀中。每生日用米麪菜錢，皆取足於學租，豐厚有餘。不時至各寓中問藝，有病者親至其寓，與藥餌調養之。先生卽於三立書院中修三立名賢傳。祠中原有東漢陳實仲弓，實字仲弓。先生以弔張讓事，遂去之，不爲立傳。語山曰：「此我他日謗書也。」

至七月末，孫振自平陽還省，復謁廟講書。講書畢，忽一絳州老生生名有守。姓孫者闖然上堂，跪請孫振曰：「生頗究書旨，願領大教。」孫振復坐，令講，講謰謱久之。謰謱，繁絮語也。孫振向先生曰：「此生會講，兩學無此人。」厚賞之。因問曰：「爾錄科耶？」對曰：「在此候考，遺才尚未錄名也。」孫振卽屬先生曰：「貴道當與一名入場。」先生曰：「試過文字，好卽錄之矣。」孫振起行，兩司各散去。先生獨留，復坐明倫堂，呼孫生上，大詈之曰：「太原、陽曲兩學，少爾一老劣生講書耶？」於今迴道卽考，考畢大塗抹其卷，批不通者無數，與六等，貼考院牆示諸生。由是，顯與孫振搆矣。

先是七月間，巡撫吳公甡來，晉人士頌袁先生教義之善，特疏薦先生引例學臣稱職得升京堂，吏部頗有異同，而是年當大計，孫振會吳公，欲重申之，吳公亦知孫振意，曰：「是政可浮躁坐耳。」八月科畢，孫振遂先露章劾先生，而款則取之太原府推官袁楷、聊城人。同知蔡如衡、貴州舉人。陽曲知縣李雲鴻，强半皆前道張公弘襟事。張陝西人。楷時歸依吳公，稱門下士。蔡黠士，一二款皆微細事。獨雲鴻腤臢鄙俗人也，不淨白爲腤臢。阿意孫振，風影那借十餘款，惟恐不多不毒，謂按臣參一提學何有，蓋不知名義廉恥是何物者也。

孫振疏既上，九月末得旨：「著山西撫臣解送來京究問。」吳公屬候先生書院中。山朝夕左右之。李雲鴻偵伺甚密。先生燈下爲辨牘口占，受山書之。雲鴻令陽曲縣侯主簿巡徼窗外，侯楚人。凡諸生有問望先生者，出入甚難，有入者卽以其名字密報雲鴻，申之孫振。侯適代巡捕撫院。門下諸生忿忿，嗚之吳公。吳公傳入，立杖三十版逐之，諸生大快。時陽曲諸生梁雲輝爲吳公西席，諸生有嗚於吳公，梁從中贊之。

山於是與汾州諸生薛宗周倡伏闕訟先生冤。山移書四府同筆硯生，令陸續集京。山等先具呈於吳公，日噪於撫院門外，來者皆集陽曲縣諸生賈淑誼之家。賈住撫院街也。既淑誼忽倡言：「吳公又有疏云，袁山晚節不終，自認前薦疏罪矣。」遂閉門不納，諸生遯去。諸生穰穰街衢，唾罵淑誼，山但笑之，諸生怪之，山曰：「此等事原不期與此輩人共，何足罵也！」山等將入京，先具公揭於太原前輩諸老，時少司馬李公成名在家，平日以淡刻薄也。養清名者，山知其齷齪也，諸生至其門，門役度之不使入，諸生怒，掀門入噪登其堂，成名始終不敢出見之，亦無一語謝諸生，諸生唾之而出。

十月二十日，山與宗周隨先生行，留家兄庚在家慫慂諸後來者。時平定生白孕彩聞風從平定策蹇先入京也。後山來者，有陽曲生李開馨、王志曾、太原府學宗生新甄、程生某。適乙亥拔貢坐監在京者未散，山與宗周沿路蹤跡之。甫至平定，卽遇介休史諗，諗云：〔二〕「離家不遠，當暫迴復來也。」然山亦謂諗一人不足爲輕重，亦不苦要之。至伏城驛，遇襄陵秦植，植先字爾參。與山相識，實平水製藝名士也。山與宗周買酒就其寓飲之，與之言上疏事。植慨然勇往，云：「弟在京卽聞此義，弟卽欲與同貢諸人先拜一疏，而王錫公再三阻之，錫公名予珪。弟是以來歸此。相隨來者是一舍親老中官，明早卽令獨坐騾轎歸去，弟與兩兄仍同北上也。」植能大飲不醉，脣厚而長舒於前。山與宗周大叫：「爾參眞名士矣。」寒夜飲至三鼓，歸寓喜而不寐。宗周謂山曰：「燈下看爾參，卽脣吻手指亦非常人，是當貴。」稱之不置口，「候鷄鳴卽往約之同上征鞍耳」。山等才起，將往呼之，忽有人叩門云：「秦相公多拜，家中有事不能同行矣，請二位先行，渠當續趕來也。」山大笑，宗周且行且罵曰：「秦植是何物名士？卽其口吻正如豬耳！」遂從此呼植爲「秦豬」。

山與宗周入京，僑於琉璃廠伏魔祠，就太原府諸生張凝种之寓，凝种亦以此公義先入京，看其兄某謁選。而實依丁時學天心爲主人。時學本紹興人，入順天籍，家於京師寶子街，時以諸生保舉。時學之兄乾學天行，卽袁先生甲子鄉試之座師也。以詞林首犯崔魏者，死，得贈廕一子。時學號有手眼人，一時人士多向往之。

十一月初，先生入刑部獄。山與宗周拜訪諸拔貢在京者，會同上疏。皆無異詞，而實予珪一人主張聯絡之。山一見予珪，卽問：「途間可遇爾參否？」山語以伏城驛相遇云云，予珪云：「異哉！可恨！我初欲與衆先拜一疏，而彼苦撓之，不行，遂去，尚敢爾造語誣人耶！待其來質之。」

〔二〕兩「諗」字，王本原文作「蛤」，據下文及手稿、劉、丁本改。

予珪屬山草疏稿，山屬時學修飾之，列諸名百餘人，則予珪與山爲本頭，投通政司。時通政無使，參議袁鯨掌之。鯨，楚人，與孫振善，故指疏中不合式者數字，令改寫再封，而以副本密致孫振矣。隔日再投，再駁。又數日，投之，鯨大怒，指諸生：「皆頂冒不實，欺君之罪，當誰任之！」山與予珪進而言曰：「生等草野，不知大體則有之，若云欺君，請一一喝名問之，有頂冒者生等甘罪。」鯨見敢承任，又駁一字曰：「再來與爾封進。」隔日又投，鯨恐嚇之曰：「本與爾上，但上本後要人人實在，若干上怒，爾輩無悔。」山進曰：「大宗師不必如此爲生等慮。本上之後，若皇上問貢生，則予珪承之；問生員，則山承之。山願對簿。」鯨默然，又託以冬至禁封不上。

十二月中，諸人正集襄陵會館，植驀然入。予珪望見，迎門厲聲曰：「是爾欲拜疏耶？是我阻撓爾耶？」植藞傞無語也。山等作揭帖，且投各衙門。是科陽曲舉人王志旦會試到。（即王志曾之兄。）志旦，李雲鴻門生也，來即語諸人曰：「來時親辭張按台，屬云到京不可與某生往來，知某生妄舉上疏，本院已與廠衛有字，當拏治之矣。」某生者，指山也。諸人慌懼退縮，既列名疏中者不知所措，咸相驚恫，欲散去。新甄欲歸，而死援凝种與之偕歸。（山初聞新甄之行，尚不欲顯出，密語留之曰：「在此者，外府人多，太原府獨我輩五六人，若去，豈不令他汾、平諸兄笑太原也。且事係山當之，兄何遽爾？」种曰：「然。事成則少分其義，不成則禍有所歸，我兩人去留無關輕重也。」甄正梳洗未巾，忽跪向山曰：「恁是君子，我是小人，恁是義士，我是忘八，不可矣，走走走。」山亦附之一笑，不敢與人言。時甄行，李集有一公贈資斧三十金，許懷而去之，是本志也。）山隨與宗周刪改疏中名字，清源丁卯拔貢王象極者，山西試畢即復奔北闈試。（是科北闈改期，故得爾。）靜樂縣貢生袁九緒亦在京，聞山等來上疏，皆勇於列名，既而恐怖，求去其名。象極尤造言解散諸拔貢，孕彩與象極同寓，謂山曰：「我當罵斥此奴。」山與宗周過其寓，孕彩買酒呼象極來飲，飲次，孕彩忽大罵：「臭沒耳朵底奴才，我們希罕你狗名，即與老子走起！」山與宗周從旁大笑，推象極去。（象極耳實爲人割去兩輪，有醜聲於前。次日於疏揭中皆去其名。會是科會試舉人漸到，曹良直字古遺，復慫慂諸同年上疏，而解元衛周祚畏懦不敢當。適芑山張爾公自烈以友誼從江西來看先生，宗周、良直屬自烈慫慂，而良直周旋之。疏且上，通政又難之。

山等出揭，凡在京府部大小衙門，無不投之。而刑部尚書馮公瀛連日不下部。掌河南道則浙人宋賢，屢投之不接，頗聞有後言爲孫振同官，左袒之。山等日候其出。忽遇於西長安街，見諸生紛紛，長班策其馬，行甚快，山等中有二少年飛奔於其馬前，攏之使不得行，宋驚問爲何人，山從後奔至，喘定，言：「是山西通省諸生，爲袁學道訟冤揭帖也，各衙皆接矣，獨候掌道宗師半月不得見，今始遇之天街，冒犯失禮，得直求宗師一覽揭中情事，終借鼎力，主持公道耳。」遂接揭，於馬上看之去。適馮公瀛亦下部，山等又擁其轎投揭，馮怒曰：「何處野秀才，本部就無衙門耶？何得於街衢噪嘷也！」山等隨之入部堂投揭陳情，馮云：「接了揭，知道了，去靜聽問理。」馮鬚眉皓首，戴烏紗極高，魯樸不多語，似無味人也。山等退。

因孫振「廠衛」之語，每日儒巾青衣，隨僮僕多抱揭帖數十百本，遇人卽遞，但見有老少中官，及穿白靴倚撒是廠衛緝訪之人，卽與一冊而告其故。卽有好瑣細問之者，殊不覺鷹鸇可畏也。不謂揭帖不知是廠、是衛、是中官，徑達御前矣。忽有上傳：「舊規本進御前始行揭帖，近有本未進御而揭帖公行者，是何情由？意謂通政壅蔽。今後本未進御，不得先行揭帖。」舉人之疏乘而上之，通政不得如前阻之矣。但閣中揭帖甚難投，山等候月餘，未得見也，臘月又禁封矣。

孫振在山西欲甘心於山不得，又一疏摭拾甲戌年歲考事，特以山弟止名入告以威之。山恐孫振肆毒於山家，趨呼弟止入京。會吳公甡糾孫振疏上，贓私八萬有餘，部議未復，而都察院薛公國觀時無左都，薛以僉都掌堂印。自陳認罪差御史不職一疏。得旨於薛公疏，「著錦衣衛差得當官騎往山西，拏械張孫振來京究問」。時丁丑正月十五後事也。差官姓包，忘其名。二月中拏孫振到，下刑部獄。時孫振參疏株連山西通省百餘人，皆散寄刑部及五城兵馬司監，在刑部者日尋至孫振之室叫罵抵觸，然有瘐死者、病者、乞食於監中者，山等稍稍義分升合以沿之，而刑部遲之不問。

山等每夜往朝房門外候閣老投揭，時天尚冷。一日五鼓，山等候之於象後柵欄外煬火，聞有喝道聲從西遠遠來，云是温老來也。山等約西向，如牆而跪。時天未明，衣巾擁塞長安門柵左右者尚百許人也。温轎來，諸生亂嚷。温下轎，東向立。貌甚癯。燈下見三閣老從南朝房中出，近揖之，一黄公士俊，廣東人，甚和易。一賀公逢聖，江夏人，豐頤而笑。一張公至發，獨立在後。張淄川人，頗龐然，紫面而濃鬚。諸生又亂嚷，挨擠而前。温問：「是何人，爲何事？」衆又亂語不辨。温徐徐曰：「不須亂說，著一兩人前來語之。」山趨而前曰：「生員等是山西通省諸生，爲袁學道訟冤者。」黄公白温低語曰：「此是他山西師生之公義矣。」山從容言曰：「生等爲袁提學之誣，具疏到銀臺五次矣，銀臺五格之不封，生等始知君門萬里也，不得已先具揭在京府部衙門矣，候大宗師三月不得見，專在此候投揭帖。」温曰：「朝廷自有處分，諸生呶呶，意欲何爲！」山曰：「袁提學之被誣，上有聖明，下有列位大宗師主持公道，不日昭雪，生等自應靜聽。急急請命者，且爲山西干連無辜之人百餘人，見今散寄刑部及五城兵馬司監中，已有死者矣，有瘐而待死者、病者、乞食於監中者，實可哀矜，但懇大宗師與刑部一言，得早問一日，令此無辜尚有生還者。方今春王布令，此大宗師調元贊化第一仁政也。生等尚有疏伏闕，總望大宗師主持公道。」温頷之曰：「知道了，即與刑部言之。朝廷自有鑒裁，諸生靜聽之，亦不得復上瀆。」令接揭帖來。諸生羣起而投之，燈影中見揭帖撲四閣老面亂下。左右長班亂接之，一人遞一本與温，温與黄公舉火籠燈看之，且看且行入朝門。山等散去。時學隨得密信，語山曰：「温閣老看揭了，語黄公曰：張御史此番亦少孟浪矣。」孟浪之言見莊子。

齊物論，言孫振此次亦未免言不著實。此後候上本諸人漸漸散去，山獨留候對簿。山名不在參疏中，以事係太原府事，山皆能言之，且因家弟止有名，請代對之。

至二月末，山西卽知孫振拏入京矣，平陽諸生盧傳第乃來，傳第與予珪同習制舉於金壇周鍾，鍾先有書詒先生獎進之，先生留讀書於衙齋者。山讓之曰：「山與平陽公書在十月杪，日望諸兄來，何今始擬侵至也？」傳第曰：「顧聞有公書至洪洞，爲露盤按之不郵，且有洶洶之言，洶洶，鼓動聲。恐諸同人，是以約諸人不起，至今始獨來望先生也。」於是山始歎息平日意氣相要者，皆可不信矣。露盤者，晉承露也，平日有熱腸聲交友中。又數日，承露以考職來，承露丁卯拔貢，亦在三立書院中。山以傳第語質之承露，承露云：「有此言，然非弟，久久自明，弟不辨也。」此承露黠處，然其中亦有到，若汎汎言，不獨承露也。又二日，洪洞諸生郭新自河南武安縣來，新卽九子也，與露盤莫逆，山與露盤之交皆因九子。皆見先生於獄中。新留二十許日去。

三月初，蒲州舉人韓垍來訪山寓中，山他出未見。先臘月中，家兄有字與山云：「韓心和卽垍。會試過省，大房兄往拜之，不見，當垍爲教官，在太原僑時，與山等同里，閈修年誼，日夕潦倒，如眞好友。且有危言，云弟在都有禍，且莫測，今如何如何，傅氏兄弟豈復敢與一面耶？」山旣聞此語，因不復答拜，日偶於首帕衚衕。垍一見，修前好，問訊稱贊甚口，攜手至僻處低語云：「兄知弟何如人，恨先僥僥一科，不得與兄共此義事。弟亦山西人，不得爲袁先生門牆中人，實可恥。有家相公爌字象雲。詒袁先生一書，須兄轉致之，並引弟入請室，一見先生之面，慰弟向來仰止之意，家公書中亦亹亹申弟言矣。」山因問過省時曾見愚兄弟否，垍笑曰：「實不曾見，蓋元平宋老師宋權字元平，與先生乙丑同門，時爲太原守道。問弟：『此來見傅家兄弟乎？』弟曰：『尚未。』宋老師曰：『快莫要見也。』」於案上寫兄名曰：『此人大妄，徑入京上疏，與巡方御史作敵，如何了得，兄當連上公車，不必見之惹禍』云云。弟因悤悤來，未暇見昆仲也。來訪兄多日不見，昨專拜爲此。」即出韓閣老書一函，約山明日同詣獄見先生。次日如約，山先入陳埍意，先生笑曰：「此人胡爲乎來？」既見之，埍執門生禮，致向往之誠。既出，先生語山曰：「渠弟貢生韓莊曾有一揭帖與我，道兄在都中諸不謹事，予知其因論議與兄有小嫌，亦不欲令見，今因埍來，始告，甚可笑也。」出示之，細字滿簡，數百言，大概指出輕薄罵人，致人皆離心不肯共事云云。及再見埍，略道及家兄書中語，問此何自來，埍笑曰：「有之，非弟言，皆舍弟韓莊豬奴才語也。」埍素罵莊爲豬奴，莊肥短而黑腫也。附之一笑而別。山時候刑部審，心少閒，爲喻都小賦一篇。因暫遊西山，半月未至獄中候先生，歸而聞刑部問理有日矣。

四月初，問於都城隍廟。問之日，設公案於神座前，東西各一，案後各張一屏，屏北折二扇於神案前，特不蔽神貌，儼然以臨之。緊帖屏後，東西各設長案一，皆廠衛緝訪各三四人，先來，置紙筆屏後案上，聽審詞。屏前刑部掾書之，屏後廠衛人聽而記之，每款細開，各報本衙門知。亦不知此體起自何時。問官，東則刑部員外董承嗣，山東舉人。西則刑部主事熊經，江西進士。山生巾青衣，立司官案旁，系太原府事，或問之，即前語。至弟止，止不到，先生曰：「傅山即其胞兄，可問也。」山前對之，司官見山前，頷之曰：「罷了。」亦不細問。至一教官薛某，與孫振參疏中名不對，孫振既誣上疏後，又辨之曰：「薛某即薛某也。」教官辨有口，痛哭大言孫振欺君無禮，亦至於此。所參事係二年前事，而教官到任才三月餘，豈有巡按御史逕不知一教官之名字？與夫既去才來辰耶？可憐我七十餘年，皓首窮經，待死獄中，遂大叫：「聖明皇帝！城隍尊神！」而又哭。廠衛人於屏後皆擲筆掩淚。又問及陽曲一事，是李雲鴻臨入京時以鉗印空頭手本送孫振備用，不知孫振誣填何事封呈御覽者。先生曰：「此須李雲鴻來對質之。」司官問李雲鴻是誰，先生曰：「陽曲縣知縣，見今朝覲在京。」司官卽寫一牌，提雲鴻來對審。日且暮，司官散去，俟再日審。李雲鴻使一人姓高，本撫院書吏，在京周旋於李。急尋山云：「李某請見講話。」山問先生曰：「雲鴻使人來，要見山，山何以應之？」先生曰：「地往之。」山往。雲鴻寓西臬河上，圖行取也。雲鴻一見之，爲不情，寒温執禮甚恭。坐定，問山曰：「連日知張古岳否？」山曰：「不知也。」雲鴻笑作河南音曰：「連日只嗑口水兒了。」河南讀水音爲灑灌切。既而曰：「專請兄來，無他，只懇在袁老大人上一言，袁老大人培植我一場，今幸在行取之列，前有刑部一提，恐害我們行取，萬懇轉致袁老大人，始終培植，再不提與我對質，免刑部提問，感佩高厚豈能言。」山卽告之先生，先生笑問曰：「王志旦在否？」山曰：「已去矣。」先生曰：「渠要說此，當令渠門生王志旦在此。渠放令志旦去，而特以此事屬兄者，脇兄也。然我事既大白矣，饒此奴可也。」遂不再提。雲鴻後僅得刑部主事，夤緣別遷得御史。先生初亦不甚作難於雲鴻，及空頭手本下部，乃從獄中簡得孫振私屬雲鴻以手本關白學道者數册，亦封呈御覽也。中一册，爲送錄科洪洞生員宋某。宋某是科遂中式，先生獨去此册不呈，云：「此生新中，若進覽，恐遂壞其科名耳。」先生於患難時忠厚作人之意如此。

既再審一日餘，款款皆誣，事遂大白。部爰書上，得旨孫振坐謫戍。閏四月末，山辭先生歸，隨得旨，先生以原官起爲武昌道矣。山五月中抵里，先生有書，要山往武昌，且云一覽黄鶴之勝。山謝以違老母久，未往也。既武昌一王孫某刻素修馬太史所著山右二義士記山與宗周。寄山，讀之愧汗浹背。蓋山既辭先生行後，先生以此始末屬馬太史記之，攜入楚，楚王孫刻行之。擬山等爲裴瑜、魏劭，實過情也。時學丙子冬立留社於國門，皆一時詞客贈山等古近體數十篇，時學集爲一大册，而以馬太史記冠其前，藏於其家，山亦未見也。時學告山。

丁丑秋，寧波桂公一章來督山西學。歲試畢，發落日，先喝山名，動鼓樂，以花紅旌之。山不知爲何，公曰：「歲試例舉優劣，本府具有優生名，本道格之不行，謂爾事前道師生之義，眞當於古人中求之，行孰有優於此者耶！故特旌之，以爲兩學勸。」山長跽大言曰：「生員之於前道，非生員一人私意，實通省人士公義，生從而奔走之耳。幸天王聖明，前道事白，諸人士之氣亦頗伸，山所謂因人成事者也。若通省公其義，而山一人私其名，山斷不敢以此自待，亦非宗師所以待山及通省諸生之義。若必以花紅加山，山有裂冠褫襟而去耳。」桂公頗作色，難之，既曰：「爾有辭，即依爾。」遂已之。山既退階下，諸生曰：「山豈不過狂已乎！」退而自訊曰：是役也，吾豈爲賓乎！因略記始末，題曰「因人私記」，不敢粉飾一字，亦不敢示人，聊示子弟云爾。月日前後，或少錯亂，不能一一詳之矣。丁丑冬稿。

山既歸自京師，前同知蔡如衡字薌君。亟要見之，曰：「袁老大人事既白，我亦有心曲，願一白之仁兄。我雖苟就一官，平日受老父家訓，極知君子小人之黨，豈不知袁老大人爲當代正人君子，而敢無良媒孽乎！當時皆出於袁一隆、楷。李翔南雲鴻。兩人之手，使我不白於袁老大人。弟作官出門時，老父又命之曰：『切不可得罪名教及當代賢士大夫。』老父實道學人也。某即敢得罪於袁老大人，而敢得罪於老父之耳提面命者乎！惟仁兄以老父教弟之義，微致之於袁老大人。弟尚有面目對天下人也！」山唯唯。蔡後升潞安知府，丁憂去，起爲安慶道，陷張賊營，不食，遇害。

盧傳第者，後於壬午科中式，爲陽曲縣知縣，彭而述門生，其場藝已瀧涷不堪矣。甲申爲闖賊薊州知州，死。平陽樊崈告山曰：盧在薊時，要一鑾子同往。聞先帝難，盧正與鑾子飲，鑾悲泣不能舉杯，盧笑罵鑾子曰：腐貨！我們正講快飲時也。既聞山東有義旗，闖賊西奔，盧乃日登薊城指揮守圍，不知誰何從斬之，頭落城下也。

王象極，甲申爲闖賊山東某縣知縣，義起，本縣人殺之。其子求之，不知其尸之所在。晉承露，癸未爲沂州知州，亂，奔江南，爲江西吉安府推官，既又還山東，病死也。新甄於已卯年以宗貢爲陝西蒲城知縣，蓋市井臨民者也，自榜其堂聯曰：「文章期李杜，德政勝龔黃。」一時傳以爲笑。闖亂奔還，潛來往於平日棍徒家，自謂豪傑士。忽有所聞，復奔河西。或傳死於蒲城也。山附記。

辨誣公揭

山西通省司府州縣生貢傅山、王予珪、〔二〕周培詵、薛宗周、李凱、劉美、胡來貢、樊嶷、荆光國、韓莊、崔嗣達、程康莊、張璞、董緒、楊永甯等謹揭，爲學臣清介見糾，禁繫已久，乞主持讞案，以存公道，以服士心事：

竊維提學官師嚴道尊，爲朝廷興賢能，飭風化，故命特予專敕，比行衡文而外，無復與有司事，非若他錢穀之催科、獄訟之出入，得上下其手，魚肉民間者也。其人公若私，諸生知之；明若昧，諸生知之：貪若廉，亦惟諸生知之。有其薦剡之，而諸生不知其媺者，阿好也；有其敗誣之，而諸生不知其惡者，則其爲譌言，勿問之矣。

嗚呼！敗誣而至於敝鄉之袁，眞國是之又一變矣。〔三〕袁教敝鄉幾三年，下車先以天下名教是非

〔二〕「王予珪」，傅山全書初版本作「盧傳第」，並注：「張本乙、丁種本墨筆改爲王予珪。」據因人私記，當爲王予珪，或王予珪在前，盧傳第在後。

〔三〕「眞」，丁本作「鎭」，據張本改。

爲誨導；歲科再試，盡瘁積勞，往來盜賊戎馬間；苦心摩研士，往往售知。一時貴介子，不得與寒素較贏絀。強禦之不畏，或其罪耳。若夫自處，則方面憲臣，蕭然一苜蓿廣文也。孤身涖任四千里外，蒼頭一人，胥徒闃寂，無所假威，行戶工匠悉宴如。有臣若此，良可質之天地鬼神，見諒兒童走卒，信及豚魚矣。乃獨不容於一冠惠文者，載鬼張弧，嗟嗟太甚已。

先是，諸生具奏銀臺，三上三阻，公車士再懇陳情，[一]得奉明旨，諸生但手額聖明，靜聽廷尉之平，不敢再爲瀆陳。然以身親見聞者，平心言之，當亦任是非名教者所樂聞也。

其所參疏，一則曰「庇劣」。敝鄉人士，椎魯朴拙，海内共諒。無大奸宄，有則覺察之，輕降重革題參，風紀霜肅，概見前之公揭中。

再則曰「肆婪」。嗟乎！曾謂袁也而貪吏乎！諸細事可不言，即開書院作養一舉，首以俸餘葺先賢三立祠，而進諸生於其內，朝夕勸課，蔬食菜羹，與諸生共之，不取給於官府，不擾及於百姓，有貪吏若此者乎！敝鄉災盜洊臻，諸生顛連實甚，賴袁先後振恤，不遺餘力。學租常平而外，皆捐自本道。舉寒生之涸轍待斃者，保全實多，良所謂師保而父母者也，有貪吏若此者乎！甲戌、乙亥，再見邊警，袁分守南城，傾捐俸入，修城濬濠，教造火炮，公家府庫不動分毫，而折衝告備，有貪吏若此者乎！且此皆袁之忠貞自矢，而清畏人知者。方今聖祖痛責苞苴宵旰，思清節之臣，以勵風教。清節如此，而復饕餮坐之，諸生誠不知其於黜陟之典何如也！

萋菲多詞，單款狼藉，寃引無辜，衆實有口。一當庭質，黑白較然，固無待諸生擾擾長安。顧奉教君子，鈞衡千古，於是非淑慝之閒，不能不重有辭耳。且株蔓寒生窮民，或齧隴畝，或齧妻子，

[一]「陳情」，丁本作「情陳」，據張本改。

顚連千里，幽蔽五城，其閒羸者、疾者、凍者、餓者，呻吟籲痛，不忍見聞，此尤仁人君子所急圖矜恤者也。伏乞大宗師主持國是，昭雪孤臣，上爲朝廷勸清介之風，下爲人士慰師表之望，一時羅織平民，亦得早圖生還。三晉幸甚！天下萬世幸甚！爲此具揭上揭。崇禎十年三月　日。